EXPLOITATION FORESTIÈRE AU CAMEROUN

Emergences Africaines
Dirigée par Magloire KEDE ONANA

La collection « ÉMERGENCES AFRICAINES » se propose de renverser des certitudes faciles. Nous sommes convaincus que l'Afrique, longtemps considérée comme en retrait, s'ouvre au monde, et est plus que jamais au cœur des enjeux. Son Histoire ne doit plus s'écrire ailleurs, par des continents eux-mêmes en crise de modèles à proposer/imposer.

Une nouvelle génération très entreprenante d'Africains et d'Africanistes existe aujourd'hui, qui problématise et réécrit l'Histoire du continent dans toutes ses facettes, et par une approche multidisciplinaire. Il s'agit de dévoiler une Afrique des « Bonnes Nouvelles » : celle qui, parce que plus ouverte au monde, présente tous ses atouts d'émergence.

Dernière arrivée dans la compétition mondiale, l'Afrique est capable d'apporter un élan différent à la mondialisation grâce à son devenir, qui est subordonné à son être.

Déjà parus

Jules Marie BIALO, *L'eucharistie depuis Vatican II, Quel apport pour les communautés chrétiennes d'aujourd'hui ?,* 2016.
LUCY, *Des vieux et les fleurs,* 2015.
Séverin Djiazet Mbou Mbogning, *L'accès à la justice au Cameroun, Étude de sociologie juridique,* 2015.
Séverin Djiazet Mbou Mbogning, *Réflexions « canoniques » sur les droits de l'Homme au Cameroun et en Afrique,* 2015.
Jules M. Mambi Magnack, *Le peuple dans la littérature africaine contemporaine*, 2015.
Frank Ebogo, *La géopolitique de l'eau au Cameroun*, 2014.
Gérard-Marie Messina et Augustin Emmanuel Ebongue (dir.), *Médias et construction idéologique du monde par l'occident*, 2014.
André-Marie Manga, *Didáctica de lenguas extranjeras. Orientaciones teóricas en español*, 2014.
Marcellin Nnomo Zanga et Gérard-Marie Messina, *Pour une critique du texte négro-africain,* 2014.
Alphonse Zozime Tamekamta et Jean Koufan Menkéné (dir.), *L'urgence d'une révolution agricole au Cameroun*, 2013.
Alphonse Zozime Tamekamta (dir.), *L'illusion démographique*, 2013.
Alphonse Zozime Tamekamta (dir.), *Propos sur l'Afrique*, 2013.

Henri-Christian ABO EYAFA'A

Exploitation forestière au Cameroun

Rouages et extraits de la réglementation

L'Harmattan

Photo de couverture : Prise des mensurations d'un Padouk (Ptérocarpus.) abattu

L'Harmattan, 2015
5-7 rue de l'Ecole-Polytechnique, 75005 Paris

http://www.harmattan@wanadoo.fr
diffusion.harmattan@wanadoo.fr

ISBN : 978-2-343-07807-6
EAN : 9782343078076

DÉDICACE

Je dédie premièrement cette œuvre au Dieu tout Puissant, Créateur du ciel et de la terre, pour m'avoir maintenu debout malgré l'acharnement de certains de mes semblables contre ma personne. Gloire a son nom.

Deuxièmement, je dédie cet ouvrage :

À mon épouse ABO Lydie Carole qui partage mes joies et mes peines depuis plusieurs années. Qu'elle trouve dans cet ouvrage tout le réconfort qui effacera, je le souhaite, ce qu'elle a enduré du fait de mon absence à ses côtés consécutive aux nuits blanches passées à assembler les phrases du présent document.

À mes enfants bien aimés pour qui j'ai la force de continuer le combat.

À mes proches, chacun selon son degré de proximité, pour le soutien moral et parfois matériel.

À tous ceux qui, dans l'univers, sont impliqués dans la gestion des forêts, et pour qui, exploitation forestière ne rime pas avec pillage des ressources naturelles et enrichissement illicite.

REMERCIEMENTS

Au terme de ce travail qui certainement, a d'avantage besoin d'être enrichi, nous tenons à redire toute notre reconnaissance à l'Eternel, le Dieu Tout Puissant, pour toute la bonté et la grâce qu'il a fait montre à notre égard. Nous remercions chaleureusement l'ensemble des personnes qui ont apporté leur contribution à la réalisation de cet ouvrage. Nous pensons particulièrement aux personnes ressources dont les noms suivent.

Pr. NDONGO ONONO Côme, Université de Paris 3 Sorbonne ;

Dr. KEDE ONANA, Directeur des Éditions Émergences Africaines ;

NKOULOU NDANGA Appolinaire, Ingénieur Hors échelle des Eaux et Forêts, Ancien Directeur des Forêts, et préfacier de cet ouvrage ;

NDANGANG AWA Vincent, Ingénieur général des Eaux et Forêts, Inspecteur n°1 au MINFOF ;

KONGAPE Jean Avit, Ingénieur général des Eaux et Forêts, Inspecteur n° 2 au MINFOF ;

ESSIANE ABEME Martin, Ingénieur des Eaux et Forêts, Contrôleur National à la BNC/MINFOF ;

ZAMEDJO Yannick, Ingénieur des Eaux et Forêts, Cadre au Service de la fiscalité forestière MINFOF ;

MBOUA Pierre, Technicien des Eaux et Forêts, Ex Brigadier à l'UAB/BNC/MINFOF ;

KINGUE ONANA Charles Calvin, Technicien forestier ;

EDJAMBA Vincent, Technicien forestier.

Recevez ici toute notre gratitude.

REMERCIEMENTS

PRÉFACE

Face aux défis pressants pour son développement, défis mettant fortement à contribution ses ressources humaines et naturelles, et parmi ces dernières, les ressources forestières (ligneuses et fauniques), le Cameroun s'est rapidement doté d'une politique forestière adéquate lui permettant de répondre à ces défis tout en assurant la pérennité des activités y relatives, laquelle pérennité passe par celle de la ressource. Ceci a été possible grâce à un renforcement des capacités de la ressource humaine, renforcement entamé depuis la période coloniale, et qui s'est accéléré dès l'indépendance. C'est ainsi que du personnel a été formé à tous les niveaux, de la conception à l'exécution des plus petites tâches.

Toutes les informations collectées dans le cadre des activités de ce personnel ont permis aux décideurs de prescrire des objectifs de politique pertinents, visant à faire tirer le maximum de profit, et ceci dans toute sa diversité, dans le strict respect des conventions internationales auxquelles notre pays est lié. A partir de ces orientations, le personnel technique a élaboré des stratégies devant permettre la mise en œuvre de la politique ainsi définie.

Cette stratégie implique la participation de tous les intervenants en milieu forestier, sans exception, parmi lesquels les administrations publiques, les collectivités, les communautés, les organisations diverses, les particuliers, pour ne citer que ceux-là.

De nombreuses publications ont déjà été faites, s'adressant davantage au personnel administratif, oubliant les autres intervenants. Il est indéniable que celle-ci vient dévoiler un vide qui se doit d'être rapidement comblé. Cette publication qui s'adresse aux intervenants et postulants à la profession forestière a le mérite de leur apporter l'information la plus large possible sur le cadre législatif et réglementaire organisant cette profession. Elle les informe et les édifie non seulement sur les procédures administratives nécessaires à l'accès à la ressource, mais aussi sur les normes régissant les activités de celle-ci. Nous noterons qu'elle est aussi utile pour toutes les administrations publiques concernées, où le personnel a tendance à oublier les principes de la réglementation en matière forestière.

Nous tenons à remercier sincèrement l'auteur de ce travail, tout en souhaitant vivement qu'il y ait d'autres initiatives du même genre, visant encore plus de partenaires, pour une meilleure appropriation de la réforme par tous les intervenants.

NKOULOU NDANGA Appolinaire
Ingénieur Hors Echelle des Eaux et Forêts

INTRODUCTION

Estimée à près de 22,5 millions d'hectares, la forêt camerounaise se positionne comme le troisième grand massif forestier du bassin du Congo après ceux du Congo Kinshasa et du Gabon. C'est en vue de renforcer la protection de cet important patrimoine, et surtout, de s'arrimer aux exigences mondiales de gestion durable, que le Cameroun a procédé à un toilettage de sa politique forestière par l'entremise de ses instruments de pilotage, de planification stratégique et de suivi de l'activité forestière à la lumière des résolutions prises par les différentes réglementations internationales ratifiées[1]. Mais malgré toutes ces dispositions prises, l'exploitation forestière au Cameroun souffre de ses textes épars (c'est-à-dire nombreux et pas facilement accessibles, car peu diffusés) et sa panoplie d'amateurs, qui du fait de la non-maîtrise des rouages du métier, continuent à faire ployer ce secteur sous la menace de l'illégalité devenue exponentielle et de plus en plus intelligente.

Pour s'être également engagé dans la relance de son économie, le Cameroun s'est fixé l'atteinte de son émergence en 2035. C'est dans cette mouvance que de fortes délégations gouvernementales conduites par de hauts dirigeants de la République n'ont cessé de se déployer au-delà de nos frontières, en quête de rapports fructueux avec d'autres gouvernants et hommes d'affaires sérieux et nantis. Répondant à la main tendue du Cameroun, plusieurs industriels et bailleurs de fonds qui se sont intéressés au sous-secteur forestier s'y sont malheureusement ''cassés la figure'' pour s'être retrouvés face à la ''mauvaise personne'' comme pour confirmer l'adage qui dit si bien qu'« *il n'est pas toujours évident de voir clair en forêt* ». Il est de bon aloi de reconnaître que cette situation préoccupante qui donne lieu à diverses interprétations a dérouté plusieurs opérateurs cibles, occultant

[1] Convention de RIO, CITES, APV FLEGT, etc.

ainsi les efforts institutionnels faits en termes de légalité et de bonne gouvernance pour la pérennité de l'activité. En somme, c'est face à ce tableau peu reluisant qu'est née l'idée de rédiger le présent ouvrage en ajoutant le fait que le fonctionnaire ordinaire ne donne pas toujours la bonne information à l'usager car lui-même n'étant pas toujours au faîte des procédures.

L'exploitation forestière abordée ici est celle qui englobe toutes les opérations techniques effectuées en foresterie, et dont le but est de mettre en valeur les produits forestiers, notamment le bois et ses dérivés. Il s'agit des opérations de prospection, de coupe, de façonnage, de récolte, de transformation et de vente des produits forestiers ligneux ou non ligneux. Sans vouloir se substituer aux textes législatifs et administratifs en vigueur dont il s'est inspiré, et encore moins aux Agents du ministère en charge des forêts qui, au jour le jour, donnent le meilleur d'eux-mêmes pour accomplir leur devoir, cet ouvrage, qui ne saurait offrir des grandes théories classiques auxquelles certains ''*grands forestiers*'' se seraient attendus, se propose d'illuminer quelques pans importants de l'exploitation forestière dans notre pays. Dans le souci d'accompagner l'opérateur économique désireux d'exploiter tels que la loi forestière et la réglementation le prévoient, et de réduire le nombre sans cesse croissant d'individus véreux (démarcheurs) qui y ont trouvé un ''eldorado'', cette brochure présente brièvement au lecteur les aspects tels que :

- Le contexte camerounais en matière d'exploitation forestière (historique, législation, acteurs, zonage, structuration des forêts camerounaises, fiscalité, etc.) ;
- Les types d'agréments nécessaires à la profession forestière au Cameroun ;
- Les différentes sources d'approvisionnement donnant droit à la ressource ligneuse ;
- Les modes d'attribution et d'exploitation des titres forestiers légaux au Cameroun ;
- L'exercice de l'exploitation forestière au Cameroun, c'est-à-dire la praxis usuelle ;
- Le contrôle des activités forestières et les modalités de vente aux enchères des produits forestiers saisis, etc.

I

LA FORÊT CAMEROUNAISE

I-LA FORÊT CAMEROUNAISE

Historique de la législation forestière et cadre juridique de l'activité au Cameroun

Présentation sommaire du Cameroun

Le Cameroun, pays d'Afrique centrale, est limité au Nord par le lac Tchad, au Sud par le Gabon, le Congo et la Guinée équatoriale. A l'Est par la République Centrafricaine et le Tchad, et à l'Ouest par l'Océan Atlantique et le Nigeria. Il s'étale sur une superficie de 475 442 km² avec une façade maritime longue d'environ 402 km, qui s'étire de Campo à l'embouchure du fleuve Nyong, pour continuer à la frontière avec le Nigéria en passant par Limbé et d'Idenau.

Il est surnommé l'Afrique en miniature grâce à sa grande diversité culturelle et géographique. Du Nord au Sud, on retrouve toute la diversité des paysages africains (savane sèche - transition savane humide sèche savane édaphique sur les sols sableux savane humide forêt humide dense - mosaïque forêt/savane forêt fragmentée ou dégradée) ainsi que de la mosaïque de ses peuplements (Arabes, Bantous, Soudanais etc.).

Sa population est estimée en 2008, à 19 millions d'habitants, pour un taux de croissance estimé à 2 % (FAO 2008). Situé au cœur du bassin du Congo, un tiers du territoire camerounais est couvert par une forêt caractérisée par sa richesse, du point de vue biodiversité. Selon la même source, les études menées attestent que plusieurs personnes dépendent directement des forêts, pour leur habitat et comme une source d'approvisionnement pour leur subsistance. Pour cela, les forêts jouent un rôle important dans le développement économique du Cameroun, représentant près de 6 % du PIB national et générant quelque 100 millions de dollars par an découlant des taxes d'exploitation forestière s'y rapportant.

Le pays est dominé par deux types de climats. Il s'agit notamment :

- Du climat équatorial qui est caractérisé par des précipitations abondantes, des températures élevées et stables, et une végétation se dégradant au fur et à mesure qu'on s'éloigne de l'équateur ;
- Du climat tropical, qui se caractérise par des températures élevées et des pluies peu abondantes, de type soit soudanien c'est-à-dire une saison pluvieuse de mai à octobre et une saison sèche de novembre à avril, soit sahélien, marqué par des pluies très irrégulières, mais absentes de décembre à mars.

Les zones géographiques sous influence du climat équatorial sont entre autres les lieux de prédilection de l'exploitation forestière soutenue au Cameroun. On citera :
- Les plateaux du Centre et du Sud avec quatre saisons bien marquées à savoir la petite saison des pluies qui s'étend de mars à juin ; la petite saison sèche de juillet à août ; la grande saison des pluies de septembre à novembre ; et la grande saison sèche de décembre à février ; et
- Le littoral et les montagnes du Sud-Ouest, caractérisés par des pluies surabondantes qui tombent pendant 9 mois d'affilée de mars à novembre.

Suivant la classification de l'Institut de Recherche Agronomique pour le Développement (IRAD), le Cameroun compte cinq zones agro-écologiques réparties sur son Triangle national ainsi qu'il suit :

Au Nord **:** la ***zone soudano-sahélienne de savane*** où domine un climat aride ;

Au Centre **:** la **zone des hautes savanes soudano-guinéennes et le plateau de l'Adamaoua** qui constitue le véritable « château d'eau » du pays où un grand nombre de cours d'eau majeurs du pays prennent leurs sources ;

À l'Ouest et au Nord-Ouest : la **zone des hauts plateaux au climat équatorial** particulièrement humide, deuxième « *château* » d'eau du pays ;

Au littoral : la **zone littorale** au climat équatorial humide ;

Au Sud et à l'Est : la **zone des forêts tropicales** humides au réseau hydrographique particulièrement dense.

Le réseau hydrographique par contre est réparti en quatre grands ensembles :
- Le bassin atlantique avec les fleuves Sanaga, Nyong, Ntem, Dibamba, Lokoundjé, Lobé, Moungo, Nkam et Wouri;

- Le bassin de la Sangha avec les rivières Dja, Boumba, Ngoko, Kadei ;
- Le bassin de la Bénoué avec les fleuves Bénoué, Katsina Ala, Cross River, Faro Tchina, Kébi, Donga, Gordi ;
- Les fleuves tributaires du Lac Tchad à savoir la Mbéré, le Logone, le Chari et la Vina.

Carte agro écologique du Cameroun

(*Source : PNDP, 2010*)

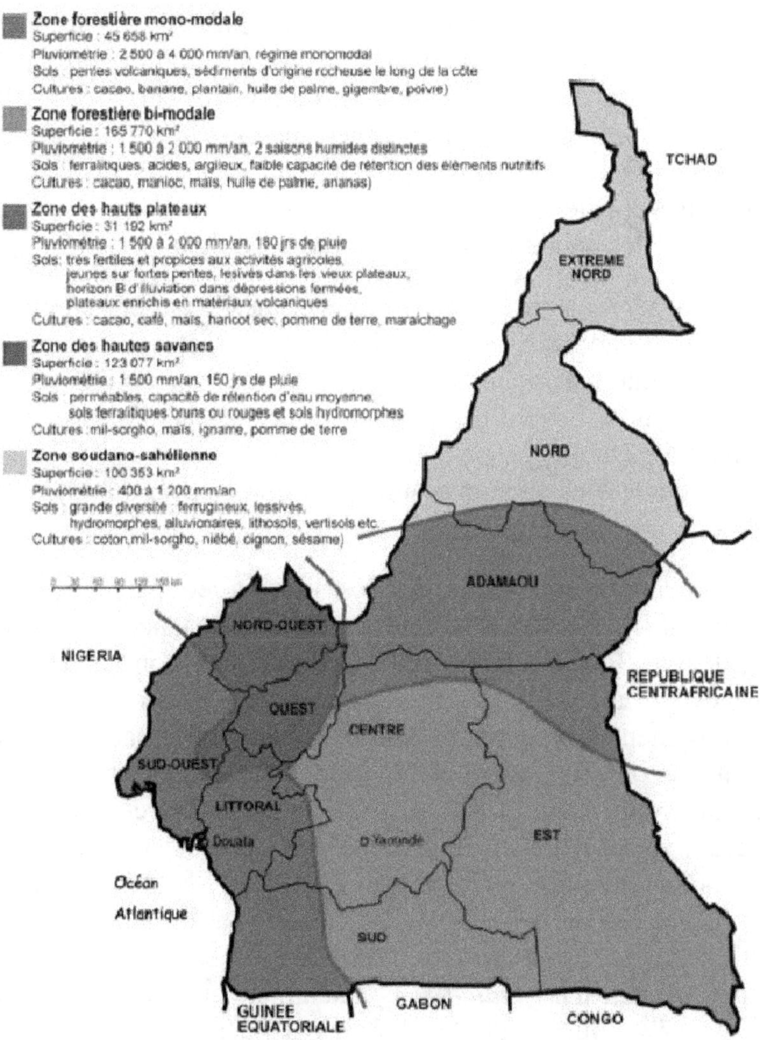

(*Source: PNDP, 2010*)

Historique de la législation forestière en quelques lignes

L'ouvrage de Monsieur Adolphe OBAM intitulé « ***Politique forestière au Cameroun : contribution à l'analyse de l'évolution et perspectives d'avenir.*** » nous apprend que la gestion des ressources naturelles au Cameroun est aussi vieille que le pays lui-même. Selon cet auteur, avant l'arrivée des premiers administrateurs coloniaux en 1900, les ressources naturelles étaient régies par la loi de la personne. Les chefs de village étaient les principaux administrateurs de la gestion des ressources et ce sont eux qui autorisaient un éventuel prélèvement de la ressource. Prenant l'exemple d'une partie de chasse, il nous révèle que les chasseurs ramenaient la totalité du butin auprès du chef qui se chargeait par la suite de redistribuer le produit (viande de brousse) à l'ensemble du village. Le non-respect de cette exigence exposait les contrevenants à une punition quelconque allant jusqu'à faire intervenir le totem du village (fétiches) de sorte que le chasseur ne pût voir les animaux ou n'en fût pas capable d'en tuer.

Il renchérit en disant qu'à l'arrivée des premiers administrateurs coloniaux (français, allemands), les ressources naturelles qui appartenaient au peuple étaient devenues la propriété de cette première administration, et ainsi une structure administrative formelle en avait été établie. Le peuple n'avait plus le droit ni de chasser, ni de couper des arbres sans une autorisation ou un permis délivré par un colon.

Face à ces nouvelles mesures, il y a eu des tensions réelles entraînant la naissance d'une certaine résistance de la part des populations locales. Les Anglais par contre n'ont jamais cessé de considérer la forêt comme appartenant de droit aux indigènes contrairement aux deux puissances citées plus haut. En 1912, les allemands ont entrepris l'élaboration d'une réglementation forestière au Cameroun, et en 1946, il a été signé le décret fixant le régime forestier du Cameroun, le début d'une véritable politique forestière. Selon notre auteur, en s'inspirant de ce texte, le colonisateur français a commencé à créer des réserves de chasse et à former la population sur l'utilité des plantes exotiques, telles que le Teck *(Tectona grandis*), le Neem *(Azadiracta indica*), le Badamier ou ''Fraké des blancs'' (*Terminalia catapa*) et des espèces d'Eucalyptus dans la zone de savane.

De cette période jusqu'au début des années 1960, les premiers gardes camerounais ont été recrutés (Corps des Eaux et Forêts) pour protéger les forêts et la faune, et des zones protégées ont été créées. Lorsque le Cameroun accèda à l'indépendance en cette même année, il y avait déjà un nombre important de réserves forestières et d'aires protégées créées sous les administrations coloniales qui existent de nos jours. Nous pouvons citer le Jardin botanique de Limbé, les Parcs et Réserves de Waza, Kalamaloe, Dja, Douala-Edéa, Santchou, Korup, Bénoué Bouba Ndjida etc.

Selon Adolphe OBAM, il se trouve malheureusement que depuis l'indépendance, les moyens disponibles au développement de ces ressources tant forestières qu'humaines n'ont cessé de diminuer par rapport à ceux qui étaient disponibles pendant les régimes coloniaux. A la faveur de l'émancipation des peuples et des nouvelles mentalités, loin de concevoir la conservation comme un état policier, les décideurs ont pensé utile d'associer la communauté locale à la gestion durable des ressources naturelles. La loi 81/013 du 27 novembre 1981 portant régime des forêts, de la faune et de la pêche en est un début d'illustration.

Avec les réformes apportées par le sommet de Rio en 1992, la politique forestière locale a évolué en s'attelant au processus de la mondialisation et de la décentralisation. C'est ainsi qu'est née la nouvelle loi forestière de janvier 1994 qui sert aujourd'hui de cadre de référence au Cameroun. Cette législation prend en compte de nombreuses conventions internationales à l'instar de celle de RIO, de celles du continent et celles de la sous-région. Les stratégies, les priorités et les objectifs de celle-ci visent une conservation globale de la biodiversité, une participation locale et un objectif de développement économique.

Les principales orientations de la loi 94/01 du 20 janvier 1994

Quatre grandes orientations caractérisent la politique forestière du Cameroun telle qu'orientée par la loi n° 94/01 du 20 janvier 1994 portant régime des Forêts et de la Faune. Il s'agit de :

- Assurer la protection du patrimoine forestier et participer à la sauvegarde de l'environnement et à la préservation de la biodiversité.

• Améliorer l'intégration des ressources forestières dans le développement rural afin de contribuer à élever le niveau de vie des populations et de les faire participer à la conservation.

• Mettre en valeur les ressources forestières en vue d'augmenter la part de la production forestière dans le Produit Intérieur Brut (PIB) tout en conservant le potentiel productif.

• Dynamiser le secteur forestier en mettant en place un système institutionnel efficace et en faisant participer tous les intervenants dans la gestion du secteur.

Il est important de remarquer que cette loi prévoit également des mesures incitatives en vue d'encourager les reboisements plus qu'inévitables.

Réglementations et lois

Au Niveau international, plusieurs conventions et accords ont été ratifiés. À titre d'exemple, nous pouvons citer :

Comme convention

• La Convention sur la Conservation des Ressources Naturelles et Culturelles (Alger, 1 968) ;

• La Convention sur le commerce international des espèces sauvages de faune et de flore menacées d'extinction CITES (Washington, 3 mars 1973) ;

• La Convention sur la Protection de l'Héritage Culturel et Naturel (Paris, 23 novembre 1972) ;

• La Convention de Vienne sur la Protection de la Couche d'Ozone (Vienne, 22 mars 1985) ;

• La Convention sur le Changement Climatique (14 juin 1992) ;

• La Convention sur la Diversité Biologique (14 juin 1992) ;

• La Convention sur la Désertification (Paris, octobre 1994) ;

• La Convention de Bamako sur l'Importation des Déchets en Afrique et la Gestion des Déchets Toxiques.

• Le Protocole de Montréal sur le contrôle des « chlorofluorocarbones » (CFCs) (Montréal), 16 avril 1987) ;

Comme accords

• L'Accord créant la commission du Bassin du Lac Tchad (1964) ;

• L'Accord sur les règlements conjoints de la faune et de la flore au sein du Lac Tchad (ENUGU, décembre 1977) ;

• L'Accord sur la coopération et la concertation entre les états de l'Afrique centrale relatif à la conservation de la faune et de la flore (Libreville, 16 avril 1983) ;

• Les Accords de Coopération avec les ONG Internationales (IUCN, WWF, ITTO, ATO) ;

• Les Accords de Partenariat Volontaire (APV) et FLEGT entre le Cameroun et l'UE qui apportent de grandes exigences en matière de bonne gouvernance forestière, et orientent vers la certification des forêts, etc.

Au niveau local, le Cameroun est reconnu dans la sous-région comme étant un pays doté d'instruments juridiques et réglementaires avant-gardistes lui permettant de gérer et de conserver de façon durable les ressources naturelles dont il dispose. Parmi ceux-ci pour le moins éparses, nous citerons notamment :

- La constitution de la République du Cameroun qui en est la loi fondamentale ;
- La loi n° 81-13 portant régime des forêts de la faune et de la pêche du 27 novembre 1981, non entièrement abrogée et ses textes d'application (Décret n° 83-169 du 12 avril 1983, non abrogé) ;
- La loi forestière n° 94-01 portant régime des forêts de la faune et de la pêche du 20 janvier 1994, principal outil légal de gestion forestière actuel et ses textes d'application dont le décret n° 94-436 du PM du 23 août 1994, le décret n° 95-531 du PM de 1995 et autres décisions et lettres circulaires en vigueur) ;
- La loi-cadre relative à la gestion de l'environnement n° 96/12 du 5 août 1996, et ses textes d'application ;
- La Loi n° 2002/003 du 19 avril 2002 portant code général des impôts ;
- La loi N° 90/013 du 10 août 1990 portant sur la protection phytosanitaire qui traite de l'importation et exportation des végétaux, des sols ou des milieux de culture.
- La législation régissant l'investissement, (loi n° 2002/004 du 19 avril 2002 portant charte des investissements modifiée et complété par la loi n° 2004/020 du 22 juillet 2004) ;
- Le code du Travail, loi n° 92-007 du 14 août 1992 ;
- La législation régissant la prévoyance sociale, reprise dans le Recueil des textes de base (Caisse Nationale de Prévoyance Sociale, 1 979) ;
- La Réglementation phytosanitaire (MINADER) ;

- Les différentes lois de finances annuelles ;
- Le Décret N° 95/678/PM du 18 décembre 1995 instituant un cadre incitatif d'utilisation des terres en zone forestière méridionale ;
- Les textes régissant la création, l'organisation et le fonctionnement du Ministère en charge des forêts et de la faune ;
- Le Décret n° 2005/577 du 23 février 2005 sur les EIE et l'arrêté n° 0069 MINEP du 8 mars 2005 sur les catégories soumises à EIE ;
- Le Décret N° 92/223/PM du 25 mai 1992 fixant les modalités d'application de cette loi ;
- L'Arrêté n° 222/MINEF du 25 mai 2001 fixant les procédures pour la mise en œuvre des plans d'aménagement des forêts du Domaine forestier permanent ;
- L'Arrêté N° 1262/A/MINEF/DFAP/CEP/SAN portant additif de l'arrêté N°0565A/MINEF/DFAP/SDF/SRC/du 14 août 1998 fixant la liste des animaux des classes A, B et C et précisant la réglementation en matière de commerce et de circulation des produits de la faune, etc. ;
- Les Décisions diverses, Circulaires, Notes de service, etc. ;
- La Convention collective nationale des entreprises d'exploitation, de transformation des produits forestiers et des activités annexes ;
- La Stratégie nationale de contrôle forestier, etc. ;
- Les Directives nationales pour l'aménagement, la protection et la conservation des écosystèmes forestiers ;
- Les différentes Normes en vigueur (Normes d'intervention en milieu forestier, Normes d'inventaires d'aménagement, Normes d'inventaires d'exploitation, Normes d'inventaires fauniques en zone de forêt et en zone sèche, etc.) ;

Les acteurs du secteur forestier au Cameroun

À cause de ce que génère la forêt en termes de revenus directs et indirects, les questions forestières ont toujours été multisectorielles voire transversales au vu des différentes interactions existant entre l'homme et la nature. De ce fait, la politique forestière au Cameroun est influencée directement ou indirectement par une variété d'acteurs impliqués dans le secteur à différents niveaux, et souvent guidés par des intérêts conflictuels. Les principaux acteurs recensés dans la gestion des Forêts au Cameroun sont les suivants :

• Le Ministère des Forêts et de la Faune avec tous ses démembrements y compris l'ENEF, et l'ANAFOR qui est chargée de la mise en œuvre de la politique nationale de reboisement ;

• Le Ministère des Finances, chargé de la collecte et de la répartition de la fiscalité forestière ;

• Le Ministère de la Recherche Scientifique et de l'Innovation (MINRESI) ;

• Le Ministère de l'Enseignement Supérieur à travers la Faculté des Sciences Agronomiques ;

• Le Ministère des Domaines, du Cadastre et des Affaires Foncières (MINDCAF) ;

• Le Ministère de l'Administration Territoriale et de la Décentralisation (Direction de l'Aménagement du Territoire MINATD) ;

• Le Ministère du Tourisme et des loisirs (MINTOUL) ;

• Le Ministère de l'Economie, de la Planification et de l'Aménagement du Territoire (MINEPAT) ;

• Le Ministère des Mines et de l'Energie

• Le Ministère des Pêches et des Industries Animales (MINEPIA) ;

• Le Ministère de la Justice ;

• Le Secrétariat d'état à la sûreté intérieure via la Délégation Générale à la Sûreté Nationale (DGSN) ;

• Le Ministère de la défense (MINDEF) ;

• Les communes, émanation de la démocratie de proximité, avec à leur tête un maire élu ;

• Les bailleurs de Fonds et partenaires au développement divers ;

• Les Instituts de Recherche et ONG pour le Développement WWF, UICN, ACDI, GIZ, SNV, CARE, IRAD, FAO, OIBT, FED, CARPE, WRI, etc. ;

• Les compagnies forestières (acteurs les plus visibles du secteur privé forestier) ;

• Les compagnies minières (bien qu'elles ne soient pas intéressées par le bois, leur influence sur la forêt est indéniable, en ce sens qu'elles doivent détruire des superficies parfois très grandes de forêts pour exploiter les ressources minières) ;

• Les guides chasse, qui disposent du droit d'organiser la chasse sportive dans la zone forestière ;

• Les agences de conservation, actives dans la gestion des aires protégées (associations et ONG) ;

• Les bailleurs de fonds bilatéraux et multilatéraux (Union européenne, Banque mondiale, Banque africaine de développement, etc.) ;
• Les Communautés urbaines riveraines ou autochtones ;
• Les Parlementaires ;
• La Société civile ;
• Les observateurs indépendants ;
• Les Syndicats et associations présents dans la filière etc.

Parlant des syndicats, il en existe plusieurs dans la profession d'exploitant forestier. On peut en citer :

- Le Groupement de la filière bois du Cameroun (GFBC) : C'est un puissant syndicat qui regroupe les grandes compagnies forestières. Dans cette catégorie, on retrouve essentiellement des sociétés à capitaux étrangers opérant dans des concessions forestières et disposant d'unités de transformation bien implantées et importantes ;
- Les syndicats des exploitants nationaux parmi lesquels on retrouve des petits exploitants qui opèrent à partir des titres d'exploitation de courte durée, autrefois appelés petits titres ;
- le syndicat des exploitants des produits forestiers spéciaux et non-ligneux. Celui-ci regroupe les négociants et commerçants qui exploitent les produits forestiers spéciaux tels que l'ébène, et tous les autres produits forestiers non ligneux autorisés au commerce, à l'exception des produits fauniques.

Nous relèverons également que le secteur informel joue un rôle très important dans la mise en œuvre de la politique forestière du Cameroun dans la mesure où en dehors des groupements structurés ci-dessus mentionnés, les comités de gestion des communautés rurales en charge de la gestion des forêts communautaires et des comités paysan-forêt des forêts permanentes jouent également un rôle très important.

Plan de zonage et structuration des forêts camerounaises

Avec ses 22 523 732 hectares de forêts, représentant 48 % de la superficie du pays, le Cameroun s'affirme parmi les grands pays forestiers de la sous – région du bassin du Congo. Sa forêt dense qui focalise l'attention de la communauté internationale couvre une superficie d'à peu près 17 millions d'hectares, avec un taux de déforestation net annuel estimé à 0,03 % entre 2000 et 2005[2].

Par décret n° 95-678-PM du 18 décembre 1995, il a été créé un cadre indicatif d'utilisation des terres en zone forestière méridionale. Bien qu'indicatif, ce plan de zonage est un cadre d'utilisation des terres en zone forestière méridionale du Cameroun. Ce cadre indicatif qui spécifie les domaines forestiers permanents, et non permanents, est destiné à servir d'outil de planification, d'orientation et d'exploitation des ressources naturelles à l'intérieur du zonage délimité ainsi qu'il suit :

- Au Nord par la limite théorique représentée par l'axe routier Douala-Edéa-Yaoundé-Ayos-Bertoua-Batouri-Gamboula ;
- À l'Est par la frontière avec la République Centrafricaine ;
- Au Sud par la frontière avec le Congo, le Gabon et la Guinée Équatoriale ;
- À l'Ouest par la bordure maritime s'étendant entre Douala et la frontière continentale avec la Guinée Équatoriale.

Le domaine forestier permanent

Ce domaine forestier est constitué de terres définitivement affectées à la forêt et/ou à l'habitat de la faune (cf. Art. 20 Loi). Les forêts du domaine permanent sont les forêts assises sur le domaine forestier permanent. Elles relèvent du domaine privé de l'État et font l'objet d'un plan d'aménagement et d'un classement (immatriculation) au nom de celui-ci. Ce sont des **forêts permanentes**, et ces massifs peuvent être ou non définis dans le plan de zonage ci-dessus circonscrit. Il faut noter que les feux de brousse y sont interdits. Ces forêts dites du domaine permanent sont classées soit comme Forêts domaniales, soit comme Forêts communales.

Les forêts domaniales

Sont considérés au sens de la loi de 94/01 du 20 janvier 1994, comme forêts domaniales :

---

2 Source : Observatoire des Forêts d'Afrique Centrale (OFAC), « *État des Forêts 2010* ».

a) Les aires protégées pour la faune. Il s'agit :

- Des parcs nationaux ;
- Des réserves de faune ;
- Des zones d'intérêt cynégétique ;
- Des games-ranches appartenant à l'État ;
- Des jardins zoologiques appartenant à l'État ;
- Des sanctuaires de faune ;
- Des zones tampons.

b) Les réserves forestières telles que :

- Les réserves écologiques intégrales ;
- Les forêts de production ;
- Les forêts de protection ;
- Les forêts de récréation ;
- Les forêts d'enseignement et de recherche ;
- Les sanctuaires de flore ;
- Les jardins botaniques ;
- Les périmètres de reboisement.

c) Les forêts communales

Ce sont des forêts du domaine forestier permanent dont la gestion, la protection et l'exploitation incombent à la commune bénéficiaire. Elles peuvent être assises sur un ou plusieurs tenants et appartenir à une ou plusieurs communes.

Le domaine forestier non permanent

Le domaine forestier non permanent est constitué de terres forestières susceptibles d'être affectées à des utilisations autres que forestières. Ce sont les forêts qui ne sont ni domaniales, ni communales. Il s'agit des forêts du domaine national, des forêts communautaires et des forêts des particuliers.

Les forêts du domaine national

Selon l'article 35 de la loi 94/01 du 20 janvier 1994, ''*Les forêts du domaine national sont celles qui n'entrent dans aucune des catégories de forêt domaniale, communale ou de particulier. Elles ne comprennent ni les vergers et les plantations agricoles, ni les jachères, ni les boisements accessoires d'une exploitation agricole, ni les aménagements pastoraux ou agro sylvicoles. Toutefois, après reconstitution du couvert forestier, les anciennes jachères et terres agricoles ou pastorales, ne faisant pas l'objet d'un titre de propriété, peuvent être considérées à nouveau comme forêts du domaine national et gérées comme telles''*.[3]

Les forêts communautaires

Ce sont des forêts attribuées aux communautés en gestion libre/autonome après approbation d'un plan simple de gestion de ce massif, et signature d'une convention de gestion avec l'État.

Les forêts de particuliers

Il s'agit de toute forêt plantée par un particulier et reconnue à ce dernier par l'administration des forêts sur la base de la constitution d'un dossier technique et la validation d'un plan de gestion signé avec l'État.

Esquisse de la structure des forêts camerounaises

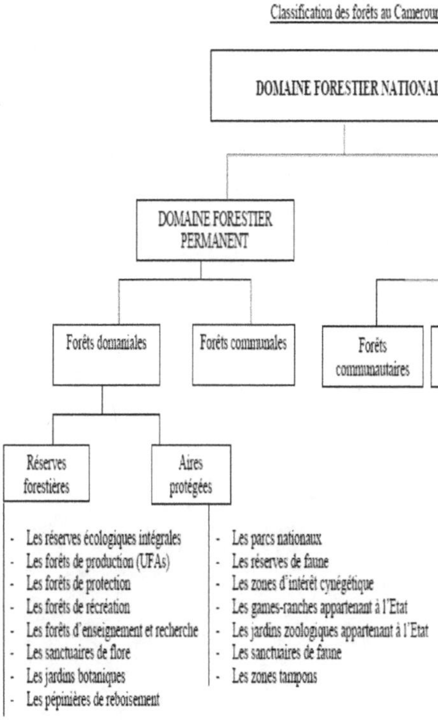

---

[3] Les produits forestiers de toute nature se trouvant dans les forêts du domaine national sont gérés de façon conservatoire, selon le cas, par les administrations chargées des Forêts et de la Faune.

II

EXPLOITATION DES PRODUITS FORESTIERS LIGNEUX

II-L'EXPLOITATION DES PRODUITS FORESTIERS LIGNEUX

Tali abattu et prêt à être débardé pour le parc

On entend par produit forestier ligneux, tout produit tiré de la forêt constitué majoritairement de lignine et permettant audit produit d'être classé ou utilisé comme bois d'œuvre, bois de service, bois d'industrie etc. Rappelons brièvement que la lignine est définie comme étant une substance organique qui imprègne les tissus végétaux et leur donne la consistance du bois (cf. Larousse édition 2013).

Les agréments à la profession forestière

La loi forestière en vigueur au Cameroun autorise la délivrance de trois types d'agrément. Il s'agit de l'agrément volet exploitation forestière, de l'agrément volet inventaire et de l'agrément volet sylviculture.

L'agrément volet exploitation forestière

Sauf dérogation spécifique accordée dans le cadre du droit d'usage ou pour l'exploitation de certains titres et entités forestières (autorisation personnelle de coupe, forêt communautaire, forêts des particuliers), l'agrément volet exploitation forestière est obligatoire pour l'exploitation de tous les produits forestiers ligneux, non ligneux et spéciaux au Cameroun (cf. Art 41 loi). Il est spécialement obligatoire pour toute exploitation forestière par convention d'exploitation, par vente de coupe ou par permis d'exploitation.

L'agrément volet inventaires forestiers

L'inventaire des ressources forestières est une prérogative de l'État qui peut sous-traiter cette activité avec les bureaux d'étude agréés. Les résultats qui en découlent sont utilisés dans la prévision des recettes et dans la planification de l'aménagement. À ce titre, l'exploitation de toute forêt est subordonnée à un inventaire préalable de celle-ci selon les normes fixées par le ministre en charge des forêts. Peuvent être considérés comme travaux d'inventaire forestier :

- L'inventaire en plein (100 %) encore appelé systématique ou inventaire d'exploitation ;
- L'inventaire de type aménagement qui n'est qu'un sondage par échantillonnage de la forêt ;
- Les sondages tels que prévu dans le *''Manuel des procédures d'attribution et normes de gestion des forêts communautaires''* annexe IV.

Le sondage peut se définir comme étant l'ensemble des opérations qui consistent à mesurer certains paramètres (diamètre, hauteur etc.) sur un nombre déterminé d'échantillons d'une population définie à l'avance. Ceci est fait en vue d'obtenir des données caractérisant la population entière avec une précision acceptable qui est fixée selon les objectifs recherchés. Elle est définie dans les *''Normes d'inventaire d'aménagement, et de pré-investissement''* (ONADEF, 1991). Le choix du type d'inventaire forestier ou de la technique de sondage employée lors de celui-ci dépendra de plusieurs facteurs à savoir l'objectif à atteindre (but de l'inventaire), la taille de la population, les difficultés d'accès, l'hétérogénéité de la forêt etc.

À l'exception des inventaires réalisés dans le cadre de la foresterie communautaire en vue de l'aménagement simplifié de ces massifs communautaires, cet agrément donne droit et est obligatoire à la réalisation de tout autre travail forestier tel que sondage, layonnage, comptage etc.

Il est important de savoir que pour les inventaires classiques (inventaire d'exploitation ou d'aménagement), les modes opératoires sont définis par des normes en la matière éditées par l'Office Nationale de développement des forêts (ONADEF). Par contre, les modes opératoires ne sont pas encore normalisés pour le cas des inventaires des produits forestiers spéciaux (Rotin, Bambous, Pygeum, etc.). Ils sont variables et généralement développés par la FAO. Toutefois, il ne faut retenir que l'exploitation de toute forêt est subordonnée à un inventaire d'exploitation dont les frais sont à la charge du bénéficiaire du titre d'exploitation forestière (cf. Art. 50 Décret). En cas d'exécution de ceux-ci par les bénéficiaires du titre, les résultats sont contrôlés et approuvés par l'Administration chargée des forêts.

Le chapitre III de la décision portant Application des *''Normes d'Intervention en Milieu Forestier''* en République du Cameroun stipule que le titulaire d'un titre d'exploitation forestière qui effectue ou fait effectuer des travaux d'inventaire forestier, doit déclarer à l'Administration chargée des Forêts tout site particulier d'intérêt biophysique ou social. Il s'agit entre autres, de verger à graines, de pépinière, d'arboretum, de vasière, de saline, de zone inondable, d'aire de reproduction des espèces de faune rares ou menacées, de zone à fort niveau d'endémie en espèces végétales ou fauniques, de zone reconnue pour la migration de la faune, de frayère, de lieu de concentration de plantes ou groupes de plantes reconnues d'importance dans l'écologie d'une espèce de faune rare ou menacée, de site ou élément du milieu naturel valorisé par les populations riveraines, de site de villégiature ou d'intérêt touristique, de zone de pavillon de chasse, etc. Il s'agit des zones inconnues jusqu'alors et identifiés au moment de l'inventaire forestier. Ce ou ces sites, après constatation, peuvent être mis en défens ou déclarés zones à écologie fragile par l'Administration chargée des Forêts, conformément aux dispositions de l'article 10 du décret n° 95/531 fixant les modalités d'application du régime des Forêts. Ces sites peuvent également être classés aires protégées par l'Administration chargée de la Faune, conformément aux dispositions prévues au décret n° 95/466 fixant les modalités d'application du régime de la faune.

L'agrément volet sylviculture

Cet agrément donne à son détenteur le droit de réaliser les travaux de sylviculture de petite ou grande envergure sur l'étendue du territoire national. Toute activité de sylviculture en dehors de celles menées par l'administration en charge des forêts, les détenteurs de concession pour le regarnissage des parcs, les communautés villageoises dans le cadre de la foresterie communautaire et les communes dans le cadre du transfert des compétences reconnues à ces entités par le MINFOF est sujette à l'obtention d'un agrément en sylviculture.

Les agréments pour les volets sylviculture et inventaire forestier sont accordés par arrêté du ministre chargé des Forêts tandis que l'Agrément pour l'exploitation forestière est accordé sur délégation du Premier Ministre, chef du Gouvernement (cf. Art. 36 décret).

À l'exception de l'organisme public, des bénéficiaires des autorisations personnelles de coupe, des propriétaires des forêts de particuliers et des populations exerçant leurs droits d'usage, toute personne physique ou morale désirant être agréée à l'un des domaines ci-dessus cités doit résider au Cameroun et justifier des connaissances techniques (cf. Art. 35 loi). À cet effet, quel que soit le domaine d'intervention postulé, l'agrément est accordé après avis du comité technique sur la base d'un dossier déposé contre récépissé auprès de l'Administration chargée des forêts, et comprenant les pièces suivantes :

a- pour les personnes physiques

- Une demande timbrée indiquant les noms, prénoms, nationalité, profession et domicile du postulant ;
- Un curriculum vitae indiquant l'expérience et les qualifications professionnelles ;
- Un extrait de casier judiciaire datant de moins de trois (3) mois ;
- Les numéros statistiques et du registre de commerce.

b- pour les personnes morales

- Une demande timbrée précisant la raison et l'adresse de la société ;
- Une expédition des statuts de la société ;
- Les numéros statistiques et du registre de commerce ;

- Un extrait de casier judiciaire du gérant datant de moins de trois (3) mois ;
- Le curriculum vitae du gérant ou du responsable des opérations forestières décrivant notamment ses connaissances techniques et son expérience professionnelle ;
- Les activités antérieures et actuelles de la société ;
- Une attestation de versement régulier des cotisations dues à la Caisse Nationale de Prévoyance Sociale.

c- dans l'un ou l'autre cas

- Le domaine d'intervention postulé ;
- Les pièces justificatives des connaissances techniques du postulant, s'il s'agit d'une personne physique, ou du responsable des opérations, s'il s'agit d'une personne morale ;
- Un certificat d'imposition ;
- Un bordereau de situation fiscale ;
- Une quittance de versement des frais de dossier dont le montant est fixé conformément à la législation sur le régime financier de l'État (150 000 frs CFA actuellement).

En plus de toutes les exigences ci-dessus listées, il est demandé au moment du dépôt du dossier d'agrément, d'adjoindre une étude de faisabilité du projet à mener avec l'agrément sollicité. Sans cette étude, le dossier est souvent jugé irrecevable.

En même temps que l'agrément ne fait nullement obligation à l'Administration d'octroyer au bénéficiaire un **titre d'exploitation forestière**, il reconnaît les compétences professionnelles du bénéficiaire dans le domaine où il est habileté à exercer. Il est strictement individuel et c'est à ce titre qu'il ne peut être ni loué, ni transféré, ou cédé (cf. Art 37 Loi).

<u>Encadré 1</u> : L'agrément à la profession forestière

En dehors de l'organisme public (cf. Art 64 Loi), des bénéficiaires des autorisations personnelles de coupe, des propriétaires de forêts de particuliers et des populations exerçant leurs droits d'usage, toute personne physique ou morale désirant exercer une activité forestière à but lucratif et commercial doit non seulement résider au Cameroun, mais aussi justifier des connaissances techniques et être agrée dans l'un des domaines ci-après:

- Inventaire forestier ;
- Exploitation forestière ;
- Sylviculture. (cf. Art.35 Décret).

L'agrément à l'un des domaines ci-dessus est accordé sur la base d'un dossier déposé contre récépissé auprès de l'Administration chargée des forêts après avis du comité technique des agréments par arrêté du Ministre chargé des forêts, pour la sylviculture et l'inventaire forestier et, sur délégation du Premier Ministre, chef du Gouvernement, pour l'exploitation forestière (cf. Art 36 Décret).

L'inventaire des ressources forestières est une prérogative de l'État. Les résultats qui en découlent sont utilisés dans la prévision des recettes et dans la planification de l'aménagement. A ce titre, l'exploitation de toute forêt est subordonnée à un inventaire préalable de celle-ci selon les normes fixées par le ministre chargé des forêts et de la faune. L'agrément est sollicité pour exercer dans le domaine de l'exploitation forestière, l'inventaire forestier ou de la sylviculture (cf. Art. 40 à 41 Loi).

Les modes d'attribution de la ressource ou des titres dits forestiers

Selon Larousse 2013, le mot « Titre » vient du latin « titulus » qui est une expression qui sert à nommer :

- Un écrit, une de ses parties ou une œuvre (titre d'un film, titres de journaux…)
- Une valeur mobilière (les titres de propriété)
- Un écrit constatant un acte juridique ou établissant un droit avec comme synonyme certificat (détenir un titre de propriété).
- Toute **pièce donnant droit** à, utiliser un moyen de transport régulier de voyageur (titre de transport), exploiter une parcelle de forêts donnée (titre forestier).

Les titres forestiers

En se basant sur la loi forestière de janvier 1994, il ressort clairement qu'un titre forestier peut être une Convention d'exploitation forestière, une vente de coupe, un permis d'exploitation ou une autorisation personnelle de coupe. Ceux-ci confèrent à leur détenteur, sur la surface concédée, le droit de récolter exclusivement, pendant une période déterminée, les produits désignés dans le massif forestier concerné, mais ne créent aucun droit de propriété sur le terrain y afférent. En outre, le bénéficiaire ne peut faire obstacle à l'exploitation des produits non mentionnés dans son titre d'exploitation, (cf. Art. 62 Loi).

De façon plus élargie, on peut également assimiler les autorisations d'enlèvement de bois (AEB) ou les autorisations de récupération de bois (ARB) à des titres, d'où leur appellation d'antan ''**les petits titres**''. (cf. lettre circulaire n° 0131/LC/MINFOF/SG/DF/SDAFF/SN du 20 mars 2006). Ces petits titres prennent de plus en plus le nom de vente de coupe. C'est le cas des autorisations concédées pour enlever les bois situés dans la zone d'ennoiement des barrages hydroélectriques de Mekin et de Menve'ele.

« ***Petits titres*** », certainement en rapport avec leur durée généralement courte, et à cause du fait que ceux-ci peuvent donner droit à l'exploitation des produits forestiers appartenant aux titres conventionnels ci-dessus cités. À titre d'exemple, il y a possibilité de bénéficier d'une ARB ou d'une AEB dans le territoire sur lequel s'exerce une convention d'exploitation ou une vente de coupe.

Par contre, les concessions forestières avec leurs UFA et UFE, les forêts communales, les forêts communautaires et des particuliers sont des affectations que l'on attribue aux massifs forestiers exploitables. Ceux-ci sont alloués aux tiers pour une gestion privée voir contrôlée, et dont l'exploitation se fait après délivrance du titre y relatif c'est-à-dire l'un de ceux cités plus haut. Par abus de langage, on les a souvent assimilés aux titres lorsque l'exploitation est faite en régie. A ce sujet, l'article 54 de la loi 94/01 stipule que «*…l'exploitation d'une forêt communautaire se fait pour le compte de la communauté, en régie, par vente de coupe, par autorisation personnelle de coupe, ou par permis, conformément au plan de gestion approuvé par l'administration chargée des forêts* ».

Les différents titres donnant accès à la ressource forestière (ligneuse ou non) s'octroient de différentes façons à savoir :

Par appel d'offres public

Selon l'article 51 du Décret d'application de la loi 94/01, la mise en exploitation des ressources forestières fait l'objet d'une planification quinquennale. Pour cela, l'administration chargée des Forêts ouvre certaines zones de forêts à l'exploitation par un avis d'appel d'offres public qui précise leur localisation, leurs limites, leur superficie, le potentiel exploitable et les œuvres sociales envisagées après concertation avec les communautés concernées. Cet avis d'appel d'offres est rendu public par voie de presse, d'affichage ou par toute autre voie utile, dans les unités administratives, les communes et les services de l'Administration chargée des forêts, pendant une période ininterrompue de quarante-cinq (45) jours.

L'appel d'offres est en fait une procédure qui permet à un commanditaire de faire le choix de l'entreprise la plus à même de réaliser une prestation de travaux, fournitures ou services. Le but est de mettre plusieurs entreprises en concurrence pour fournir un produit ou un service. Il s'agit d'une offre soumise par l'État à l'attention des opérateurs économiques intéressés, en vue de leur permettre de participer à la gestion et/ou à l'exploitation de son patrimoine moyennant certaines conditions à remplir. C'est le cas spécifique de l'attribution des concessions forestières, et des ventes de coupe.

Dans ce concept que l'on peut qualifier d'introductif au processus d'attribution des titres forestiers, il se dégage les notions telles que « adjudication » et « vente aux enchères » qui dans une certaine mesure sont la continuité de la procédure entamée avec la publication/diffusion de l'appel d'offres.

L'adjudication selon le dictionnaire est l'attribution d'un marché public ou d'un bien à la personne qui offre le meilleur prix. Au cours de cette procédure, le dernier enchérisseur devient "*l'adjudicataire*". Pour cela, on pourrait dire que l'adjudication est le processus qui finalise une procédure d'appel d'offres.

La vente aux enchères quant à elle est une vente publique au plus offrant des produits généralement saisis. Elle est faite par un commissaire-priseur, un notaire ou une commission spéciale créée à cet effet. Il s'agit en d'autres termes de céder un bien à un tiers, non seulement moyennant une certaine somme à un prix convenu, mais surtout au plus offrant. Elle est le plus utilisée pour la vente des produits forestiers ligneux ou non ayant fait l'objet d'une saisie par l'administration compétente.

De gré à gré

C'est-à-dire à l'amiable, en se mettant d'accord. D'une manière plus générale « *Gré à gré* » caractérise toute opération juridique menée en dehors d'un marché organisé. Le mot "gré" entre dans la composition de plusieurs mots comme "agrément", "agréage", "agréable" et dans certaines expressions comme "je vous saurais gré..." ou "de gré ou de force". Il marque la volonté ou l'approbation. En droit, le mot s'emploie dans l'expression "vente de gré à gré" pour qualifier la transmission d'un droit ou d'un bien par l'effet de la libre manifestation des volontés des parties. La "vente de gré à gré" s'oppose à la "vente forcée", qui est une vente publique par voie de justice ou adjudication. On disait naguère "vente à l'encan". C'est le cas de l'attribution des autorisations personnelles de coupe, des permis spéciaux pour bois de chauffage et perches, etc.

Les modes d'exploitation des forets au Cameroun

L'exploitation de la ressource forestière indifféremment du titre y donnant droit peut se faire de plusieurs façons :

- Par convention d'exploitation (CE)

Il s'agit d'un accord d'exploitation requis pour mener des activités d'exploitation forestière dans les concessions forestières qui sont constituées d'unité (s) forestière (s) d'aménagement (UFA).

-Par vente de coupe (VC)

Dans ce mode d'exploitation, les volumes de bois sont vendus sur pied. Cette pratique se fait dans les forêts communales, les forêts communautaires, mais également dans les forêts domaniales au bénéfice exclusif des Camerounais.

- Par permis d'exploitation (PE)

Il s'agit d'une autorisation légale requise pour pouvoir mener à son compte certaines activités, notamment forestières. Ce permis peut se traduire par la délivrance d'un permis proprement dit qui peut être spécial selon le cas, d'un certificat, ou d'une autorisation qui permet l'exploitation du massif, et qui peut avoir une dénomination identique ou différente.

- En régie (Rg)

La régie est un mode d'organisation permettant aux collectivités de prendre en charge une activité dans le cadre de leurs propres services. Il existe trois catégories de régies :

- La régie directe qui concerne tous les services publics locaux, elle est intégrée totalement aux services communaux et relève du budget de la collectivité ;
- La régie autonome par contre, dispose d'un budget annexe et d'organes propres de gestion ;
- La régie personnalisée qui caractérise un établissement public placé sous le contrôle de la collectivité mais qui reste sous régime comptable privé.

Dans notre cas de figure, la gestion voire la conduite de l'activité est faite par des agents nommés ou désignés par l'État ou par une collectivité publique.

Selon les articles 44 de la loi 94/01 et 53 du décret d'application, l'exploitation en régie d'une forêt domaniale de production n'intervient que lorsque l'enlèvement des produits s'impose dans le cadre d'une coupe de récupération de produits forestiers, d'un projet expérimental ou dans le cadre des travaux d'amélioration sylvicole prévus par le plan d'aménagement. Ainsi donc, ce mode d'exploitation dans une forêt domaniale de production est ordonné par le ministre chargé des Forêts qui peut, selon le cas, accepter une sous-traitance conformément au plan d'aménagement de ladite forêt. Les produits forestiers exploités dans ce cadre sont vendus aux enchères publiques, et cette vente doit faire l'objet d'un cahier-affiche rendu public par voie de presse, d'affichage, ou par toute autre voie utile, trente (30) jours avant la date prévue pour la vente aux enchères. Ce dernier indique le lieu et la date de la vente, ainsi que les espèces et volumes y relatifs. La publication se fait dans les unités administratives et mairies des localités concernées, ainsi que dans les services centraux de l'administration chargée des Forêts. La commission chargée de procéder à cette vente aux enchères est composée de la manière suivante :

- Le Préfet du département concerné ou son représentant (Président)
- Le Délégué départemental du Ministère chargé des forêts (rapporteur)
- Le receveur des domaines territorialement compétent (membre).

Au terme des travaux, un procès-verbal de la vente aux enchères publiques est rédigé séance tenante, et signé par tous les participants. Le bénéficiaire a pour obligation de s'acquitter dans la même séquence du prix d'adjudication, majoré du taux en vigueur après adjudication des produits.

- Par coupe de sauvetage (CS)

Il s'agit d'une coupe de bois rase (blanc-étoc), ordonnée par l'administration en charge des forêts afin de libérer un espace destiné à recevoir un projet. Celui-ci peut-être une exploitation agricole, un projet minier, un projet de développement social (construction d'infrastructures scolaires, hospitalières, etc.), ou un projet d'envergure (construction de barrage). Ce type d'exploitation forestière se fait conformément au cahier des charges s'y rapportant, et le bois abattu est récupéré par le détenteur du titre.

Encadré 2 : l'exploitation des forêts camerounaises

Le plus important est de savoir que les titres d'exploitation forestière ne peuvent être accordés qu'aux personnes physiques résidant au Cameroun ou aux sociétés y ayant leur siège et dont la composition du capital social est connue de l'administration chargée des forêts. Par ailleurs, Les bénéficiaires des titres nominatifs d'exploitation peuvent sous-traiter certaines de leurs activités, sous réserve de l'accord préalable de l'administration chargée des forêts. Ils restent, dans tous les cas, responsables devant celle-ci de la bonne exécution de leurs obligations dans ces massifs. (cf. Art. 41 et 42 Loi).

Toute personne physique ou morale désirant exercer une activité forestière exogène au droit d'usage, à l'autorisation personnelle de coupe, à la foresterie communautaire ou de particulier doit être agréée. L'exploitation des forêts domaniales se fait, soit par vente de coupe, par convention d'exploitation ou alors, exceptionnellement en régie. L'exploitation en régie d'une UFA dans le cadre d'un contrat de sous-traitance ne peut se faire qu'avec le concours exclusif d'un promoteur de nationalité camerounaise ou à des sociétés où ces personnes physiques détiennent la totalité du capital social ou des droits de vote, sauf dispositions contraires prévues par la Loi. (cf. Art. 57 Décret et 51 Loi 94/01). L'attribution dès lors se fait par appel d'offre restreint.

En général, la Commission statuant sur les soumissions délibère et classe les soumissionnaires qualifiés, en se fondant premièrement sur les critères techniques et administratifs de sélection, puis sur l'offre financière initialement cachetée. Lorsqu'aucune offre ne répond aux critères de sélection, ou lorsqu'il y a eu entente entre les soumissionnaires, la Commission déclare l'appel d'offres infructueux ou, selon le cas, annule ledit appel d'offres. En cas d'annulation de la procédure pour fait d'entente entre les soumissionnaires, ceux-ci ne peuvent, directement ou indirectement, prendre part à pareille soumission pour une durée de cinq (5) ans, sans préjudice de l'application des sanctions éventuellement prévues par_des textes particuliers. (cf. Art. 107 Décret).

Source de provenance du bois et modes d'exploitation

Source de provenance		Modes d'exploitation	Observations
Forêts permanentes	Forêt domaniale de production	CE ; VC ; Rg ; ARB. (cf. art. 44 loi)	• Plan d'aménagement de la forêt approuvé et exigé. • Exploitation orientée et contrôlée par l'État généralement pour l'alimentation des unités de transformation. C'est le cas des conventions d'exploitation ou UFAs, des ventes de coupe et autres (autorisation de récupération des coursons, etc.)
	Forêt communale	VC ; PE (PS) ; APC ; Rg.	• Plan d'aménagement de la forêt approuvé et exigé. • Exploitation pour le compte de la Commune.
Forêts non permanentes	Forêts du domaine national	VC ; PE (PS, PEBO) ; Rg ; APC ; ARB ; AEB ; CS.	• Respect du cahier des charges exigé sans parler des règles d'exploitations (NIMF) à observer
	Forêts communautaires	VC ; PE ; Rg ; APC.	• PSG approuvé exigé • Exploitation pour le compte de la Communauté
	Forêts de particuliers	Exploitation personnelle, Rg.	• PSG approuvé exigé • Exploitation pour le compte du Particulier

Légende :

CE : convention d'exploitation
ARB : Autorisation de récupération des bois
VC : Vente de coupe
UFA : Unité forestière d'aménagement
PE : Permis d'exploitation
PS : Permis spécial
PEBO : Permis expl. bois d'œuvre
APC : Autorisation personnelle de coupe
AEB : Autorisation d'enlèvement de bois
CS : Coupe de sauvetage
Rg : Régie

Types de titres d'exploitation délivrés par affectation forestière

Affectation \ Mode d'expl.	CE	VC	Régie	PE (PS, PEBO)	ARB, AEB	CS
Forêts domaniales de prod.		≅	≅	⊠	⊠	⊠
Forêts communales	≅	≅	≅	≅	⊠	⊠
Forêts du Domaine National	≅	≅	≅	≅	≅	≅
Forêts communautaires	≅	≅	≅	≅	⊠	⊠
Forêts des Particuliers	⊠	⊠	≅	≅	≅	⊠

≅= Possibilité d'exploitation ⊠= exploitation interdite

Les différentes affectations forestières liées à la ressource ligneuse à exploiter

Avant d'aborder ce paragraphe, il est important de réitérer que toute personne physique ou morale désirant exercer une activité forestière autre que dans le cadre du droit d'usage, de la foresterie communautaire ou de particulier doit être agréée.

En dehors d'une forêt communale, communautaire ou de particulier, une forêt soumise à l'exploitation peut également être une concession forestière constituée d'unité (s) forestière (s) d'aménagement (UFA), qui peut être exploitée selon le cas en Vente de coupe, par Permis d'exploitation (PEBO), ou par toute autre autorisation légale de dénomination variée selon le cas.

La concession forestière et les unités forestières d'aménagement (UFAs)

Soumise aux prescriptions d'aménagement, la **concession forestière** est le territoire sur lequel s'exerce la **convention d'exploitation forestière**. C'est une forêt permanente dite domaniale de production qui appartient au domaine privé de l'État. Elle peut être constituée d'une ou de plusieurs unités d'exploitation encore appelées unités forestières d'aménagement (**UFA**). Ces UFAs à leur tour sont subdivisées en six (06) Unités Forestières d'Exploitation (UFE). Elles sont à leur tour divisée en 5 Assiettes annuelles de coupe dont les superficies sont variables d'un titre à un autre.

Subordonnée à la constitution d'un cautionnement versé au trésor public (cf. Art. 69 Loi), la concession forestière est attribuée après avis d'une commission compétente à la suite du lancement par le ministère en charge des forêts d'un Avis d'appel d'offres public qui précise sa localisation, sa limite, sa superficie. Cet avis d'appel d'offres dans lequel les pièces du dossier sont précisées est rendu public par voie de presse, d'affichage ou par toute autre voie utile, dans les unités administratives, les communes et les services de l'Administration chargée des forêts, pendant une période ininterrompue de quarante-cinq (45) jours.

L'attribution d'une concession forestière est subordonnée au versement au Trésor public d'un cautionnement dont le montant est fixé par la loi des finances. Il est à noter que certaines concessions doivent être réservées aux nationaux pris individuellement ou regroupés en sociétés selon des modalités fixées par voie réglementaire (cf. Art. 48 Loi).

La superficie totale pouvant être accordée à un même concessionnaire est fonction du potentiel de la concession forestière, calculé sur la base d'un rendement soutenu et durable et de la capacité des industries de transformation existantes ou à mettre en place. Elle ne peut en aucun cas excéder deux cent mille (200 000) hectares. Pour cela, toute prise de participation majoritaire ou création d'une société d'exploitation par un exploitant forestier ayant pour résultat de porter la superficie totale détenue par lui au-delà de cette superficie est interdite, et expose l'auteur à une amende. (cf. art. 49 loi).

Préalablement à la signature de la convention définitive qui a une durée de quinze (15) ans renouvelable, les textes prévoient que le bénéficiaire d'une concession forestière nouvellement acquise signe avec l'administration chargée des forêts une convention provisoire d'exploitation d'une durée maximale de trois (3) ans non renouvelable. Au cours de celle-ci, le concessionnaire est tenu de réaliser également les travaux d'aménagement du massif. Celui-ci en fin de compte, est scindé en blocs, séries, assiettes annuelles de coupe, etc. En fin de convention provisoire, le concessionnaire doit produire un plan d'aménagement, un plan de gestion quinquennal et un plan d'opération de la première année du plan de gestion. D'autres travaux notamment la mise en place d'unité(s) industrielle(s) de transformation de bois doivent également être réalisés. À ce propos, l'article 50 de la loi 94/01 précise que l'industrie de transformation de bois et le siège social de l'entreprise doivent être situés dans la région d'exploitation. Pendant ce temps, la zone de forêt concernée est réservée au profit de l'intéressé. Le plan d'aménagement ainsi rédigé est élaboré pour une concession forestière constituée d'une ou de plusieurs unités forestières d'aménagement limitrophes voire contiguës dont les limites définitives sont définies par un décret de classement. Il est déposé six (6) mois avant la date d'expiration de la convention provisoire.

La matérialisation des limites est une opération d'aménagement à la charge du concessionnaire. Sur la limite entre la concession et le domaine forestier non permanent, un layon marqué à la peinture est ouvert sur une largeur de cinq mètres où toute végétation herbacée, arbustive et liane est coupée au ras du sol et tous les arbres non marchands de moins de quinze (15) cm de diamètre sont abattus. Sur cette limite, une rangée d'arbres facilement identifiables et à croissance rapide est plantée au milieu du layon (Ayous, Fraké, Framiré, etc). Au cours des quatre premières années, l'entretien du layon et des arbres plantés sera effectué deux fois par an. Par la suite, il faut réaliser un entretien annuel des limites de la forêt. À l'intérieur du domaine forestier permanent, les limites entre les UFA, les séries et les limites entre les assiettes annuelles de coupe sont matérialisées par un layon marqué à la peinture d'une largeur de deux mètres où toute végétation herbacée, arbustive et liane est coupée au ras du sol et tous les arbres non protégés de moins de quinze (15) cm de diamètre sont abattus. Les limites des assiettes annuelles de coupe doivent être matérialisées avant toute exploitation. Si la procédure de classement n'est pas entamée ou achevée, les limites de la concession, même si elles sont encore provisoires, doivent être matérialisées avant la fin de la première année de la convention provisoire. La réalisation de ce travail conditionne l'attribution de la deuxième assiette de coupe de la convention provisoire. Bien avant la réalisation de tous ces travaux, il est indispensable d'être détenteur d'une concession forestière. Le processus pour y parvenir est ci-dessous présenté.

Dossier de soumission pour l'obtention d'une concession forestière

Bien que précisé dans le dossier d'appel d'offres (DAO) d'attribution des concessions forestières, l'article 65 du décret d'application de la loi forestière 94/01 stipule que, *''Toute personne qui soumissionne pour une concession forestière doit, avant l'expiration du délai précisé à l'article 51''* c'est-à-dire (45 jours), *''déposer au Ministère chargé des forêts, contre récépissé, un **dossier complet** en dix **(10) exemplaires**, dont un original et neuf (9) copies certifiées conformes, et comprenant les pièces suivantes :*

a) Une demande timbrée indiquant :

- Les noms, prénoms, nationalité, profession et domicile, s'il s'agit d'une personne physique ;

- La raison sociale, le siège social, le nom du Directeur et la liste des associés, s'il s'agit d'une personne morale ;

b) Un certificat de domicile, s'il s'agit d'une personne physique, ou une expédition authentique des statuts de la société et les pouvoirs du signataire de la demande, s'il s'agit d'une personne morale ;

c) Cinq exemplaires de la carte forestière au 1/200 000e, indiquant les limites, la situation et la superficie de la portion de forêt sollicitée ; Cette carte doit être certifiée, soit par les services du cadastre de l'État, soit par un géomètre expert agréé;

d) Une copie certifiée conforme de l'acte d'agrément ;

e) Un certificat d'imposition ;

f) Un extrait de dépôt au greffe de la Cour d'Appel territorialement compétente de l'empreinte du marteau forestier du postulant. Cet extrait devant porter le fac-similé de l'empreinte ;

g) Un extrait de casier judiciaire du postulant, s'il s'agit d'une personne physique, ou du Directeur des affaires financières, s'il s'agit d'une personne morale, datant de moins de trois (3) mois, ainsi que le curriculum vitae dudit Directeur ;

h) Un plan d'investissement décrivant le programme d'exploitation, le matériel disponible ou à mettre en œuvre, la consistance des établissements industriels installés ou envisagés, les productions prévues par année budgétaire, et par catégorie de produits, la composition de la main-d'œuvre et le programme de formation de celle-ci ;

i) Les garanties de financement ;

j) Les propositions en matière de protection de l'environnement ;

k) Une déclaration sur l'honneur rédigée sur papier timbré et spécifiant que le postulant :

- Coopérera avec l'Administration chargée des forêts lors du contrôle de ses chantiers d'exploitation et de ses usines, et notamment qu'il accepte de signer tous les carnets de contrôle et qu'il laisse libre accès aux agents commis à cet effet ;

- A pris connaissance de la législation et/ou réglementation forestière en vigueur et qu'il s'engage à les respecter ;

- Se conformera strictement au plan d'investissement, et programme de recrutement et de formation de la main-d'œuvre, ainsi qu'aux clauses de ce cahier de charge ;

l) Éventuellement, un contrat de partenariat industriel de son choix pour les personnes de nationalité camerounaise ;

m) Un contrat de partenariat industriel et/ou financier avec un exploitant de nationalité camerounaise, titulaire d'une concession forestière, pris individuellement ou regroupé en société où les personnes de nationalité camerounaise détiennent la totalité du capital social ou des droits de vote;

n) Le cas échéant, le(s) certificat(s) de recollement et l'attestation de paiement des taxes forestières pour tout titre d'exploitation forestière précédemment acquis ;

o) Une pièce justifiant l'ouverture d'un compte d'affaires dans un établissement bancaire local agréé ;

p) Une quittance de paiement des frais de dossier dont le montant est fixé conformément à la législation sur le régime financier de l'État''.

L'exploitation se fait dans ce cas par convention d'exploitation qui est provisoire durant les trois premières années d'attribution du titre (exploitation des trois premières assiettes de coupe), et définitive par la suite pour une période de 15 ans renouvelable.

Renouvellement d'une concession forestière

Le renouvellement d'une concession forestière n'est autorisé que si le concessionnaire a respecté toutes ses obligations contractuelles. La demande de renouvellement de la concession forestière est déposée au moins un (1) an avant l'expiration de la convention d'exploitation au service régional de l'Administration chargée des forêts, assortie des pièces suivantes :

Pièces à fournir

- Demande de renouvellement de la concession forestière timbrée au tarif en vigueur, adressée au MINFOF ;
- Attestation des respects de la convention définitive d'exploitation forestière ;
- Documents énumérés pour l'attribution d'une concession, prévus à l'article 65 du Décret n° 95/531/PM du 23 août 1995 fixant les modalités d'application du régime des Forêts ;
- Le rapport sur la réalisation des clauses du cahier des charges;
- Le rapport d'activités sur toute la période de validité de la convention d'exploitation.

Après avis motivé du représentant régional du Ministère chargé des forêts, la demande de renouvellement est instruite par la commission interministérielle prévue à l'article 64 de la loi. En cas d'avis favorable de la commission, le renouvellement de la concession forestière est accordé par l'autorité compétente.

Transfert d'une concession forestière

Le transfert d'une concession forestière est accordé par l'autorité compétente (MINFOF). Il porte sur la totalité de la superficie de ladite concession. (cf. Art. 75 Décret). Les demandes de transfert sont formulées par le concessionnaire et le postulant, et adressées simultanément par les deux parties au ministre chargé des Forêts, contre récépissé. Toute demande de transfert d'une concession forestière est soumise à l'avis de la commission interministérielle sur la base d'un dossier en dix (10) exemplaires, dont un (01) original et neuf (09) copies certifiées conformes, et comprenant les pièces suivantes :

a) Une demande timbrée indiquant les noms, prénoms, nationalité, profession et domicile du postulant, (s'il s'agit d'une personne physique) ainsi que la raison sociale, le siège social, le nom du Directeur et la liste des associés, lorsque le postulant est une personne morale;

b) Une expédition authentique des statuts de la société et les pouvoirs du signataire de la demande, s'il s'agit d'une personne morale ;

c) Un certificat d'imposition ;

d) Un extrait du dépôt au greffe de la cours d'appel compétente de l'empreinte du marteau forestier du postulant ; cet extrait doit porter le fac-similé de l'empreinte ;

e) Un extrait de casier judiciaire du postulant, s'il s'agit d'une personne physique ou du Directeur, s'il s'agit d'une personne morale, datant de moins de trois (3) mois, ainsi que le curriculum vitae dudit directeur ;

f) Un plan d'investissement décrivant le programme d'exploitation, le matériel disponible ou à mettre en œuvre, la consistance des établissements industriels envisagés, les productions prévues par année budgétaire, et par catégorie de produits, la composition de la main-d'œuvre et, le cas échéant, le programme de formation de celle-ci;

g) Une déclaration sur l'honneur rédigée sur papier timbré et par laquelle le postulant spécifie qu'il :

- a pris connaissance de la législation et de la réglementation forestière en vigueur et qu'il s'engage à les respecter ;
- se conformera strictement au plan d'investissement, au programme de recrutement et de formation de la main-d'œuvre, ainsi qu'aux clauses de ses cahiers de charges ;

h) Éventuellement, un contrat de partenariat avec un industriel de son choix, pour les personnes physiques de nationalité camerounaise ou bien des sociétés où ces personnes détiennent la totalité du capital social ou des droits de vote;

i) Un contrat de partenariat industriel et/ou financier avec un exploitant de nationalité camerounaise, pris individuellement ou regroupé en société où les personnes de nationalité camerounaise détiennent la totalité du capital social ou des droits de vote, titulaire d'une concession forestière, pour les postulants n'ayant pas la nationalité camerounaise;

j) Une pièce justifiant l'ouverture d'un compte d'affaires dans un établissement financier de la place agréé, ainsi que les garanties financières ;

k) Des propositions en matière de protection de l'environnement ;

l) Une quittance de paiement des frais de dossier dont le montant est fixé conformément à la législation sur le régime financier de l'État.

La signature de l'acte qui accorde le transfert de la concession forestière est subordonnée à la présentation de la quittance de paiement de la taxe de transfert prévue par la Loi, ainsi que les autres charges financières liées à ladite concession, telles que prévues par la loi forestière et son décret. Le nouveau concessionnaire dispose d'un délai de quarante-cinq (45) jours à compter de la date de notification de l'accord pour s'acquitter de la taxe correspondante et des charges y relatives. Passé ce délai et faute de produire les justificatifs demandés, le nouveau concessionnaire perd le bénéfice du transfert. Dans ce cas, la concession forestière concernée peut être maintenue au précédent concessionnaire, s'il s'est acquitté de toutes ses obligations contractuelles, ou à nouveau soumise à la procédure d'appel d'offres public, conformément aux dispositions du décret d'application de la loi 94/01. En cas de transfert, toutes les clauses de la convention d'exploitation incombent au nouvel exploitant. (cf. Art. 76 Décret).

Toutefois, de nouvelles clauses peuvent être prévues, compte tenu des informations disponibles sur le marché du bois et du potentiel forestier.

En cas de décès d'une personne physique titulaire d'une concession forestière, cette concession est retirée, sauf si dans un délai de dix-huit (18) mois suivant le décès, il est établi que le *''de cujus''* a un ayant droit agréé à l'exploitation forestière. Dans ce cas, cette concession est transférée par l'autorité compétente au nom de l'ayant droit, à la condition que ce dernier s'engage au préalable et sur un écrit légalisé à respecter toutes les clauses de la convention d'exploitation liée à ladite concession. (cf. Art. 77 Décret).

Abandon d'une concession forestière par son adjudicataire

L'abandon d'une concession forestière est constaté par l'autorité compétente, après avis de la commission interministérielle (cf. Art. 78 Loi). Il est subordonné à la production d'un dossier en dix (10) exemplaires dont l'original et neuf (9) copies certifiées conformes, comportant les pièces suivantes :

- Une demande timbrée identifiant le concessionnaire, ainsi que les motifs de l'abandon ;
- Une copie de l'acte d'attribution de la concession forestière ;
- Le plan d'aménagement de la forêt concernée ;
- Une carte forestière à l'échelle 1/200 000 de la concession ;
- Un rapport sur les activités de l'exploitant dans la concession forestière depuis la date d'attribution de ladite concession ;
- Un justificatif de paiement de la redevance d'abandon pour la forêt sous aménagement ;
- Les pièces attestant le paiement de toutes les taxes relatives à l'exploitation de la concession.

Le dossier ainsi constitué est déposé, contre récépissé, auprès du Service Régional de l'administration chargée des Forêts qui le transmet, avec un avis motivé, au ministre chargé des Forêts pour suite de la procédure. L'abandon donne lieu à la restitution du cautionnement constitué auprès du trésor public, suivant des modalités fixées par arrêté conjoint des ministres chargés des Finances et des Forêts.

Procédures annuelles relatives à la concession forestière

À la lumière des ''Normes d'Intervention en milieu forestier'' (cf. Art. 39), il s'agit des procédures qui s'appliquent pour faire une demande de permis annuel d'opération (PAO), soit pour rapporter les volumes abattus (remplissage des DF10) ou pour produire le rapport annuel d'intervention forestière (RAIF). Les formulaires des procédures annuelles pour l'exploitation forestière sont présentés dans le dossier des fiches techniques du ministère chargé des Forêts, et ces procédures de la part du concessionnaire consistent à :

- Préparer avant le 31 mai de chaque exercice fiscal, une demande de permis annuel d'opération pour l'exercice suivant en inscrivant le nombre d'arbres, et le volume par essence qui proviennent de l'inventaire d'exploitation et que l'exploitant se propose de récolter durant l'exercice ;

- Présenter un plan annuel pour les autres travaux qui découlent des clauses du cahier des charges et du plan d'aménagement, notamment en ce qui concerne les mesures de protection de l'environnement, les techniques d'exploitation à faible impact, la protection de la Faune. Ce plan annuel doit comprendre notamment les échéanciers, les moyens matériels et les ressources humaines et la cartographie des interventions ;

- Délimiter sur les cartes forestières au 1/50.000^{e} et au 1/5.000^{e} les interventions (traitements sylvicoles, exploitation, infrastructures, protection de l'environnement) qui seront effectuées au cours de l'exercice ;

- Matérialiser sur le terrain, selon les normes en vigueur et le cahier des charges signé, les limites de l'assiette de coupe sollicitée et les limites des interventions forestières proposées. Après avoir matérialisé les limites, le concessionnaire informe la délégation régionale qui dispose d'un délai de 30 jours pour réceptionner les travaux sur le terrain.

- Effectuer l'inventaire d'exploitation, selon les normes d'inventaire d'exploitation, sur toute la superficie sollicitée à l'exploitation. Les informations prélevées pour chaque tige sont : l'essence, la position et le diamètre par classe de 10 cm. Les résultats sont consignés sur une carte de 1/5.000^{e} qui localise chaque arbre individuellement ;

- Dans le cas où la demande de permis annuel concerne le renouvellement d'une assiette de coupe, la demande devra comporter un certificat de récolement délivré par la délégation régionale suivant le modèle présent dans le dossier des fiches techniques publié par le ministère chargé des Forêts. En cas de confirmation, elle émet le certificat annuel d'assiette de coupe.

En ce qui concerne le carnet de chantier rapportant les volumes abattus (DF10), celui-ci doit être rempli tel que prévu par les normes techniques d'exploitation et le cahier des charges y relatif, c'est-à-dire au même moment que l'exploitation forestière se déroule.

Les charges financières générées par la concession forestière

En dehors de la patente dont on reconnaît la trivialité en matière fiscale, les principales charges financières sujettes à ce type de titre sont constituées par :

- La redevance forestière annuelle assise sur la superficie et dont le taux est fixé par la loi des Finances ;
- La taxe d'abattage des produits forestiers, c'est-à-dire la valeur par espèce, par volume, poids ou longueur, estimée selon des modalités fixées par décret ;
- La surtaxe progressive à l'exportation des produits forestiers non transformés ;
- La contribution à la réalisation des œuvres sociales ;
- La réalisation de l'inventaire forestier ;
- La participation aux travaux d'aménagement (cf. Art. 66 Loi).

Documents exigibles lors du contrôle d'une concession forestière au regard du Guide du contrôleur forestier rendu exécutoire par décision n° 0680/D/MINFOF/CAB du 28 décembre 2012.

- Agrément de l'entreprise ou des différents sous-traitants à la profession forestière ;
- Agrément de l'entreprise ou des différents sous-traitants ayant participé aux travaux d'inventaires forestiers ;
- Extrait de dépôt des empreintes du marteau forestier au greffe de la cour d'appel compétente ;
- Convention provisoire ou définitive d'exploitation signée par le MINFOF selon le cas ;
- Récépissé de demande de transfert, notification y relative

et paiement de la taxe de transfert selon le cas ;
- Attestation de conformité aux clauses de la convention provisoire ou définitive selon le cas
- Arrêté d'approbation du plan d'aménagement délivré par le ministre des forêts ;
- Plan de gestion quinquennal ;
- Plan des opérations annuelles ;
- Acte de classement selon le cas ;
- Plan d'aménagement approuvé ;
- Rapport d'inventaire d'exploitation ;
- Certificat de conformité des inventaires (aménagement et exploitation) ;
- Certificat de recollement selon le cas
- Certificat de matérialisation des limites ;
- Carte de l'UFA et Attestation de mesure de superficie ;
- Carte de l'AAC en cours et attestation de mesure de superficie y relative ;
- Carte d'inventaire d'exploitation indiquant la position de chaque tige à exploiter ;
- Carte du réseau des routes et pistes ;
- Autorisation d'ouverture des voies d'accès au titre ;
- Contrat(s) de sous-traitance (s)/partenariat(s) ;
- Contrat de prestation de service avec une des structures agréées ou un organisme public ;
- Récépissé du dépôt du/des contrats approuvés par l'autorité compétente ;
- Registre de commerce du/des sous-traitants/partenaires à la profession ;
- Certificat annuel d'assiette de coupe (convention provisoire) ou du permis annuel d'opération (PAO) en convention définitive indiquant entre autres les essences à récolter et interdites ;
- Notification de démarrage des activités, délivrée par le DRFOF ;
- Quittances de paiement des taxes (RFA, TA, DS, taxe de développement local, etc.) ;
- Documents de chantier selon le cas (DF10, LVG, LVPR, CEU, etc.) ;
- Certificat de légalité de fournisseur selon le cas ;
- Rapport d'intervention forestière (RAIF) ;
- Cahier des charges signé par l'autorité compétente ;
- Procès-verbaux de réalisation des œuvres sociales ;
- Procès-verbal de la réunion d'information des parties prenantes ;
- Carte d'affectation des terres ;
- Procès-verbal de la réunion de restitution de l'étude socio-économique ;
- Règlement intérieur ;
- Note de service précisant l'interdiction du braconnage et

du transport de la viande de brousse ;
- Note de service publiant les sanctions éventuelles ;
- Plan d'approvisionnement alimentaire.

La Ventes de coupe (VC)

C'est un terme assez générique qui désigne non seulement une autorisation d'exploiter mais surtout une portion de forêt du domaine national mise en exploitation et ne pouvant dépasser deux mille cinq cents (2 500) hectares. Elle est attribuée par le ministre chargé des Forêts après avis d'une commission compétente pour une période maximale de trois ans non renouvelable. L'administration chargée des forêts arrête les superficies à ériger en ventes de coupe réservées aux sociétés et agréées à l'exploitation forestière. Par ailleurs, l'exploitation par vente de coupe est un mode d'exploitation forestière dans une forêt domaniale, communale ou communautaire qui consiste à vendre les volumes de bois sur pied.

« *Les ventes de coupe dans une forêt domaniale ne peuvent être attribuées qu'à des personnes physiques de nationalité camerounaise ou à des sociétés où ces personnes physiques détiennent la totalité du capital social ou des droits de vote, sauf dispositions contraires prévues par la Loi.* » (Art 57 Loi). Dans le cadre d'une vente de coupe, les activités d'aménagement ne sont pas exigées. Toutefois, l'adjudicataire se doit de respecter et d'appliquer scrupuleusement toutes les exigences et recommandations du cahier des charges ainsi que les normes d'exploitation en vigueur au Cameroun. Il s'agit notamment de la réalisation d'un inventaire d'exploitation, du respect des ''Normes d'intervention en milieu forestier'', de la bonne tenue des documents d'exploitation, etc.

L'opération principale à mener dans ce type de titre est l'exploitation du bois (abattage et évacuation) en grumes. A cet effet, le sciage des bois en dehors de la construction des ponts et ouvrages de chantier ainsi que des produits forestiers secondaires ou spéciaux est sujet à une autorisation particulière.

Attribution d'une vente de coupe

L'attribution d'une vente de coupe dans une forêt du domaine national se fait par voie d'Avis d'appel d'offres public. Toutes les conditions d'attribution figurent dans le dossier d'appel d'offres (DAO) qui l'accompagne et celui-ci est largement diffusé et affiché partout où besoin est. Néanmoins, la soumission pour ce type de titre forestier est subordonnée à la présentation d'un dossier complet monté en dix (10) exemplaires, dont un original et neuf (9) copies certifiées conformes, déposé contre récépissé au Ministère chargé des forêts (cf. Art. 83 Loi) comprenant une offre technique et administrative et une offre financière. L'enveloppe relative à l'offre technique et administrative contient les éléments ci-après :

a) Une demande timbrée indiquant :

- les noms, prénoms, nationalité, profession et domicile du postulant pour les personnes physiques ;

- la raison sociale, le siège social, le nom du Directeur et la liste des associés, pour une personne morale ;

b) Cinq (5) exemplaires de la carte forestière au 1/200 000e de la zone sollicitée, indiquant la situation, les limites et la superficie de la portion de forêt demandée. Cette carte doit être certifiée, soit par les services du cadastre de l'État, soit par un géomètre expert agréé ;

c) Une copie certifiée conforme de l'acte d'agrément ;

d) Un certificat d'imposition ;

e) Un extrait de casier judiciaire du postulant, pour les personnes physiques ou du Directeur, s'il s'agit d'une personne morale, et datant de moins de trois (3) mois ;

f) Une déclaration sur l'honneur tel que prévu à l'article 65 du Décret ;

g) Les garanties de financement ;

h) Éventuellement, la liste des équipements et matériels disponibles pour l'exportation et/ou la transformation ;

i) Les propositions en matière de protection de l'environnement ;

j) Le cas échéant, le(s) certificat(s) de recollement et l'attestation de paiement de taxes forestières pour tout le titre d'exploitation forestière précédemment acquis ;

k) Une quittance de paiement des frais de dossier dont le montant est fixée conformément à la législation sur le régime financier de l'État.

L'enveloppe de l'offre financière cachetée, scellée, contient l'indication du prix supplémentaire que le soumissionnaire se propose de payer par rapport au taux plancher de la redevance forestière annuelle prévue à l'article 66 (1) de la Loi et tel que déterminé par la Loi des Finances (cf. Art. 59 Loi).

Le droit d'usage dans une vente de coupe

Les droits d'usage sont maintenus dans les forêts du domaine national qui consistent dans un accomplissement à l'intérieur de ces forêts par les populations riveraines, de leurs activités traditionnelles, telles que la collecte des produits forestiers secondaires, notamment le raphia, le palmier, le bambou, le rotin ou les produits alimentaires et le bois de chauffage. Lors du passage d'une exploitation, l'obstruction des pistes piétonnes et villageoises est une infraction gravement sanctionnée (cf. Normes d'intervention en milieu forestier).

Obtention du Certificat d'exploitation de la vente de coupe et son renouvellement

Lorsque la vente de coupe a fait l'objet d'une attribution au profit d'un tiers (opérateur économique), ce dernier, avant exploitation de ce titre, doit se faire délivrer un certificat de vente de coupe dont le dossier est constitué des pièces suivantes :

- Demande timbrée au tarif en vigueur, adressée au MINFOF ;
- Demande DF 08 ;
- Cartes d'inventaires (1/5000e) ;
- Rapports d'inventaires d'exploitation ;
- Certificat de matérialisation des limites ;
- Justification de paiement des taxes et redevances ;
- Attestation de mesure de superficie de la vente de coupe à exploiter ;
- Certificat de conformité des résultats d'inventaires d'exploitation ou Attestation de conformité des travaux d'inventaires ;
- Copie du cahier de charges signé et enregistré.

Le renouvellement du certificat d'exploitation de la vente de coupe quant à lui est conditionné par le dépôt d'un dossier constitué des pièces suivantes :

- Demande timbrée au tarif en vigueur, adressée au MINFOF ;
- Copie de l'arrêté attribuant la vente de coupe ;
- Les pièces attestant de toutes les taxes y afférentes ;
- Un rapport d'activités sur l'exercice échu ;
- Demande de certificat DF 08 ;
- Les résultats de l'inventaire de recollement ;
- Une attestation de matérialisation de limites.

Les charges financières liées à la vente de coupe

Les principales charges financières sujettes à ce type de titre sont constituées de :

- La patente ;
- La redevance forestière annuelle assise sur la superficie et dont le taux est fixé par la loi des Finances ;
- La taxe d'abattage des produits forestiers, c'est-à-dire la valeur par espèce, par volume, poids ou longueur, estimée selon des modalités fixées par décret ;
- La surtaxe progressive à l'exportation des produits forestiers non transformés ;
- La contribution à la réalisation des œuvres sociales ;
- La réalisation de l'inventaire forestier ;
- La participation aux travaux d'aménagement (cf. Art. 66 Loi).

Documents exigibles lors du contrôle d'une vente de coupe selon le Guide du contrôleur forestier

-Agrément de l'entité forestière exploitante ou des sous-traitants et prestataires de service à la profession exploitation et/ou inventaire ;
-Arrêté d'attribution de la vente de coupe ;
-Carte de la vente de coupe et attestation de mesure de superficie ;
-Autorisation d'ouverture des voies d'accès à la vente de coupe ;
-Carte du réseau des routes et pistes ;
-Carte d'exploitation ;
-Certificat de conformité des inventaires ;
-Certificat de matérialisation des limites ;
-Contrat(s) de sous-traitance/partenariat ;
-Lettre d'approbation du contrat de sous-traitance/partenariat ;
-Contrat(s) de prestation de services selon le cas ;
-Documents sécurisés ;
-Certificat de recollement selon le cas ;
-Justificatifs de paiement des taxes ;
-Certificat annuel de coupe (CAC) ;
-Notification de démarrage des activités ;
-Cahier des charges ;
-PV de réalisation des œuvres sociales ;
-PV de réunion d'information des populations ;
-Règlement intérieur ;
-Note de service précisant l'interdiction du braconnage et

du transport de la viande de brousse ;
-Note de service publiant les sanctions éventuelles ;
-Rapport d'inventaire d'exploitation.

Le Permis d'exploitation du bois d'œuvre (pebo)

C'est, au sens de la loi, une autorisation d'exploiter ou de récolter des quantités bien définies de produits forestiers dans une zone donnée et bien définie. Ces produits peuvent être des produits spéciaux, du bois d'œuvre dont le volume ne saurait dépasser cinq cent (500) mètres cubes bruts, du bois de chauffage et des perches à but lucratif.

« *Les permis d'exploitation pour le bois de chauffage, les perches ou le bois d'œuvre en vue de la transformation artisanale sont réservés exclusivement aux personnes de nationalité camerounaise ou aux sociétés où ces personnes détiennent la totalité du capital social ou des droits de vote. Ils sont, chacun, assortis d'un cahier des charges*" (Art 86 loi). En ce qui concerne les produits forestiers spéciaux listés par le ministère en charge des forêts, l'attribution de leurs permis d'exploitation se fait par le ministre chargé des Forêts, après avis d'une commission interministérielle, tandis que les permis d'exploitation pour la récolte des produits forestiers à des fins scientifiques sont attribués par le même ministre sur examen d'un dossier technique.

Cette commission interministérielle qui se réunit en tant que de besoin au moins deux (2) fois par an sur convocation de son Président aux lieux et date que ce dernier fixe, est un organe placé auprès du ministre chargé des Forêts avec pour mission de donner son avis sur :

- L'attribution ou le retrait des ventes de coupe ;
- L'attribution, le renouvellement, le transfert, l'abandon ou le retrait d'une concession forestière ;
- L'attribution ou le retrait des permis d'exploitation pour certains produits forestiers spéciaux. (cf. Art.98 Décret).

Ladite commission qui ne peut valablement délibérer qu'en présence des deux tiers (2/3) au moins de ses membres et qui doit rendre son avis dans un délai maximum de vingt et un (21) jours, à compter de la saisine par le ministre chargé des Forêts, est composée de la manière suivante :

PRÉSIDENT(le représentant du ministère chargé des Forêts).

MEMBRES :(un représentant du ministère chargé de l'Administration Territoriale) ;

- Un représentant du ministère chargé du Développement industriel et commercial ;
- Un représentant du ministère chargé des Domaines ;
- Un représentant de chaque association ou syndicat de la profession forestière ;
- Deux députés à l'Assemblée Nationale.

Le quorum des 2/3 des membres prévu ci-dessus n'est pas applicable lorsque la commission siège pour l'ouverture des soumissions. Elle adopte ses résolutions à la majorité simple des voix, et en cas de partage des voix, celle du Président est prépondérante comme dans plusieurs cas de regroupements. Lorsque l'urgence est signalée, le Ministre chargé des forêts peut demander que le délai prévu (21 jours) soit réduit à moins de 10 jours. Les frais de fonctionnement de la commission sont supportés par le Fonds spécial de Développement forestier (cf. Art. 100 à 102 Décret).

NB : Les fonctions de Président ou de membre de la commission, ainsi que celles de rapporteur ou de membre du secrétariat sont gratuites (cf. Art. 99 Décret).

Le permis d'exploitation du bois d'œuvre en vue de la transformation artisanale et les permis d'exploitation du bois de chauffage ou des perches sont attribués par le ministre en charge des forêts, après avis d'un comité technique interministériel (cf. Art. 86 nouveau, Décret 2007/0342). La durée de validité d'un permis d'exploitation est fonction du volume des produits vendus. Elle est précisée dans l'acte d'attribution. Elle ne peut, en aucun cas, excéder un (1) an. Un certificat de recollement est délivré en cas de respect des clauses d'exploitation, et des sanctions le cas contraire. Attribuées par voie d'appel d'offres dans lequel le dossier à constituer ainsi que les conditions à remplir sont bien définies, les zones mises en adjudication sont proposées par les délégués régionaux des forêts territorialement compétents, et affichées à la direction des forêts ainsi que dans les délégations régionales. Ces zones font l'objet d'un avis au public précisant leur localisation, les limites et la superficie concernée. Les produits des permis sont destinés à l'approvisionnement du marché local et ne doivent pas de ce fait, être exportés.

Documents exigibles lors du contrôle d'un permis d'exploitation de bois d'œuvre conformément au Guide du contrôleur forestier.

- Agrément de l'entité forestière exploitante ou des sous-traitants à la profession forestière ;
- Agrément de l'entité forestière exploitante ou des sous-traitants aux travaux d'inventaire ;
- Certificat/permis d'exploitation de bois d'œuvre ;
- Carte de localisation du permis et attestation de mesure de superficie ;
- Preuve des réalisations des prescriptions du cahier des charges ;
- Autorisation d'ouverture des voies d'accès au titre ;
- PV de consultation des populations locales ;
- PV de réalisation et de réception des œuvres sociales ;
- Carte du réseau des pistes
- Carte d'exploitation ;
- Certificat de conformité des inventaires ;
- Certificat de matérialisation des limites ;
- Contrat(s) de sous-traitance approuvé(s) par le MINFOF ;
- Documents sécurisés ;
- Déclaration des taxes exigibles ;
- Justificatifs de paiement des taxes ;
- Justificatifs de détention du matériel de chantier ;
- Notification de démarrage des activités ;
- Rapport d'inventaire d'exploitation.

<u>Encadré 3</u> : Les titres d'exploitation forestière

La convention d'exploitation forestière, la vente de coupe, le permis d'exploitation et l'autorisation personnelle de coupe confèrent à leur détenteur, sur la surface concédée, le droit de récolter exclusivement pendant une période déterminée, les produits désignés dans le titre d'exploitation, mais ne créent aucun droit de propriété sur le terrain y afférent. Pour cette raison, le bénéficiaire ne peut faire obstacle à l'exploitation des produits non mentionnés dans son titre d'exploitation. (cf. Art. 62 Loi).

À côté de cela, il faut bien noter que les titres d'exploitation forestière ne peuvent être accordés qu'aux personnes physiques résidant au Cameroun ou aux sociétés y ayant leur siège et dont la composition du capital social est connue de l'administration chargée des forêts. Les bénéficiaires des titres nominatifs d'exploitation peuvent sous-traiter certaines de leurs activités, sous réserve de l'accord préalable de l'administration chargée des Forêts. Ils restent, dans tous les cas, responsable devant celle-ci de la bonne exécution de leurs obligations. Ces titres sont individuels et incessibles. Ainsi donc, toute nouvelle prise de participation ou cession de parts sociales dans une société bénéficiaire d'un titre d'exploitation est soumise à l'approbation préalable du ministre chargé des Forêts.

La forêt communale

Selon la loi 94/01, il s'agit de toute forêt ayant fait l'objet d'un acte de classement pour le compte de la commune concernée ou qui a été plantée par celle-ci. Chaque commune définit les modalités d'attribution des titres d'exploitation de ses forêts qui, rappelons-le, sont de superficie variable et peuvent être assises sur un ou plusieurs tenants. Bien que reconnues comme telles, plusieurs forêts communales ne sont malheureusement pas classées jusqu'ici. Pis encore, elles ne bénéficient pas d'un plan d'aménagement approuvé.

Procédures d'obtention, d'attribution ou de création d'une forêt communale

La création d'une forêt communale (non plantée) passe par six ou sept étapes selon que celle-ci est localisée ou non dans le plan de zonage. Il est à noter que toutes les forêts communales n'ont pas encore fait l'objet d'un classement au profit des communes concernées. Y faisant allusion, nous noterons que le dossier de classement d'une telle forêt est constitué des pièces suivantes :

- Demande timbrée au tarif en vigueur du Maire ;
- Carte de la zone ;
- Attestation de mesure de superficie ;
- Note technique préliminaire ;
- Avis au public ;
- Procès-verbaux des réunions de sensibilisation des autorités administratives, des élites et des populations locales ;
- Rapport des travaux de la commission départementale.

Étape 1 : **l'initiation du projet de forêt communale**

Pour une forêt communale non prévue dans le plan de zonage, cette étape consiste pour la commune à prendre connaissance de la cartographie existante de son territoire. Elle identifie la(les) zone(s) potentielle(s) de création d'une forêt communale, et engage le processus de création de ladite forêt par une demande adressée au Ministre des forêts si l'espace adéquat existe et est disponible. Les outils SIG (cartes topographiques, levés divers, planimétrie, etc.) sont ceux utilisés dans cette étape.

Étape 2 : **Préparation de la note technique**

La Direction des forêts prépare pour chacun des projets de classement une note technique préliminaire d'information qui aide à la rédaction de l'Avis au public et qui doit préciser les éléments suivants :

- Les objectifs du projet de classement ;
- Les limites de la forêt à classer (carte au 1/200 000e) ;
- Une description de la zone du projet (topographie, hydrographie, végétation, population, activités humaines et industrielles sur la zone, accessibilité), du programme des travaux de classement à venir et des droits normaux d'usage.

Etape3 : **l'Avis au public**

Signé par le Ministre en charge des forêts, l'avis est rendu public par voie de presse, communiqué et affichage dans les préfectures, sous-préfectures, mairies et services de l'administration chargée des Forêts de la région concernée ou par toute autre voie utile. Son principal rôle est d'informer officiellement le public sur le projet voire, le désir d'ériger le massif en forêt communale en vue de son classement au profit de la commune concernée. Ce document est initié et rédigé par la Direction des Forêts. Il comporte les éléments suivants :

- La description des limites à ériger en forêt communale ou à classer accompagnée d'une carte du massif au 1/200 000e ;
- La superficie en hectares ;
- La vocation du massif ;
- La date limite pour la réception des éventuelles réserves et réclamations des populations auprès des autorités compétentes (préfecture et délégation départementale du ministère en charge des forêts).

La période de réclamations est fixée à trente (30) jours dans les régions disposant d'un plan d'affectation des terres (plan de zonage), et quatre-vingt-dix (90) jours dans les régions ne disposant pas d'un plan d'affectation des terres.

Étape 4 : **Sensibilisation des autorités administratives et des élites locales**

Les personnes visées sont les préfets, les délégués départementaux, les chefs de poste, les sous-préfets, les députés, les maires, les représentants des autres ministères (Tourisme, Domaine, Affaires foncières, Élevage, Agriculture, Mines, etc.), les autorités religieuses, les ONG les élites locales.

Cette étape consiste à rencontrer les autorités administratives ainsi que les élites locales qui auront un rôle à jouer dans le classement de la forêt concernée pour leur expliquer le travail qui sera fait et ce qu'on attend d'eux. Pour ce faire, une réunion est programmée au niveau de chaque arrondissement touché par le projet de classement avec pour objectif d'expliquer :

- Les objectifs du projet de classement ;

- Le principe de la participation des populations dans le processus d'aménagement du massif forestier ; les populations devant obligatoirement être consultées ;
- Les démarches qui restent à faire (tournées de sensibilisation des populations, organisation des comités paysans/forêt, réalisation du schéma directeur, réunion de consultation pour le classement) ;
- De préparer un programme de travail pour la commission de classement qui est l'organe qui entérine le processus terrain du classement.

Les lettres de convocations sont adressées par le préfet qui préside lesdites réunions selon les directives du chef de la mission de classement (représentant régional du MINFOF). Il est important de relever que de façon pratique, les réunions ci-dessus évoquées (clôturées par l'établissement d'un procès-verbal) sont souvent regroupées en une seule qui se tient généralement dans le chef-lieu de département après convocation de toutes les personnes concernées.

Étape 5 : **Sensibilisation des populations**

Après avoir sensibilisé les autorités administratives ainsi que les élites locales, le processus de classement prévoit également la sensibilisation des populations des villages, localités et hameaux se trouvant dans ou autour du massif à classer et à ériger en forêt communale. Les personnes visées sont les agriculteurs, les chasseurs, les éleveurs, les pêcheurs, les commerçants, les désœuvrés, les débrouillards, les élèves, l'élite intérieure et extérieure, les femmes, les jeunes, les adultes, les vieillards, les retraités, les autochtones, les allogènes, etc.

Une série de réunions d'une demi-journée convoquées et présidées par le sous-préfet territorialement compétent sera donc programmée dans chaque localité avec signature de procès-verbal de réunion. En ordre du jour les points suivants seront essentiels :

- Information et sensibilisation des populations sur les démarches de classement du domaine forestier permanent ;
- Explications sur le concept de représentation des populations dans le processus de gestion des forêts avec éventuellement une discussion sur la notion des comités paysans – forêt et distribution du mandat du comité ;

- Réalisation du plan directeur d'aménagement et sa restitution auprès des populations (via les comités locaux, comités paysans/forêts).

Étape 6 : **Travaux de la commission de classement**

À l'occasion des classements ou des déclassements des forêts, la commission est chargée d'examiner voire d'émettre un avis sur les éventuelles réserves ou réclamations émanant de la population ou de toute autre personne intéressée, et d'évaluer tout bien devant faire l'objet d'expropriation et de dresser un état à cet effet (cf. Art. 19 Décret).

Au terme de ces réunions, les populations disposent d'un délai précisé dans l'avis au public pour émettre des réserves ou oppositions au projet de classement. Ces réserves peuvent concerner des infrastructures (champs, carrières, habitations… localisées à l'intérieur du massif ou toutes autres objections recevables. Le président de la commission peut donc pour cela dépêcher des missions pour examiner le bienfondé ou le détail des réserves ou oppositions au projet et éventuellement faire l'évaluation des biens concernés. Si la requête est fondée, les limites devront être modifiées afin d'exclure les zones à problème, et certaines infrastructures peuvent faire l'objet d'une expropriation et d'une indemnisation.

La commission se réunit à l'initiative de son président (préfet territorialement compétent) au lieu choisi par ce dernier, trente (30) jours au plus tard après le délai d'affichage. Si nécessaire, une réunion préparatoire (représentants du MINFOF - élites locales) peut se tenir pour harmoniser les différents points de vue des parties prenantes.

Étape 7 **: Préparation des textes à soumettre au Premier Ministre**

Cette étape consiste tout simplement à acheminer à la Direction des Forêts (sous-direction des inventaires et aménagements forestiers) tous les documents issus du terrain (dossiers techniques, rapports et procès-verbaux signés etc.) afin que celle-ci prépare les textes définitifs du projet de classement à soumettre pour signature du décret de classement au Premier Ministre par le biais du ministre en charge des Forêts.

Autre cas de figure : **Forêt communale par plantation**

Sans occulter le processus de classement ci-dessus décrit, la création de ce type de forêt impose à son initiateur (commune) les étapes suivantes :

- Circonscription de la zone sollicitée (production des supports cartographiques) ;
- Organisation des commissions consultatives avec les autorités et populations riveraines pour acceptation et validation des limites proposées ;
- Demande d'une concession provisoire (voir brochure d'information sur les forêts communales au Cameroun - MINFOF/GTZ).

Exploitation d'une forêt communale

Selon l'article 52 de la loi 94/01, l'exploitation d'une forêt communale se fait pour le compte de la commune, sur la base de son plan d'aménagement et sous la supervision de l'administration chargée des Forêts, en régie, par vente de coupe, par permis d'exploitation ou par autorisation personnelle de coupe. L'exploitation d'une forêt communale ne peut intervenir qu'après signature et notification du titre d'exploitation par le Maire de la commune concernée. Ainsi, chaque commune définit les modalités d'attribution des titres d'exploitation de ses forêts (cf. Art.79 Loi).

Bien que les ventes de coupe ou les permis d'exploitation prévus dans le cadre de ces forêts ne soient attribués qu'aux personnes agréées à l'exploitation forestière, l'exploitation des forêts communales est réservée en priorité aux personnes physiques de nationalité camerounaise ou aux sociétés où celles-ci détiennent la totalité du capital social ou des droits de vote. L'administration chargée des Forêts peut suspendre à tout moment toute activité contraire aux prescriptions du plan d'aménagement de la forêt communale concernée, après mise en demeure dûment notifiée, demeurée sans suite dans un délai de quinze (15) jours à compter de la date de notification. La commune doit adresser annuellement au représentant local de l'administration chargée des Forêts, un plan d'opération décrivant l'ensemble des travaux d'aménagement envisagés, ainsi que le rapport d'activités réalisées précédemment.

Documents exigibles lors du contrôle d'une forêt communale exploitée en régie selon le Guide du contrôleur forestier.

- Agréments volets exploitation et/ou inventaire de l'entité forestière exploitante et des différents sous-traitants ;
- Carte de la forêt communale et attestation de mesure de superficie ;
- Carte de l'AAC en cours, et attestation de mesure de superficie ;
- Autorisation d'ouverture des voies d'accès au titre ;
- Carte du réseau des pistes ;
- Carte d'exploitation indiquant la position de chaque tige à récolter ;
- Certificat de conformité des inventaires ;
- Certificat de matérialisation des limites de la forêt communale ;
- Certificat de matérialisation des limites de l'AAC en cours ;
- Contrat de sous-traitance /partenariat ;
- Lettre d'approbation du contrat de sous-traitance/partenariat du MINFOF ;
- Contrat de prestation de services ;
- Documents sécurisés et carnet de chantier (DF10, LVG, LVPR, LVD) ;
- Certificat de recollement selon le cas ;
- Attestation de non-endettement ;
- Justification du paiement de TVA IR ;
- Justificatifs de paiement des taxes forestières si prévues par le cahier de charge ;
- Justificatifs de détention de matériel de chantier (cas échéant) ;
- Lettre d'approbation du plan d'aménagement
- Acte de classement selon le cas ;
- Titre de propriété en cas de plantation ;
- Permis annuel des opérations ;
- Plan d'aménagement ;
- Plan de gestion quinquennal ;
- Plan des opérations annuelles ;
- Notification de démarrage des activités ;
- Rapport d'inventaire d'exploitation ;
- Rapport annuel d'activités
- Cahier des charges ;
- Procès-verbaux de réalisation des œuvres sociales ;
- Procès-verbal de la réunion d'information relative au titre ;
- Règlement intérieur ;
- Note de service précisant l'interdiction du braconnage et du transport de viande de brousse ;
- Note de service publiant les sanctions éventuelles ;
- Plan d'approvisionnement alimentaire.

Encadré 4 : Schématisation du processus de classement d'une forêt communale

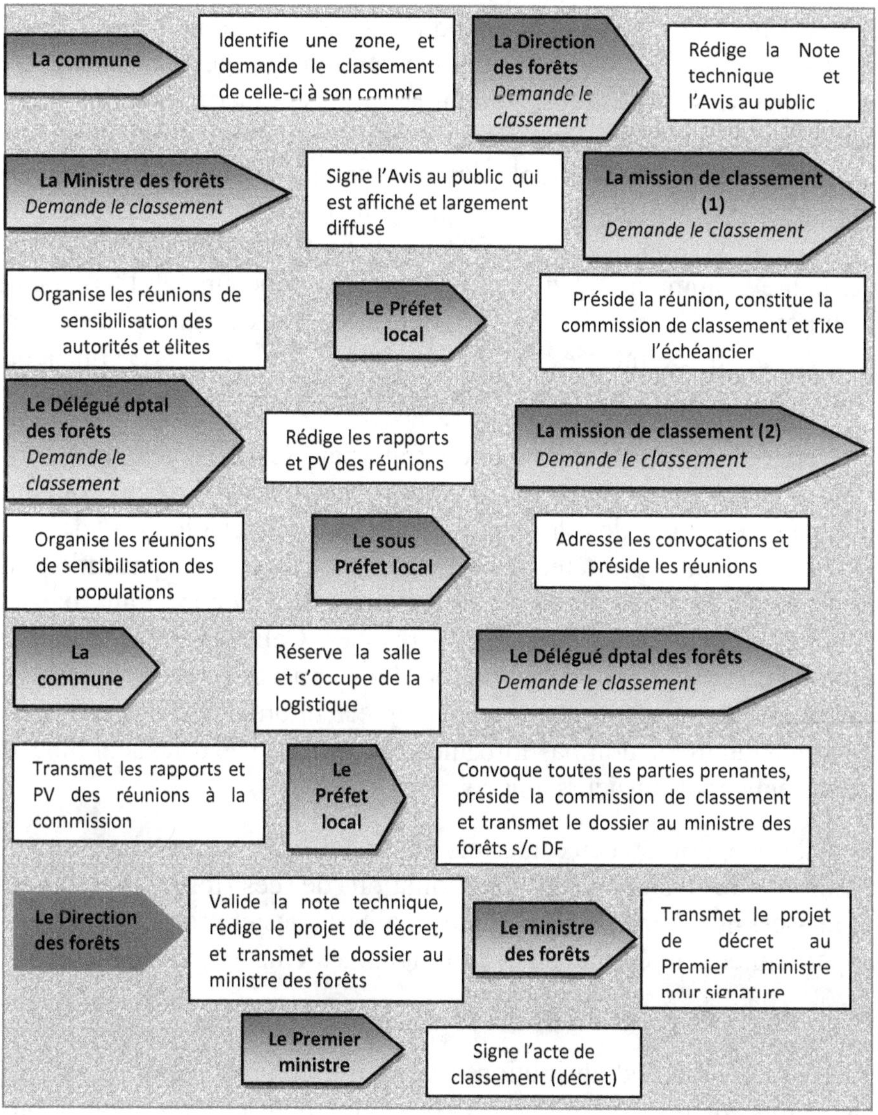

La forêt communautaire

Une forêt communautaire est une forêt du domaine forestier non permanent d'une superficie ne pouvant excéder **cinq mille (5 000) hectares**, faisant l'objet d'une convention de gestion entre une communauté villageoise et l'administration en charge des forêts. Ce sont des formations forestières naturelles et/ou artificielles dans lesquelles une gestion durable des ressources floristiques et fauniques existantes est mise en œuvre. La zone concernée doit être libre de tout titre d'exploitation. (cf. Art. 27 Décret). La gestion de celle-ci relève de ladite communauté villageoise avec le concours et l'assistance technique de l'administration forestière. Ces entités sont généralement situées à la périphérie ou à proximité d'une ou de plusieurs communautés qui y exercent leurs activités à l'intérieur de celles-ci.

Cette convention est un contrat par lequel l'administration forestière confie à une communauté une portion de forêt du domaine national, en vue de sa gestion, de sa conservation et de son exploitation pour l'intérêt de cette communauté. La convention de gestion est assortie d'un plan de gestion dit ''simple'' qui fixe les activités d'exploitation forestière à réaliser. Celles-ci peuvent être la production du bois d'œuvre et bois énergie, la sylviculture, l'agriculture, l'agroforesterie, la pisciculture, etc. Une forêt communautaire ne doit pas forcément être constituée d'un seul bloc, et peut s'étaler sur plusieurs tenants.

À l'exception de ceux interdits par la loi, les produits forestiers de toute nature résultant de l'exploitation de ces forêts (ressources ligneuses, non ligneuses, fauniques, halieutiques et produits spéciaux) appartiennent entièrement aux communautés villageoises concernées.

Procédures de création d'une forêt communautaire

Toute demande d'attribution d'une forêt communautaire a priorité sur l'émission d'un autre titre d'exploitation pour la zone en question[4]. C'est le droit de préemption reconnu aux populations riveraines des massifs forestiers du domaine non permanent.

Selon le ***''Manuel des procédures d'attribution et normes de gestion des forêts communautaires''*** Section III, la communauté qui

---

4 (cf. Arrêté 0518/MINEF/CAB du 21 décembre 2001)

désire obtenir et gérer une ''forêt communautaire'' doit préalablement (avant toute demande d'obtention de forêt) avoir une personnalité morale sous la forme : Association, Coopérative, Groupe d'initiative commune (GIC) ou Groupement d'intérêt économique (GIE). Cette entité gérera la forêt communautaire au nom et pour le compte de la communauté, et tous les revenus qui en résultent seront utilisés pour le développement de toute la communauté.

NB : Une même entité juridique ne peut gérer plus d'une forêt communautaire. Par contre, chaque communauté peut créer plus d'une entité juridique, chacune d'elles pouvant prétendre et se voir attribuer une forêt dite ''communautaire''. Les entités juridiques requises pour la gestion des forêts communautaires peuvent, le cas échéant, inclure des membres de plusieurs villages ou hameaux, si ceux-ci partagent les ressources communes.

Le Certificat annuel d'exploitation qui est le document essentiel dans ce cas de figure est délivré chaque année par le ministère des Forêts à la communauté. Il autorise l'exploitation des ''Parcelles annuelles d'exploitation'' après présentation d'un dossier comprenant un certain nombre de pièces à savoir :

- Demande timbrée au tarif en vigueur adressée au MINFOF ;
- Rapport d'inventaire de l'assiette de coupe ;
- Certificat de conformité des résultats d'inventaire ;
- Certificat de matérialisation des limites de la parcelle de coupe ;
- Plan annuel d'opération du secteur sollicité ;
- Rapport d'activité de l'exercice écoulé ou un certificat de non-activité à défaut ;
- Plan de situation de la parcelle (carte au 1/50 000e) ;
- Tous les feuillets des documents sécurisés utilisés au cours de l'exercice précédent et les feuillets non encore utilisés.

Conduite du processus

Pour se voir attribuer une forêt communautaire, les trois principales étapes à suivre sont les suivantes :

1. Réunion de concertation ;
2. Élaboration et soumission du dossier d'attribution de la forêt communautaire au MINFOF ;
3. Élaboration et soumission du plan simple de gestion et de la convention définitive de gestion.

a)Réunion de concertation

La réunion de concertation est le préalable à observer pour tout désir d'obtention de forêt communautaire. Convoquée et présidée par l'autorité administrative, cette réunion à laquelle doivent participer les responsables techniques des administrations concernées par la forêt (MINFOF, MINEPDED, MINADER etc.) est clôturée par la signature séance tenante d'un procès-verbal par l'ensemble des participants. Elle permet :

- D'informer officiellement toute la communauté concernée du désir de création d'une forêt communautaire en vue de s'assurer de l'acceptation du concept par la communauté villageoise concernée ;
- De définir de commun accord les objectifs globaux et valider les limites de ladite forêt.
- De valider le choix du responsable des opérations forestières préalablement désigné en même temps que les autres membres du bureau de l'entité juridique.

L'annonce de la réunion de concertation se fait par « Avis au public » signé par l'autorité administrative compétente. Elle doit se faire par voie d'affichage et par tout autre moyen approprié au moins quarante-cinq (45) jours avant la tenue de ladite réunion. Ces avis doivent être accompagnés d'une carte schématique de la forêt communautaire sollicitée.

Si la forêt concernée est située dans un seul arrondissement, l'autorité administrative qui préside la réunion est le sous-préfet ou son représentant, assisté des responsables techniques locaux et des autorités traditionnelles. Par contre, lorsque la forêt concernée s'étend sur plusieurs arrondissements, l'autorité administrative qui préside la réunion de concertation est le préfet ou son représentant, assisté des responsables techniques locaux et des autorités traditionnelles.

Au cas où la forêt concernée s'étend sur plusieurs départements, l'autorité administrative qui préside la réunion de concertation est le gouverneur de la région ou son représentant, assisté du délégué régional et des autorités traditionnelles. L'autorité administrative qui préside la réunion de concertation est le ministre en charge des Forêts ou son représentant, assisté des responsables techniques locaux et des autorités traditionnelles lorsque la forêt concernée s'étend sur plusieurs régions. Le responsable de l'administration chargée des Forêts est le rapporteur de la réunion de concertation.

b)Élaboration et soumission du dossier d'attribution de la forêt communautaire

Le dossier de demande d'une forêt communautaire est constitué des pièces suivantes :

- Une demande timbrée précisant les objectifs assignés à la forêt sollicitée et signée par le responsable de l'entité juridique.
- Le plan de situation de la forêt ;
- Les pièces justificatives (Certificat d'inscription ou récépissé de déclaration d'association) portant dénomination de la communauté concernée ainsi que l'adresse du responsable désigné ;
- La description des activités précédemment menées dans le périmètre de la forêt sollicitée ;
- Le procès-verbal de la réunion de concertation ;
- Un formulaire de convention provisoire de gestion de la forêt communautaire, intégrant la définition et la planification des activités à mener (voir modèle en annexe) dûment rempli et signé par le responsable de l'entité juridique ;
- Une attestation de mesure de superficie.

Le responsable local de l'administration chargée des forêts ou toute autre personne compétente en la matière aide la communauté à préparer deux (02) exemplaires du dossier de demande de convention provisoire de gestion de la forêt communautaire et à le soumettre. Ce dossier est déposé auprès du délégué départemental de l'administration des forêts concerné contre récépissé à charge pour celui-ci de transmettre avec avis motivé tous les exemplaires au délégué régional qui l'achemine à son tour au ministre en charge des Forêts. Le dossier complet reçu à la structure centrale chargée de la foresterie communautaire du ministère des Forêts est traité et soumis à la signature du ministre pour approbation ou rejet selon le cas. Si le dossier complet n'est pas parvenu à l'administration centrale en charge de la foresterie communautaire soixante jours après son dépôt à la délégation départementale, la communauté se réserve le droit de soumettre directement une copie du dossier au ministre des Forêts accompagné du récépissé de dépôt, et celui-ci dispose d'un délai de dix (10) jours ouvrables pour donner une réponse à la communauté concernée. Passé ce délai, la communauté peut considérer sa demande comme approuvée.

Une fois le dossier d'attribution d'une forêt approuvé, que ce soit à travers la signature de la convention de gestion provisoire ou à travers le silence gardé par l'administration forestière, la communauté concernée peut débuter la mise en œuvre des opérations de gestion inscrites dans la convention provisoire de gestion qui a une validité maximale de deux ans non renouvelable. Au plus tard à la fin de la convention, la communauté doit élaborer et soumettre le plan simple de gestion et la convention définitive de gestion de la forêt communautaire.

c)Élaboration et soumission du plan simple de gestion et de la convention définitive de gestion

Un plan simple de gestion est un document qui ressort les indications sur le potentiel des ressources disponibles dans une forêt communautaire, la planification des activités à mener dans ladite forêt, les affectations des terres et les modes de gestion communautaire des dites ressources et des revenus générés. Il est élaboré de manière participative par la communauté avec l'assistance technique de l'administration locale chargée des forêts et le cas échéant, des structures d'accompagnement dans le souci d'une gestion durable et de développement local.

Le plan simple de gestion et la convention définitive de gestion ont une durée de 25 ans renouvelable. Lors de l'élaboration du plan simple de gestion, un accent est mis sur les cinq (5) premières années de sa mise en œuvre (bloc 1). Parmi les actions à entreprendre lors de l'élaboration d'un plan simple de gestion figure l'exécution d'un inventaire et d'une cartographie effectués conformément aux normes et procédures définies par le *''Manuel des procédures d'attribution et normes de gestion des forêts communautaires''*. Cet inventaire doit être effectué par la communauté concernée avec l'assistance technique de l'administration chargée des forêts et/ou éventuellement avec toute autre structure d'accompagnement.

Le responsable des opérations forestières, assisté du responsable local de l'administration des forêts ou du responsable de la structure d'accompagnement, prépare sept (07) exemplaires du plan simple de gestion et de la convention définitive de gestion. La communauté conserve un (01) exemplaire et remet les six (06) autres exemplaires signés par le responsable de l'entité juridique au délégué départemental contre reçu daté. Ce dernier les achemine avec avis motivé chez le ministre via le délégué régional après vérification.

En cas d'approbation du plan simple, les six exemplaires sont adressés à l'autorité administrative qui, après signature de la convention, garde un exemplaire et remet les cinq autres qui seront distribués au délégué départemental, au délégué régional, au ministre des Forêts, au chef de poste forestier et à la communauté.

En cas de rejet par contre, la communauté en est informée dans un délai de quinze (15) jours à compter de la date de rejet du plan simple et de la convention définitive de gestion.

Exploitation d'une forêt communautaire

L'exploitation de la forêt communautaire se fait de deux façons sur la base de son plan simple de gestion dûment approuvé par l'administration des forêts. Elle peut se faire de manière artisanale ou semi-industrielle.

L'exploitation artisanale se définit comme une exploitation forestière à petite échelle telle que prévue dans le plan de gestion. La transformation de bois se fait alors dans la forêt communautaire avec des équipements simples tels que les tronçonneuses, les scies portatives, les scies mobiles, etc. La sortie des bois en grumes y est proscrite sauf en cas d'autorisation du ministre. Avec cette autorisation spéciale, la communauté peut ouvrir des pistes d'accès (4 mètres sans emprise) et des pistes de desserte (3 mètres sans emprise) à faible impact environnemental à l'aide d'engins. De ce fait, certaines essences peuvent également être évacuées en grumes avec autorisation spéciale. L'évacuation du bois débité dans la parcelle en cours d'exploitation peut être exécutée à l'aide des tracteurs agricoles ou tout autre engin de taille et de puissance similaire.

L'exploitation peut alors se faire en régie, par vente de coupe, par permis d'exploitation ou par autorisation personnelle de coupe (cf. Art. 95 Décret). À ce moment, les titres et documents d'exploitation sont émis au nom de la communauté. Cependant, un sous-traitant peut retirer ces documents au nom de la communauté si les deux parties sont liées par un contrat approuvé selon la réglementation en vigueur. Les principaux documents mis à la disposition d'une forêt communautaire par l'administration sont le Certificat annuel d'exploitation (CAE), les carnets de DF10 ; les carnets de lettre de voiture sécurisés et paraphés. Les pièces à fournir pour l'obtention du CAE sont les suivantes :

- Demande timbrée au tarif en vigueur ;
- Rapport d'inventaire de l'assiette de coupe ;
- Certificat de conformité des résultats d'inventaire ;
- Certificat de matérialisation des limites de la parcelle de coupe ;
- Plan annuel d'opération du secteur sollicité ;
- Rapport d'activité de l'exercice écoulé ou un certificat de non activité à défaut ;
- Plan de situation de la parcelle (carte au 1/50 000e) ;
- Tous les feuillets des documents sécurisés utilisés au cours de l'exercice précédent et les feuillets non encore utilisés.

Renouvellement de la convention

En cas de désir de renouvellement de la convention d'exploitation, la communauté concernée doit déposer un dossier de renouvellement de celle-ci auprès du délégué départemental six (06) mois au moins avant la date d'expiration de la convention en cours. Le dossier de renouvellement est constitué des pièces suivantes :

- Une demande de renouvellement timbrée au tarif en vigueur ;
- Un plan simple de gestion constitué d'un programme d'action de cinq (05) ans et d'un plan détaillé des opérations pour la première année du programme ;
- Des pièces justificatives attestant l'existence de l'entité juridique ;
- Des preuves du règlement de toute infraction majeure à la convention de gestion et au plan simple de gestion en cours ;
- Un exemplaire révisé des statuts de l'entité juridique ;
- Un procès-verbal de la dernière assemblée générale ;
- Un compte rendu de tout remplacement du responsable de la gestion ;
- Un projet de la nouvelle convention de gestion signée par le responsable de l'entité juridique.

Fiscalité en matière de foresterie communautaire

Selon l'article 61 de la Loi, ''*Toute exploitation à but lucratif de produits forestiers est assortie d'un cahier de charges comportant des clauses générales et particulières.*'' Les communautés villageoises et les particuliers perçoivent le prix de vente des produits tirés des forêts dont ils sont propriétaires. Aucun exportateur des produits non transformés ne peut être exonéré du paiement de la surtaxe progressive à l'exportation (cf. art.67 loi). Les missions de suivi évaluation sont organisées par l'administration forestière, à ses frais, au moins une fois par an dans chaque forêt communautaire. La surveillance de la forêt communautaire incombe à la communauté concernée. Elle consiste à rechercher, à découvrir et à dénoncer les éventuelles infractions auprès de l'administration des forêts.

Documents exigés lors du contrôle d'une forêt communautaire exploitée en régie selon le Guide du contrôleur forestier.

- Agrément des sous-traitants volet exploitation et/ou inventaire ;
- Carte de la forêt communautaire et attestation de mesure de superficie ;
- Carte de la parcelle annuelle et attestation de mesure de superficie de celle-ci ;
- Attestation de conformité des travaux d'inventaire ;
- Autorisation d'ouverture des voies d'accès à la forêt communautaire ;
- Carte d'exploitation indiquant la position de chaque tige à récolter ;
- Certificat de matérialisation des limites de la forêt communautaire
- Certificat de matérialisation des limites de la parcelle annuelle ;
- Certificat de recollement selon le cas ;
- Contrat(s) de sous-traitance / partenariat ;
- Lettre d'approbation du contrat de sous-traitance /partenariat ;
- Contrat de prestation de service ;
- Convention provisoire de gestion signée entre la communauté et l'autorité administrative compétente ;
- Acte d'approbation du plan simple de gestion ;
- Convention définitive de gestion signée (le cas échéant) ;
- Documents sécurisés paraphés (DF 10, LVG, LVD) et /ou déclaration SIGIF ;
- Certificat annuel d'exploitation (CAE) ;
- Notification de démarrage des activités ;
- Supports d'information et de sensibilisation et/ou règlement intérieur ;
- Plan simple de gestion approuvé ;
- Rapport d'inventaire d'exploitation ;

- Autorisation d'exploitation des grumes selon le cas ;

- Rapport annuel d'activités.

<u>Encadré 5</u> : Schématisation du Processus de création d'une forêt communautaire

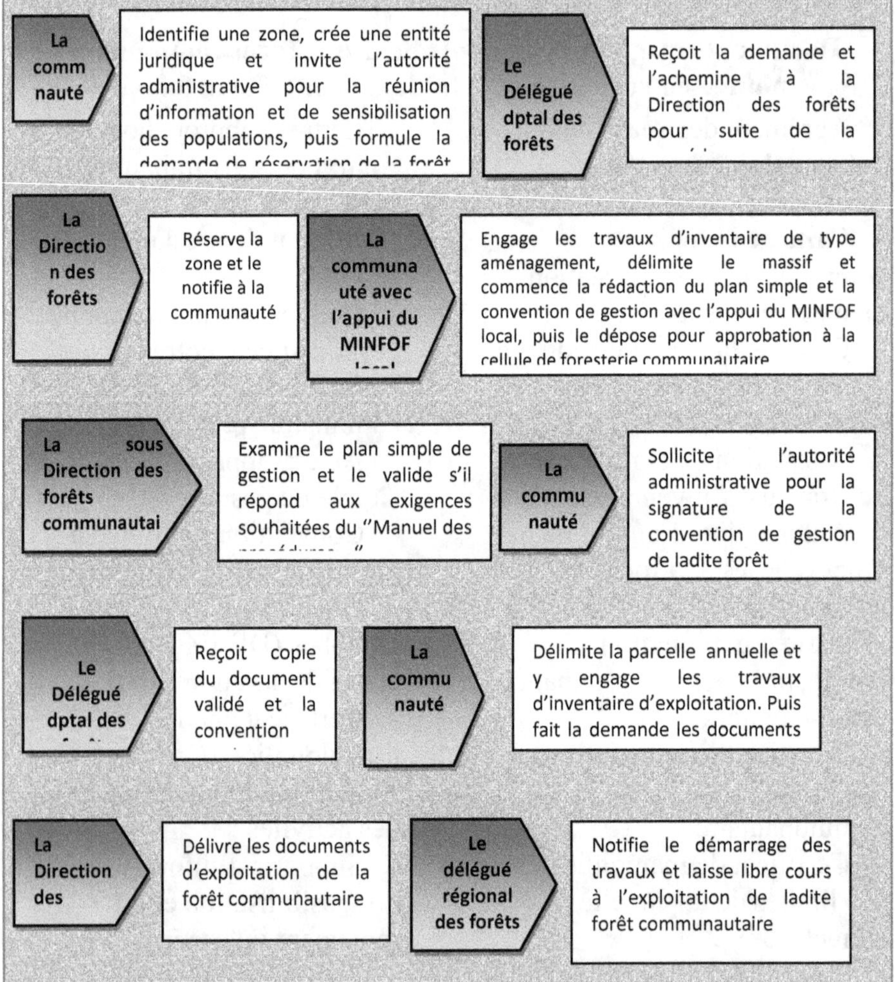

Les forêts des particuliers

Les forêts des particuliers sont celles plantées par des personnes physiques ou morales et assises sur leur domaine. Celui-ci doit être acquis conformément à la législation foncière et à la réglementation en vigueur (titre foncier). Les propriétaires de ces forêts sont tenus d'élaborer un plan simple de gestion avec l'aide de l'administration chargée des Forêts (via son représentant local), en vue d'un rendement soutenu et durable de celle-ci. Selon l'article 16 de la loi 94/01, « *Toute nouvelle affectation des terrains concernée doit se faire en conformité avec le plan directeur d'aménagement du territoire* »'.

Procédures d'obtention d'une forêt des particuliers

Le dossier d'appui technique pour une forêt de particulier est constitué des pièces suivantes :

- Une demande timbrée précisant les objectifs assignés à la forêt ;
- Le plan de situation de la forêt, établi à l'échelle cadastrale, et dûment visé par les services compétents ;
- La description des activités précédemment menées dans le périmètre de la dite forêt ;
- L'engagement sous forme légalisée, à payer les frais d'appui technique.

Il est vrai que la procédure ci-dessus décrite n'est pas triviale. Ainsi donc, la loi 94/01 stipule dans son article 33 que : «*…La demande d'appui technique est adressée au responsable local de l'administration chargée des forêts qui la transmet avec avis motivé au représentant régional du ministre chargé des Forêts pour approbation. En cas d'approbation, le particulier concerné élabore le plan de gestion de la forêt concernée avec le concours du responsable local de l'administration chargée des forêts. Ce plan simple de gestion rédigé doit être approuvé par le représentant régional du ministre chargé des Forêts dans un délai de trente (30) jours suivant la transmission dudit plan. Passé ce délai, ce plan est réputé approuvé* ». Les frais d'appui technique sont à la charge du destinataire, et fixés conformément à la législation sur le régime financier de l'État.

La mise en œuvre du plan simple de gestion d'une forêt de particulier relève de celui-ci, sous le contrôle technique de l'administration chargée des forêts, tandis que le suivi de la mise en application du plan simple de gestion d'une forêt de particulier est assuré par les services locaux de l'administration chargée des forêts. En cas de non-respect par ledit particulier des prescriptions du plan de gestion, l'administration forestière peut suspendre l'appui technique accordé au bénéficiaire (cf. Art. 34 Loi).

Lors de l'exploitation de la forêt de particulier, les produits forestiers tels que l'ébène, l'ivoire, les trophées d'animaux sauvages, ainsi que certaines espèces animales ou végétales, médicales, ou présentant un intérêt particulier, se trouvant dans les formations forestières naturelles assises sur le terrain d'un particulier appartiennent à l'État. Ils appartiennent au particulier concerné en cas d'acquisition desdits produits par ce dernier conformément à la législation et à la réglementation en vigueur. Toutefois, les particuliers jouissent d'un droit de préemption en cas d'aliénation de tout produit naturel compris dans leurs forêts (cf. Art 39 Loi) et perçoivent le prix de vente des produits tirés des forêts dont ils sont propriétaires. Il faut néanmoins noter qu'aucun exportateur des produits non transformés issus des forêts des particuliers, ne peut être exonéré du paiement de la surtaxe progressive à l'exportation (cf. Art. 67 Loi). L'exploitation de ce type de forêt se fait généralement de gré à gré. En cas d'évacuation des produits forestiers émanant de cette forêt, l'administration met à la disposition de celle-ci des lettres de voiture et la délivrance de certificats d'origine pour authentifier la légalité de l'origine de la ressource.

Les Petits titres

Il s'agit des autorisations permettant d'accéder à la ressource forestière. Ces autres titres dont le fondement repose également sur la loi forestière en vigueur ont été valorisés à la faveur de la signature de la lettre circulaire n° 0131/LC/MINFOF/SG/DF/SDAFF/SN relative aux procédures de délivrance et de suivi d'exécution des petits titres d'exploitation forestière du 20 mars 2006.

Compte tenu de la pression de plus en plus grandissante observée sur la ressource forestière du fait de son exploitation par les populations riveraines, la raison d'être de ces titres vient du désir de l'administration en charge des forêts, de combler les manquements et les insuffisances observés en matière de gestion poussée de cette ressource et la nécessité d'asseoir les règles de transparence et de bonne gouvernance dans ce secteur.

Ces petits titres qui de plus en plus se raréfient et qui actuellement ont épousé la dénomination de vente de coupe, sont des autorisations de durée relativement courte, permettant aux camerounais ordinaires d'accéder d'une façon ou d'une autre à la ressource. Ils sont généralement de deux catégories :

- Les permis d'exploitation de bois d'œuvre ou de chauffage, les autorisations personnelles de coupe, les bois récoltés dans le cadre de l'exercice du droit d'usage, etc. ;
- Les autorisations de récupération (coupes de sauvetage et autorisation d'enlèvement de bois).

Se référant aux textes en vigueur, il faut relever que les autorisations de récupérations de bois sont accordées en cas de désastre ou de réalisation de projets de développement (cf. Art. 73 Loi ; 11O Décret) ou d'ouverture d'une voie d'évacuation (cf. art 111 Décret). La récupération des bois se fait alors en régie, vente aux enchères publiques pour le premier cas, ou moyennant le paiement du prix de vente des bois pour le second (voie d'évacuation). Force est de constater que cette catégorie de petits permis est fortement associée à l'abattage illégal alors que c'est contre cette illégalité que ces mesures correctives sont prises. La pression faite par l'observateur indépendant a poussé le MINFOF à limiter l'attribution de certains de ces titres d'un autre genre comme les autorisations d'ouverture de routes.

L'autorisation personnelle de coupe

C'est une autorisation délivrée aux personnes de nationalité camerounaise en vue de satisfaire leurs propres besoins domestiques, notamment en bois de chauffage et de construction. Elle consiste à permettre l'abattage d'un nombre limité d'arbres dans les forêts du domaine national (cf. Art. 94 Décret). Cette disposition ne s'applique pas aux riverains qui conservent leurs droits d'usage conformément aux dispositions de la loi en vigueur. L'autorisation personnelle de coupe est délivrée par le représentant régional du Ministère chargé des forêts, après paiement par l'intéressé du prix de vente des produits forestiers. Cette autorisation ne peut excéder trois (3) mois. Elle indique notamment la zone d'exploitation et le nombre d'arbres par essence dont l'exploitation est autorisée. En aucun cas, le volume prélevé ne peut dépasser trente (30) m3 de bois brut. Il est interdit à tout titulaire d'une autorisation personnelle de coupe d'abattre les arbres marqués en réserve par l'Administration chargée des forêts. Périodiquement, l'Administration chargée des forêts doit vérifier à cet effet que le titulaire de l'autorisation exploite les arbres autorisés. En cas d'infraction, cette autorisation est retirée, sans préjudice de poursuites pénales et civiles.

En dehors du prélèvement des essences autorisées, aucun aménagement n'est envisagé. Cette autorisation exclut toute évacuation du bois en grume. Elle ne donne droit qu'au paiement des frais de délivrance dudit permis.

Constitution du dossier

Le dossier de demande d'une autorisation personnelle de coupe est généralement constitué ainsi qu'il suit :

Pièce à fournir

- Demande timbrée au tarif en vigueur, adressée au MINFOF ;
- Photocopie certifiée de la CNI ;
- Certificat de domicile ;
- Engagement sur l'honneur à faire signer à la Délégation régionale des Forêts ;
- Expertise technique du chef de poste de contrôle forestier et de chasse (fiche technique d'inventaire indiquant les spécifications, leur diamètre, leur hauteur et volume ainsi que la localité dans laquelle les essences seront abattues) ;
- Quittance de paiement frais de dossier (5 000 FCFA) ;
- Quittance de versement des taxes d'abattage.

Les dispositions financières et fiscales relatives à l'exploitation forestière

Photos : Parc à bois en forêt et débités en partance pour la ville

Le fait générateur est constitué par :

- La détention d'une concession, d'une vente de coupe, et/ou d'un titre assujetti à la fiscalité en ce qui concerne la redevance forestière ;
- L'abattage d'un arbre, en ce qui concerne la taxe d'abattage ;
- L'exportation des produits forestiers non transformés pour ce qui est de la surtaxe progressive ;
- La cession de concession, en ce qui concerne la taxe de transfert ;
- La détention d'un permis d'exploitation, d'une autorisation personnelle de coupe ou de vente des produits forestiers, en ce qui concerne le prix de vente des produits forestiers.

Pour les ventes de coupe et les conventions d'exploitation forestière, les charges financières sont constituées, outre la patente prévue par le Code général des Impôts, par :

- La redevance forestière annuelle assise sur la superficie et dont le taux est fixé par la loi de finances ;
- La taxe d'abattage des produits forestiers, c'est-à-dire la valeur par espèce, par volume, poids ou longueur, estimée selon des modalités fixées par décret ;
- La surtaxe progressive à l'exportation des produits forestiers non transformés ;
- La contribution à la réalisation des œuvres sociales ;
- La réalisation de l'inventaire forestier ;
- La participation aux travaux d'aménagement (cf. Art 61 à 66 Loi).

Les bénéficiaires des ventes de coupe et des concessions, quel que soit le régime fiscal dont ils bénéficient, ne peuvent être exonérés du paiement des taxes d'abattage des produits forestiers, ni du versement de toute taxe forestière relative à leur titre d'exploitation. De même, aucun exportateur des produits non transformés ne peut être exonéré du paiement de la surtaxe progressive à l'exportation. Toute défaillance grave entraîne la suspension ou le retrait définitif du titre. Au titre de l'exploitation de leurs forêts, les communes perçoivent notamment le prix de vente des produits forestiers et la redevance annuelle assise sur la superficie. Cette RFA est répartie entre l'État (50 %), le Feicom (20 %), la commune (20 %) et les communautés (10 %) (Arrêté conjoint No 0520/MINADT/MINFI/MINFOF du 3 juin 2010). Les 10 % destinés aux communautés sont reversés à la commune, qui doit les utiliser pour le financement du développement local. Pour les autres taxes forestières (surtaxe progressive entre autres), le montant est calculé sur la base des déclarations des entreprises. Les communautés villageoises et les particuliers perçoivent le prix de vente des produits tirés des forêts dont ils sont propriétaires. Le tableau suivant présente la nature des taxes en vigueur au Cameroun[5].

Taxes applicables dans le cadre de l'exploitation forestière

DÉNOMINATION	FAIT GÉNÉRATEUR	TAUX
Redevance Forestière Annuelle	La détention d'un titre d'exploitation notifié et valide	L'offre financière X superficie du titre
Taxe d'abattage	L'abattage d'un arbre	2,5 % applicables sur la valeur FOB X volume grume
Précompte sur achat (grume et débité)	L'achat du bois grume ou débité	1 % du montant des achats
Droit de sortie	La sortie du bois hors du territoire national	5,65 % applicables sur la valeur FOB X Volume grume
Prix de vente des produits forestiers	La notification de l'attribution d'un permis d'exploitation de bois d'œuvre, de chauffage, de produits spéciaux…	Variant selon le produit (permis de coupe d'arbre, perches, poteaux, bois de chauffe)

[5] Autrefois applicable sur la valeur FOB à hauteur de 2,25%, et générée par l'entrée de la grume dans l'usine, la Taxe Entrée usine, longtemps imposée, a récemment été supprimée afin d'encourager la promotion de la transformation locale des produits ligneux.

Prix de vente des quotas à l'exportation et surtaxe à l'exportation	La notification des résultats d'adjudication des quotas à l'exportation de grume et l'exportation sous forme de grume d'une essence autorisée.	Taux variant en fonction de l'essence concernée. 300 F/m3 pour les essences de promotion de première catégorie à l'exception de l'Ayous 4 000 F/m3. 500 F/m3 pour tous les autres bois de 2e catégorie.
Droit de timbre sur les titres de transport du bois	L'acquisition de lettre de voiture	Prétimbrage à 1 000 F/feuillet
Amendes, transactions et dommages/intérêts sur infractions	La notification de la conclusion de la transaction entre le MINFOF et l'opérateur	Suivant la nature de l'infraction (barème loi portant régime des forêts)
Taxe de transfert	La notification par le MINFOF du transfert	100 F/hectare
Frais d'agrément, de dossiers d'attribution ou renouvellement de titre	Dépôt du dossier	Montant prévu par législation en vigueur

Encadré 6 : Les charges financières assorties aux différents titres

L'attribution d'une vente de coupe ou d'une concession forestière est subordonnée à la constitution d'un cautionnement (versé au trésor public) dont le montant est fixé par la loi des Finances. Les bénéficiaires des ventes de coupe et des concessions, quel que soit le régime fiscal dont ils bénéficient, ne peuvent être exonérés du paiement des taxes d'abattage des produits forestiers, ni du versement de toutes les autres taxes forestières relatives à leur titre d 'exploitation.

Dans le cadre de l'exploitation de leurs forêts, les Communes perçoivent notamment le prix de vente des produits forestiers et la redevance annuelle assise sur la superficie. De même, les communautés villageoises et les particuliers perçoivent le prix de vente des produits tirés des forêts dont ils sont propriétaires. Pour cela, aucun exportateur des produits non transformés ne peut être exonéré du paiement de la surtaxe progressive à l'exportation. (cf. Art 67 Loi).

Organisation d'un chantier d'exploitation forestière

Photos : Engin tirant un camion grumier chargé en saison de pluies et parc à bois forêt

L'organisation d'un chantier d'exploitation forestière n'obéit pas à un standard défini. Elle dépend de la taille de la société forestière sur le plan économique, de son niveau de professionnalisme professionnalisation et surtout du type de massif à exploiter. À titre indicatif, un chantier d'exploitation forestière peut être conduit selon l'organigramme simplifié suivant :

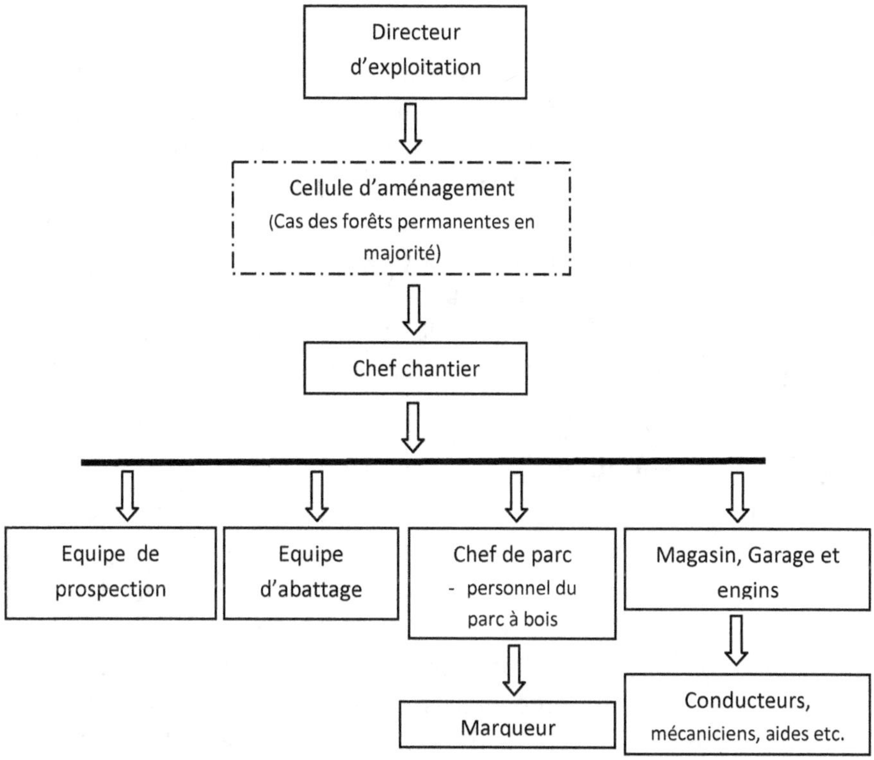

Le Directeur d'exploitation

Comme son nom l'indique, il est chargé de diriger toutes les activités d'exploitation forestière. Il est le représentant légal de la société d'exploitation forestière. Assisté de son équipe technique, il est chargé de planifier toutes les activités devant permettre une exploitation efficace de la ressource forestière.

La cellule d'aménagement

C'est l'endroit dans lequel se trouvent les têtes pensantes de l'activité d'exploitation forestière. Elle est dirigée par des ingénieurs forestiers et pilotée par une multitude de techniciens forestiers chevronnés. Cette cellule que l'on retrouve généralement dans les chantiers d'exploitation des forêts permanentes (UFA) est chargée de promouvoir les bonnes pratiques d'exploitation forestière et de respecter les normes et réglementations en la matière exigées par les textes en vigueur.

Le chef chantier

Que ce soit dans le cadre d'une forêt permanente ou non, le chef chantier est chargé de faire appliquer les résolutions en matière d'exploitation forestière arrêtées par le Directeur d'exploitation ou la cellule d'aménagement. Chargé également de l'organisation du travail, il accompagne au quotidien les ouvriers au lieu d'exploitation et reçoit des responsables nommés (chef de parc, chef prospecteur, chef de garage, chef conducteur d'engins, etc.), les rapports journaliers de l'activité qu'il compile et soumet au chef d'exploitation. Il est généralement le principal interlocuteur des agents forestiers commis au contrôle.

L'équipe de prospection

Dans le cas d'une bonne conduite des travaux d'exploitation forestière selon les normes en la matière, l'équipe de prospection dont le nombre de prospecteur dépend de la richesse et de l'étendue de la forêt, de la cadence de l'activité d'exploitation et surtout de la programmation du travail faite par le chef chantier, est chargée de repérer les tiges d'arbres marchands ayant fait l'objet d'une commande passée au niveau du chef d'exploitation. Ces tiges qui doivent avoir fait l'objet d'un inventaire d'exploitation préalable sont mises en évidence pour l'équipe d'abattage.

L'équipe d'abattage

Elle est chargée de procéder à l'abattage réglementaire des pieds d'arbres mis en évidence par l'équipe de prospection et autorisés pour l'abattage par l'administration en charge des forêts. Elle est constituée des abatteurs et de leurs aides. Le principal outil utilisé est la tronçonneuse généralement de marque STIHL 070.

Le parc à bois et son chef

Après le chef chantier, le chef de Parc à bois est la deuxième personnalité administrative du chantier d'exploitation forestière. En dehors des rapports sur la production ligneuse qu'il doit adresser quotidiennement au chef chantier, il est chargé de veiller à la bonne exécution des activités de débardage, de tronçonnage, de marquage et de chargement des camions grumiers. Il veille au remplissage correct des documents sécurisés et de chantier (DF10, Lettres de voiture…).

Le chef de parc est entouré du marqueur de parc, du tronçonneur de parc et son aide, du marqueur forêts chargé des DF10 (suivi de l'abattage et du débardage), des conducteurs d'engins de chargement, de terrassement de parc et de débardage avec leurs aides pour ne citer que ceux-là.

Le garage, le magasin et l'équipe des conducteurs d'engins

Le garage et le magasin sont le maillon essentiel garantissant une meilleure utilisation des engins de chantier pour une production optimale du bois dans la forêt. L'équipe des conducteurs d'engins quant à elle est constituée de tous les conducteurs d'engin de chantier d'exploitation forestière et de leurs aides. On peut citer le conducteur du chargeur frontal, du bulldozer, du débardeur à pneus, du grader, etc. À côté de cette équipe se trouve celle des entretiens des machines, le (garage) et le magasin.

Les engins de chantier et leur utilisation

Photos : Engins de débardage et de chargement des grumes dans un chantier modeste

Engins utilisés selon l'autorisation ou le type de forêt détenu

Affectation ou titre	Engin/matériel autorisé	Observation
Concession forestière (UFA)	Bulldozers Niveleuse Chargeur frontal Engin débardage Tronçonneuses Camions grumiers Véhicule léger pick-up	Scie mobile et camion pour débités autorisés en cas de récupération des coursons par un tiers
Vente de coupe	Bulldozers Chargeur frontal Engin débardage Niveleuse Tronçonneuses Camions grumiers Véhicule léger pick-up	Scie mobile et camion pour débités autorisés en cas de récupération des coursons par un tiers
Forêt communautaire	Tronçonneuses Camion remorque pour débités Véhicule léger Scie mobile	RAS
Forêt communale	Bulldozers Niveleuse Chargeur frontal Engin débardage Tronçonneuses Camions grumiers Véhicule léger	Camions remorques et Scie mobile pour débités selon le mode d'exploitation choisi
Forêt des particuliers	Tronçonneuses Camions remorques pour débités Véhicule léger Scie mobile	RAS
Autorisation personnelle de coupe	Tronçonneuses ou Scie mobile	RAS
Autorisation de récupération	Bulldozers Chargeur frontal	Scie mobile selon la nature de la

des bois	Engin débardage Tronçonneuses Camions grumiers Véhicule léger	récupération définie dans le cahier des charges
Autorisation d'enlèvement des bois	Bulldozers Chargeur frontal Tronçonneuses Camions grumiers Véhicule léger	RAS

Les Techniques d'exploitation forestière

Les techniques d'exploitation ainsi que la qualification des acteurs s'étant améliorées par rapport à ce qui se faisait autrefois, l'une des principales exigences du Ministère en charge de la gestion des forêts est que l'exploitation forestière soit faite à faible impact sur le massif. En même temps que les trouées dans le massif sont contrôlées, la forêt doit également être perturbée au minimum. Cette exigence est assurée par l'application des ''*Normes d'intervention en milieu forestier*'' et des textes subséquents de gestion durable.

L'exploitation forestière se pratique au Cameroun à l'aide des outils, matériels et engins de différentes fonctionnalités de plus en plus sophistiqués selon les moyens mis en jeux par l'opérateur économique. Les activités d'avant exploitation (sondages, inventaires, délimitation, etc.) se font avec des matériels (appareils) de pointe à l'instar du GPS et des boussoles de plus en plus pratiques. L'abattage et/ou le tronçonnage de bois ne se font plus à la scie manuelle à deux tenants comme autrefois, mais au moyen des scies à chaîne équipées de lames et de chaînes de longueurs variables selon la grosseur de l'arbre à abattre. Ces machines sont généralement de marque Stihl 070 ou Houskvarna. L'ouverture des routes d'accès/évacuation, le débusquage du bois, son débardage, le chargement des camions, etc., se font par des engins de plus en plus performants et sophistiqués montés sur pneus ou sur chenilles. L'élingage des bois pour leur chargement est quasi dépassé il y a belle lurette. Les bois issus de l'exploitation forestière quant à eux sont aujourd'hui évacués et transportés par des camions grumiers qui parcourent des milliers de kilomètres pour acheminer les produits dans les ports d'embarquement. Le transport fluvial est oublié, et seul le chargement à la fosse des sujets de très gros diamètres demeure comme héritage des anciennes pratiques d'exploitation forestière.

Transport et transformation des produits forestiers

Selon le décret 95/531/PM du 23 août 1995 en son article 116, « *Toute personne désireuse d'exporter du bois en grumes doit être au préalable enregistrée auprès de l'administration des forêt* ». Par ailleurs, les personnes physiques ou morales de nationalité étrangère ne peuvent se livrer à l'exploitation des bois en grumes, que si elles justifient d'un titre d'exploitation forestière en cours de validité et/ou d'une industrie de transformation locale.

D'après Imbalo (2 000) cité par Mekoulou J. et al. (2012), on distingue globalement deux types de transformation c'est-à-dire la première et la seconde transformation. Selon lui, la première concerne les activités de sciage, déroulage, tranchage, fabrication des contreplaqués, imprégnation des poteaux et de fabrication des pâtes cellulosiques. Les grumes sont triées, sélectionnées puis orientées vers le tranchage, le déroulage ou le sciage (plots, avivés, frises, pré débits). La deuxième transformation quant à elle englobe l'utilisation des produits issus de la première transformation qui peuvent servir à une fabrication de produits plus ou moins finis (ameublement, industrie des papiers et cartons et emballages divers, bâtiment et travaux publics utilisant le bois en charpente et menuiseries, etc.). « *Toute personne physique ou morale désirant exploiter une usine de première transformation des produits forestiers est tenue d'en faire la déclaration aux administrations chargées des Mines, des Forêts et de l'Industrie, avant l'entrée en activité de son unité.* » (Article 114 Décret). Par ailleurs, les propriétaires des usines de transformation de produits forestiers ne disposant pas de titre d'exploitation forestière peuvent s'approvisionner sur le marché local des grumes. À cet effet, les produits forestiers ainsi achetés doivent provenir exclusivement des titres d'exploitation forestière valides, et être conformes aux normes prévues par les textes en vigueur. Pour faciliter le contrôle de ces exigences, les propriétaires des industries de première transformation des produits forestiers doivent tenir un cahier d'entrée desdits produits, indiquant leur provenance, et un carnet de sortie des produits transformés précisant leur quantité, qualité et destination (cf. Art. 115 Décret).

Catégorisation des unités de transformation au Cameroun

Au moment de la rédaction de cet ouvrage, elle est régie par la décision n° 0353/D/MINFOF du 27 février 2012 portant catégorisation des unités de transformation et déterminant le degré de transformation des produits bois. En application des dispositions des articles 114(1) et 115 (1, 2, 3) du décret 95/531/PM du 23 août 1995, les unités de transformation des produits bois installées sur l'étendue du territoire national sont classées suivant les critères suivants :

1re catégorie : Elle concerne les unités industrielles disposant d'outils de production fixes, et dont la capacité de débitage de l'outil principal de production est supérieure à 5 000 m^3 grumes par an.

2ème catégorie : Elle concerne les unités industrielles disposant d'outils de production fixes ou mobiles et dont la capacité de débitage de l'outil principal de production est comprise entre 1 000 m^3 et 5 000 m^3 grumes par an ;

3ème catégorie : Elle concerne les unités dotées d'outils de production fixes ou mobiles et dont la capacité de débitage de l'outil principal de production est inférieure à 1 000 m^3 grumes par an ;

4ème catégorie : Elle concerne les unités artisanales (artisans/ébénistes) dotées d'outils de transformation du bois autres que ceux visés dans les trois catégories précédentes et enregistrées au ministère en charge des forêts en qualité de transformateur de bois.

Degrés de transformation des produits forestiers ligneux au Cameroun

Dans le contexte camerounais et en marge de ce qui a été dit plus haut, les degrés de transformation font allusion au niveau de transformation de la bille de bois en vue d'en obtenir un produit plus ou moins fini, et utilisable en tant que tel. Pour cela, quatre degrés sont ainsi reconnus par le ministère en charge des forêts.

Le premier degré de transformation concerne les débités verts ou séchés (sciage de toutes dimensions, les équarris, rondelles et plots) ainsi que les placages tranchés ou déroulés ;

Le second degré de transformation concerne les bois hydrauliques assemblés (BHA), les bois massifs reconstitués (BMR), les lambris, les parquets, les plis, les deck ;

Le troisième degré de transformation concerne les briquettes de bois, les lamellés collés, les panneaux de particules, les contreplaqués, les gadgets ;

Le quatrième degré de transformation concerne l'usinage des huisseries, des meubles, des portes, des fenêtres, ainsi que tout autre produit fini et/ou prêt à l'emploi.

NB : La classification des unités de transformation a une validité d'un (01) an, et est actualisée au début de chaque exercice.

Les produits issus des unités de transformation

Le sciage

Le terme sciage désigne une découpe au moyen d'une scie. Il peut servir à désigner l'industrie de première transformation du bois quand il est utilisé au singulier. Il s'agit de la scierie qui peut être moderne, industrielle, modeste, archaïque ou quelconque. Par contre, quand il est utilisé au pluriel, il désigne les produits issus de cette activité (lattes, chevrons, bastaings, etc.). La scie à ruban encore appelée scie de tête ou scie circulaire est le principal outil de cette unité de transformation dite de premier degré. C'est une machine qui met en rotation une bande en acier fermée sur elle-même. A l'aide de son chariot mobile, la scie de tête est une scie rapide pouvant couper une grande hauteur avec le même angle d'attaque. Elle n'a qu'un seul sens de coupe.

Les opérations de sciage s'articulent autour du débitage (mise en épaisseur), du délignage (mise en largeur), de la vérification et du triage, de l'éboutage (mise en longueur), du classement et enfin du colisage. Les produits issus de cette transformation sont des avivés ou débités divers de dimensions variables (sciage de toutes dimensions, équarris, rondelles et plots etc.). De ces produits semi finis, on peu également obtenir des lambris ainsi que des parquets après passage des avivés à des machines spécialisées.

Essences forestières sciées au Cameroun			
Abalé/Abing	Doussié blanc	Ilomba	Niové
Ngollon	Doussié rouge	Iroko	Okan
Aningré A	Doussié Sanaga	Kossipo	Onzabili
Assamela	Ebiara Edéa	Kotibé	Osanga,
Awoura	Ekaba	Koto	Bubinga E
Ayous	Ekop ekusek	Kumbi	Ozigo
Azobé	Essia	Limbali	Padouk rouge
Bahia	Eveuss	Nkanang	Pao rosa
Bété	Eyek	Makoré/Douka	Sapelli
Bilinga	Eyong	Mambodé	Sipo
Bossé clair	Eyoum	Moabi	Tali
Bubinga rose	Fraké	Movingui	Tiama
Dabéma	Framiré	Mukulungu	Wengé
Dibétou	Iatandza	Naga	Zingana

Source : Rapport COMCAM 2014

Le placage

Le placage désigne non seulement de fines tranches en bois que l'on colle sur du massif, mais aussi la technique employée pour les coller. Il est issu des unités de transformation munies d'un ensemble de machines capables de trancher les grumes/billes ou de les dérouler selon la spécialisation choisie. Dans l'ensemble, le produit fini est utilisé pour le revêtement des surfaces.

Photos : passage du billon à la dérouleuse (endroit et envers) et produit obtenu

Le tranchage

Stockée dans le parc scierie ou de rupture, la grume est découpée en billons au moyen de la scie à chaîne encore appelée tronçonneuse. Par la suite, elle sera transportée sur le chariot de la scie de tête pour être sommairement sciée selon la coupe souhaitée, puis traitée de façon à donner les formes définitives au billon avant son passage à la cuve. Une fois dans la cuve, elle sera chauffée par immersion ou par vapeur d'eau afin de ramollir le bois, de resserrer les fibres et de réduire son humidité naturelle. Par la suite, le billon est passé au tranchage à la suite duquel l'on obtient des feuilles de placage de faible épaisseur. Ces feuilles sont ensuite séchées pour réduire au maximum l'humidité du bois, et passées au massicot pour harmoniser les dimensions selon les commandes faites. Ces étapes traversées, les feuilles de placage sont nettoyées, triées, et stockées en lots ou paquets en attendant l'expédition des colis. Pour le cas des commandes exigeant des feuilles de placage assez larges, le produit fini est passé à l'atelier jointage (couture) qui utilise un fils spécial préchauffé qui se charge de relier les feuilles entre elles sans pour autant dénaturer la qualité du produit. Le processus détaillé pour obtenir les feuilles de placage par tranchage est le suivant :

Étape 1 : la scierie

L'outil principal est la scie de tête avec son chariot. Au moyen de la scie de tête et du chariot, cette étape permet de donner un début de forme de travail. Le billon est scié selon la coupe voulue. Il existe quatre types de coupe à ECAM PLACAGE à savoir : la coupe en largeur (sur dosse), la coupe française, la coupe italienne et la coupe suédoise qui s'intéresse au cœur de la bille.

Ces différentes coupes sont liées au diamètre du billon et peuvent être assimilées aux coupes connues telle que la coupe sur dosse, sur quartier, sur demi-quartier, etc.

Étape 2 : la SAT

Du nom de la machine qui est utilisée pour cette étape ''Squadra automatical tronqui'' ce qui littéralement veut dire ''Coupe automatique des troncs'', cette étape permet de donner les formes définitives au billon avant son passage à l'étuve et au tranchage. Le billon est en quelque sorte préparé de façon à être bien tranché. À ce stade, les écorces ainsi que l'aubier, pour les essences qui en possèdent, sont ôtés.

Étape 3 : l'étuvage

La CUVE ou étuve dans laquelle on fait séjourner les bois pour les ramollir est la principale installation de cette phase. Le bois sommairement scié, puis préparé par la SAT est stocké dans les cuves qui sont des sortes d'étuves. Celui-ci est chauffé grâce à la chaudière par vapeur d'eau ou par immersion. Cette étape permet également de resserrer les fibres. Au cours de son passage dans les cuves, le bois perd son humidité naturelle. Pour l'Ayous, le temps de passage est de 12 à 24 heures, pour l'Aningré 24 à 48 heures, et soixante-douze (72) heures pour le Bubinga.

Étape 4 : Le tranchage

C'est l'étape de décomposition du morceau de bois en plusieurs feuilles encore appelées placages. Au Cameroun, il existe trois types de trancheuses :

-La trancheuse verticale TZ (la plus performante car tranche les billes allant jusqu'à 5 mètres de longueur).

-La trancheuse horizontale TN.

-La trancheuse oblique TX.

Juste après le tranchage du billon, les feuilles de bois obtenues encore appelées placages sont introduites dans un séchoir alimenté par la chaudière au moyen des tuyaux de gros diamètres. Au tranchage, le taux d'humidité est de 24 à 30 % tandis qu'au sortir du séchoir il est de 14 à 18 %.

Étape 5 : Le massicotage

Selon Larousse 2013, massicoter revient à couper ou rogner les marges au massicot. La phase de massicotage est celle au cour de laquelle on nettoie, dimensionne, classifie et encaisse les feuilles de placages tranchées. Au sortir de cette étape, on obtient deux produits : le produit fini et celui qui doit subir le jointage. Celui-ci consiste à mettre ensemble plusieurs feuilles (couture) pour avoir une surface plus grande.

Étape 6 : finition

Il s'agit de l'emballage, du stockage et de l'expédition des colis. Dans le processus de fabrication de placage par tranchage, on peut sauter l'étape de scierie ainsi que celle de jointage. Toutefois, il faut remarquer que la colle n'est pas utilisée dans ce processus.

Le déroulage

Dérouler le bois consiste à le transformer dans une unité de transformation de manière à obtenir des feuilles de bois que l'on peut assembler ou non pour obtenir des contreplaqués.

Tout commence sur le parc à grumes dans lequel on tronçonne la bille en billons de 2,5 m de longueur. Par la suite, le billon est manuellement écorcé puis fixé sur la dérouleuse. Une fois celle-ci actionnée, le bois ressort en lamelles entrecoupées tant que le billon n'a pas encore eu une forme circulaire parfaite. Dès que le billon déroulé est parfaitement circulaire, il en sort de l'autre côté de la dérouleuse une feuille ininterrompue de faible épaisseur que l'on embobine à l'aide d'un dispositif adéquat. Une fois embobinée, cette fine lamelle est passée au massicot, au séchage, au triage, à l'encollage et à l'équarrissage. A la fin de ce processus, on obtient un produit fini encore appelé ''contreplaqué'' dimensionné selon la commande obtenue. Le contre-plaqué ainsi produit comporte trois parties à savoir : la face (meilleure partie visuelle), l'âme (issue des feuilles avant arrondissement du billon) et la contre-face. Au terme du déroulage, le cœur est rejeté en raison des défauts que l'on y retrouve.

Essences forestières utilisées pour produire le placage au Cameroun		
Acajou de bassam	Eyong	Lotofa / Nkanang
Aiélé / Abel	Fraké	Moabi
Akak	Fromager	Mukulungu
Aningré A	Ilomba	Onzabili /Angongui
Aningré R	Iroko	Osanga/Sikong
Ayous/Obéché	Kossipo	Sapelli
Bilinga	Koto	Sipo
Dibétou	Lati / Edjil	Tali
Doussié rouge	Lati parallèle	Tiama
Emien	Longhi / Abam	Wamba

Source : Rapport COMCAM 2014

Essences forestières exploitées et transformées au Cameroun

Essences forestières exportées au Cameroun				
Abalé	Azobé	Essia	Kotibé	Oboto
Aiélé	Bilinga	Eveuss	Koto	Okan
Ako	Dabéma	Eyek	Lati	Onzabili
Alumbi	Diana	Eyong	Limbali	Ovoga
Andoung B.	Difou	Eyoum	Nkanang	Ozigo
Andoung rose	Ebiara Edéa	Fraké	Mambodé	Tali

Angueuk	Ekaba	Framiré	Movingui	Tali Yaoundé
Asila Akung	Ekop ekusek	Ekop N	Mukulungu	Tiama
Awoura	Ekop G.H.	Iatandza	Naga	Wamba
Ayous	Ekop N. G.F	Kossipo	Niové	

Source : Rapport COMCAM 2014

Essences forestières utilisées pour produire les contreplaqués			
Ayous	Koto	Ilomba	Fraké
Eyong	Nkanang	Sapelli	Onzabili

Source : Rapport COMCAM 2014

Sociétés forestières produisant les placages (feuilles) au Cameroun			**Sociétés forestières produisant le contreplaqué au Cameroun**	
ALPICAM	ECAM PLACAGE	PLACAM	ALPICAM	PLACAM
CS	ETF	SNCOCAM	SN.COCAM	

Source : Rapport COMCAM 2014

Certificats délivrés pour la transformation ou l'exportation des produits forestiers au Cameroun

Attestation de détention de matériel de transformation du bois (ADMTB)

Pièces à fournir :

- Demande timbrée adressée au ministre en charge des forêts ;
- Procès-verbal de visite de site délivré par le Délégué régional de la localité ;
- Titres légaux de propriété de matériel de transformation (factures d'achat ou contrat de location ou bilan comparé produit par un expert agrée à l'ONECA). Éventuellement visite sur le terrain en cas de doute ;
- Dossier fiscal (patente, registre de commerce, carte de contribuable, attestation de non-redevance) ;
- Statut de la société.

Certificat d'enregistrement en qualité de transformateur de bois (CEQTB)

Pièces à fournir :

- Demande timbrée au tarif en vigueur adressée au MINFOF ;
- Justificatifs des sources d'approvisionnement de bois ou contrat notarié et approuvé par le MINFOF ;
- Justificatifs des moyens de transformation (attestation de détention de matériel de transformation délivrée par la DPT) ;
- Dossier fiscal (Patente, Registre de commerce, carte de contribuable, attestation de non-redevance) ;
- Statuts de la société.

Certificat d'enregistrement en qualité d'exportateur de bois transformés (CEQEBT)

Pièces à fournir **:**

- Demande timbrée adressée au MINFOF ;
- Photocopie du CEQTB ;
- Justificatifs d'approvisionnement de bois ou contrat notarié et approuvé par le MINFOF ;
- Justificatifs des moyens de transformation (attestation de détention de matériels de transformation délivrée par la DPT) ;
- Dossier fiscal (patente, registre de commerce, carte de contribuable, attestation de non-redevance ou quitus) ;
- Rapport d'activités de l'exercice précédent (en cas de renouvellement) ;
- Copie de l'ancien CEQEBT (en cas de renouvellement).

III

LES PRODUITS FORESTIERS NON LIGNEUX ET SPÉCIAUX

III-LES PRODUITS FORESTIERS NON LIGNEUX ET SPÉCIAUX

Les produits forestiers non ligneux (PFNL)

Encore appelés produits forestiers secondaires, on entend par ce vocable tout produit d'origine biologique autre que le bois, dérivé des forêts, d'autres terres boisées ou d'arbres hors forêt. Ces produits peuvent être d'origine végétale ou animale.

D'après les études menées par la FAO, les **PFNL d'origine végétale** sont classés en huit catégories : aliments ; fourrage ; matière première pour la préparation de médicaments et de produits aromatiques ; matière première pour la préparation de colorants et de teintures ; matière première pour la fabrication d'ustensiles, d'objets d'artisanat et pour la construction ; plantes ornementales ; exsudats ; et autres produits végétaux. Par contre, les **PFNL d'origine animale** sont classés ainsi qu'il suit : animaux vivants ; cuirs, peaux et trophées ; miel sauvage et cire d'abeille ; viande de brousse ; matière première pour la préparation de médicaments ; matière première pour la préparation de colorants ; autres produits animaux comestibles ; autres produits animaux non comestibles.

NB : Il est important de relever que dans le contexte camerounais, et bien qu'aucun texte ne le précise explicitement, une fois que les produits forestiers non ligneux font l'objet d'une exploitation à but lucratif, ceux-ci deviennent de manière tacite produits forestiers spéciaux.

Les produits forestiers spéciaux et leurs permis

Cette appellation désigne les produits forestiers ligneux ou non, relativement peu abondants pour lesquels des mesures de contingentement sont indispensables à cause des risques présentés par les méthodes utilisées pour les récolter point de vue pérennité de la ressource pour une exploitation à but lucratif.

Suivant la décision n° 2032/D/MINFOF du 22 août 2012, les produits forestiers spéciaux présentant un intérêt particulier au Cameroun dont la liste est susceptible d'être modifiée par le ministère en charge des Forêts et de la Faune sont les suivants :

Nom commercial	**Nom vernaculaire ou local**	**Nom scientifique**	**Observations** (partie récoltée)
Ébène	Mevini	*Diospyros spp*	Bois (duramen)
Gnetum	Okok / Eru/Koko	Gnetum africana	feuilles
Pygeum/Mueri	Pygeum / Alumty	*Prunus africana*	écorce
Johimbé	Atjek Kribi	Pausinystalia johimbe	écorce
Mutondo	Ndamba	Funtumia spp	Latex (sève)
Essombi	Essombi	Rauvolfia spp	écorce
Gomme arabique	Gomme arabique		sève
	Tooth stick		brindille
	Candle stick		
Charbon de bois vert	Charbon de bois vert	Charbon de bois vert	ras
rotins	Rotin	Rotin	tige

Les permis d'exploitation de ces produits forestiers dits spéciaux sont attribués après avis d'une commission interministérielle (voir composition de la commission article 64 du Décret). Pour les autres produits spéciaux, les permis d'exploitation sont attribués de gré à gré par le ministre en charge des forêts en application des dispositions de l'article 56 de la loi. Le charbon produit à base de rébus de sciage est exclu du champ d'application de la procédure d'attribution des permis spéciaux.

Le dossier de demande d'attribution du permis d'exploitation des produits forestiers spéciaux est déposé, contre récépissé, auprès du représentant régional de l'administration chargée des forêts de la localité d'exploitation, qui le transmet avec un avis motivé au ministre chargé des Forêts, pour suite de la procédure. La signature du permis est subordonnée à la présentation des justificatifs du paiement des droits et taxes correspondants. Le permis d'exploitation des produits forestiers spéciaux indique notamment :

- Les essences dont l'exploitation est autorisée ;

- Les quantités des produits à récolter ;
- La zone d'exploitation ainsi que les conditions d'utilisation locale ou, éventuellement, d'exportation des produits.

Le cahier des charges accompagnant le permis d'exploitation des produits forestiers spéciaux indique notamment :

- Les conditions de renouvellement de la ressource ;
- Les conditions d'exploitation des produits ;
- Les conditions de leur transport ;
- Les modalités de paiement des charges financières.

« Au terme de l'exploitation, le bénéficiaire du permis présente au représentant régional du ministère chargé des forêts du ou des lieu(x) d'exploitation un rapport de ses activités'' (Art. 88 décret). Les pièces à fournir pour le dossier de permis d'exploitation de ces produits listés dans le tableau ci-dessus sont présentées ci-dessous (voir exploitation du charbon de bois vert). »

Délivrance de permis spécial de gré à gré

Cas des produits spéciaux autres que ceux listés ci-dessus.

Pièces à fournir :

- Demande timbrée ;
- Copie de l'agrément à la profession forestière, certifiée par la Direction des Forêts ;
- Justificatifs de paiement de la taxe de régénération (10 F CFA/kg de produit) ;
- Justificatifs de paiement des frais de dossier (150 000 F CFA) ;
- Fiche technique comportant les spécifications, leur quantité et les lieux de récolte ;
- Titre de patente ;
- Carte de contribuable ;
- Certificat d'imposition ;
- Attestation de non-redevance ;
- Attestation de cotisation CNPS.

Permis d'exploitation du charbon de bois vert

Le dossier est produit en 10 exemplaires dont un original et neuf copies conformes comprenant :

- Une demande timbrée indiquant les noms, prénom, domicile du demandeur, s'il s'agit d'une personne physique. Pour une personne morale, il faut produire la raison sociale, les statuts, le siège social, le capital social et sa répartition ainsi que le nom du directeur ;
- Une copie certifiée conforme de l'**acte d'agrément en exploitation forestière** ;
- La preuve des moyens financiers engagés ou disponibles ;
- Les investissements prévus ; ceux-ci portent notamment sur les moyens de transport et de conditionnement disponibles pour la bonne conservation des produits, les magasins de stockage existants ou prévus, les dispositions prises ou existantes en vue de transformer localement tout ou partie de la production ;
- Un certificat d'imposition ;
- Une fiche technique établie par le responsable local de l'administration chargée des forêts précisant les espèces à exploiter, les quantités de produits susceptibles d'être récoltés, ainsi que les lieux et modalités de récolte ;
- Le cas échéant, le (s) certificat(s) de recollement et l'attestation de paiement des taxes forestières sur tout titre d'exploitation précédemment acquis ;
- Une quittance justifiant le paiement des frais de dossier dont le montant est fixé conformément à la législation sur le régime financier de l'état ;
- Une attestation de paiement des cotisations dues à la CNPS.

Permis d'exploitation du charbon de scierie

La procédure simplifiée est la suivante :

- Avoir signé avec une scierie en règle ou la société détentrice d'un titre légal, une convention ou un protocole d'accord ou un mémorandum d'entente.
- Avoir un bon de sortie délivré par la scierie ou la société pour l'évacuation du produit.
- Obtenir un certificat d'origine de l'autorité forestière locale pour justifier la provenance du produit.

Permis d'exploitation du bois de chauffe, des perches et bois d'œuvre pour transformation artisanale.

« Les permis d'exploitation pour le bois de chauffage, les perches ou le bois d'œuvre en vue de la transformation artisanale sont réservés exclusivement aux personnes de nationalité camerounaise ou aux sociétés où ces personnes détiennent la totalité du capital social ou des droits de vote et qui sont agréées à la profession forestière. Ils sont, chacun, assortis d'un cahier des charges. » (Art. 86 Loi). Autrefois, le permis d'exploitation du bois d'œuvre en vue de la transformation artisanale et les permis d'exploitation du bois de chauffage ou des perches étaient attribués par arrêté du Gouverneur compétent (cf. décret 95/531). Ce texte a été modifié par le décret 2007/0342 du 7 mars 2007 qui reconnaît désormais cette prérogative au Ministre en charge des Forêts après avis d'un comité technique interministériel. La durée de validité d'un permis d'exploitation est fonction du volume des produits vendus et est précisée dans l'acte d'attribution. Elle ne peut, en aucun cas, excéder un (1) an. Lorsque l'exploitant a respecté les clauses du cahier des charges, le représentant local du ministère chargé des Forêts lui délivre un certificat de recollement. Dans le cas contraire, il est sanctionné conformément aux lois et règlements en vigueur.

Composition du dossier

Constitué en 10 exemplaires dont un original et neuf (9) copies certifiées conformes, les principales pièces le composant sont les suivantes :

- Demande timbrée au tarif en vigueur, adressée au MINFOF ;
- Une fiche technique établie par le responsable local de l'administration chargée des forêts ;
- Dossier fiscal (pour les sociétés);
- Quittance justifiant le paiement des frais de dossiers dont le montant est fixé conformément à la législation sur le régime financier de l'État.

En ce qui concerne les permis d'exploitation pour la récolte des produits forestiers à des fins scientifiques, sont attribués par le ministre chargé des Forêts, sur examen d'un dossier technique, suivant des modalités fixées par un texte particulier.

Le certificat d'origine

C'est le document essentiel que tout détenteur de produits forestier doit pouvoir présenter lors des contrôles afin de permettre aux agents de retracer la provenance de ceux-ci. Il se délivre par le représentant technique local du ministre en charge des Forêts. Disposer d'un permis spécial pour l'exploitation desdits produits, disposer d'un Certificat d'enregistrement en qualité de d'exportateur selon le cas, et surtout être en règle vis-à-vis de l'administration fiscale sont les principales conditions à remplir pour constituer le dossier dont les pièces à fournir sont les suivantes :

- Demande timbrée au tarif en vigueur, adressée au MINFOF ;
- Production des statistiques d'exploitation/transformation des produits à exporter ;
- Copie permis spécial ou autorisation spéciale d'exploitation des produits forestiers spéciaux de l'exercice en cours ;
- Justificatifs de paiement des taxes de régénération ;
- Attestation de récolte et lettre de voiture ayant servi au transport des produits ;
- Copie certificat en qualité d'exportateur des produits forestiers spéciaux.

En vue de l'établissement plus tard d'un permis CITES pour l'exportation du Pygeum, la délivrance d'un certificat d'origine est conditionnée par l'enregistrement du requérant en qualité d'exportateur des produits forestiers spéciaux, la détention par ce dernier d'un permis d'exploitation du Pygeum. Il doit également avoir les justificatifs du paiement de la taxe de régénération de cette espèce et disposer d'un quitus fiscal valide. Les pièces à fournir dans ce cas sont les suivantes :

- Demande timbrée au tarif en vigueur adressée au MINFOF ;
- Copie permis spécial ou autorisation spéciale d'exploitation des produits spéciaux de l'exercice en cours ;
- Justificatifs de paiement des taxes de régénération ;
- Attestation de récolte et lettre de voiture ayant servi au transport des produits ;
- Copie Certificat en qualité d'exportateur des produits spéciaux.

Cas particulier de l'Assamela

Conditions à remplir :

- Être enregistré en qualité d'exportateur des bois débités ;
- Disposer d'une unité de transformation ;
- Produire les statistiques de transformation dudit bois ;
- Disposer d'un quitus fiscal valide ;
- Disposer d'une source d'approvisionnement en bois.

Pièces à fournir :

- Demande timbrée au tarif en vigueur adressée au MINFOF ;
- Rapport contemporain (statistiques) sur l'exploitation/transformation de l'espèce concernée ;
- Justificatifs de l'origine du bois ;
- Quitus fiscal valide.

IV QUELQUES VERTUS DES PRODUITS FORESTIERS

IV-QUELQUES VERTUS DES PRODUITS FORESTIERS

Depuis l'aube des temps, la forêt a toujours été pour l'Homme en général, et pour l'Africain en particulier, la principale source d'approvisionnement en médicament. Elle a toujours été sollicitée pour guérir toute sorte de maladies, y compris celles qualifiées de mystiques. Malgré les progrès scientifiques remarquables connus de nos jours, une bonne tranche de la population africaine préfère se faire soigner à la traditionnelle. Voici présenté quelques essences forestières, la pathologie soignée ainsi que la partie utilisée.

Quelques essences forestières et leur utilité

Essence	Nom scientifique	Pathologie	Partie utilisée
Obero	*Mammea africana*	Paludisme	Fruit, écorce, racine
Ebam	*Picralima nitida*		Écorce
Ekouk	*Alstonia boonei*		
Ebebeng	*Phyllanthus discoideus*		
Obaétoan	*Tabernae montana pachysiphon*		
Moabi	*Baillonnella toxisperma*	Mal de dos	Écorce
Sapelli	*Entandrophragma cylindricum*		Écorce
Dabema	*Piptadeniastrum africanum*	Nettoyage reins, mal de dos	Écorce
Tali	*Erythropleum ivorense*	Panari et galle	Écorce
Limbali	*Gilbertiodendron*	Mal de bas-	Écorce

	dewevrei	ventre	
Fromager	*Ceiba pentandra*	Mal d'estomac	Écorce
Ebaye	*Pentaclethra macrophylla*	Grippe	Écorce
Asseng	*Musanga cecropioides*		
Ako	*Antiaris africana*	Anémie	Écorce
Etoan	*Tabernae montana crassa*		
Mebenga	*Barteria nigritiana*		
Mbel	*Pterocarpus soyauxii*		
Bubinga	*Guibourtia tessmannii*		
Essessang	*Ricinodendron heudelotii*		
Oyop	*Brenania brieyi*		
Longhi	*Gambeya africana*	Filaires	Écorce
Okan	*Cylicodiscus gabonensis*		
Angoan	*Porterandia cladantha*		
Mubala	*Pentaclethra macrophylla*	Morsure de serpents et scorpions	Graine
Ebaye	*Pentaclethra macrophylla*		Écorce
Moambé J.	*Enantia chlorantha*	Paludisme	Écorce
Sikong	*Pteleopsis hylodendron*	Anti poison	
Avom	*Cleistopholis patens*	Vomitif,	
Nding	*Isolona hexaloba*	Purgative	

Source : Quelques rapports monographiques des étudiants de l'Ecole des Eaux et Forêts de Mbalmayo.

V BON À SAVOIR

V-BON À SAVOIR

L'exploitation forestière dans son sens large est une activité transversale qui se retrouve imbriquée dans plusieurs autres. Il ne faut pas perdre de vue que les forêts n'ont de sens pour l'humanité que si elles jouent un rôle social, un rôle économique et un rôle écologique.

Au vu de la file interminable des camions grumiers, venant de toute part, qui acheminent le bois au port de Douala, il se dit que la forêt camerounaise n'a plus une décennie pour son extermination. Comment comprendre qu'à la plus grande surprise des uns et des autres, et surtout des profanes, l'État, au travers du Ministère en charge des forêts, multiplie de plus en plus les annonces pour mettre en exploitation de nouveaux massifs ?

Partant du principe selon lequel tout arbre comme tout être vivant naît, grandi, vieilli et meurt (loi de la caducité de toute chose), il est important de savoir que l'activité d'exploitation forestière pratiquée en toute légalité c'est-à-dire conformément aux textes en vigueur, ne présente pas un danger majeur pour la pérennité de la ressource. Bien au contraire, elle favorise la régénération de celle-ci, et permet sa bonne gestion.

À titre d'exemple, pour obtenir l'autorisation d'abattre un pied d'arbre, il faut préalablement s'assurer que le stock soit considérable, et que celui-ci ait atteint le diamètre minimum d'exploitabilité (DME) fixé par l'administration forestière. S'il se trouve que l'espèce est peu représentée, c'est le diamètre minimum d'aménagement (DMA) qui est considéré avec la particularité qu'il rehausse généralement la valeur retenue par le DME. La fixation du DME est fonction de l'âge de fructification de l'essence considérée. Une fois abattu dans le cadre de l'exploitation forestière, l'arbre, déjà adulte, permet grâce à la trouée qui se crée, que les graines latentes longtemps tombées, voire enfouies sous la litière, puissent germer, se développer et devenir de grands sujets d'avenir par l'apport en lumière et en eau de pluies grâce à la trouée ainsi faite.

À côté de cette justification du bien-fondé de l'exploitation forestière menée selon les normes en la matière, il faut reconnaître que l'exploitation des perches n'en demeure pas moins une préoccupation sérieuse pour la pérennité de la ressource. Le semis, le gaulis et le perchis, sont les principales phases de croissance de l'arbre avant son état adulte. En rapport avec les pratiques couramment menées, et le pouvoir d'achat des populations, l'on a toujours eu besoin d'utiliser les gaulis pour les travaux de piquetage et les perches pour les travaux de construction des maisons ou des ouvrages pour servir d'étaies. Les gaulis et les perches sont des étapes de la croissance de l'arbre. Mais alors, la grande inquiétude vient du fait qu'en exploitant ces futurs arbres à ce stade de leur développement, l'on ne fait pas souvent le distinguo entre les différentes essences lors des prélèvements. C'est ainsi que celles qui sont interdites ou en voie de disparition peuvent y passer.

L'objectif de ce chapitre est de permettre au lecteur, qui est plus ou moins un acteur direct de l'exploitation forestière, d'avoir une idée sur les notions se rapportant de près ou de loin à cette activité. C'est dans cette optique que les notions telles que la REDD+, la traçabilité, la certification forestière, la CITES, les DF10 ou 11, les lettres de voiture, l'aménagement forestier au Cameroun, etc., sont abordés.

La REDD+ et la COP 21 en bref

La REDD+, est une initiative transnationale voire internationale lancée en 2008 qui vise, non seulement la gestion durable et l'accroissement des stocks de carbone forestier, mais aussi à lutter contre le réchauffement climatique provoqué par les émissions de gaz à effet de serre induites par la dégradation, destruction et fragmentation des forêts. Elle est coordonnée par l'ONU qui a mis en place le programme UN-REDD.

REDD est l'acronyme anglais de Reducing emissions from deforestation and forest degradation ou « *reducing emissions from deforestation and forest degradation and the role of conservation, sustainable management of forests and enhancement of forest carbon stocks in developing countries* », en français, cette abréviation se traduit par la « *réduction des émissions liées à la déforestation et à la dégradation des forêts dans les pays en développement et le rôle de la conservation, de la gestion durable des forêts et du renforcement des stocks de carbone forestier dans les pays en développement.* ». La formule complète en français est souvent résumée par : « *Réduction des émissions du CO2 provenant de la déforestation et de la dégradation des forêts* ».

Sa mise en œuvre implique par conséquent bien plus que la protection des forêts, et son principe est de rémunérer les pays en développement à travers des contributions provenant des pays industrialisés, que ce soit par le biais d'un marché ou d'un fonds. *(Rapport final COMIFAC, décembre 2013 : Considérations politiques sur l'utilisation des terres dans le bassin du Congo).*

Par contre, et selon la même source, un Projet REDD+ est un ensemble d'activités visant à modifier les dynamiques de déforestation et/ou de dégradation forestière et/ou augmenter les stocks de carbone forestier, à l'intérieur d'une zone géographiquement délimitée, afin de réduire les émissions de gaz à effet de serre liées à ces dynamiques, dans le but de valoriser ces réductions d'émissions dans un mécanisme de compensations basées sur le résultat (fonds ou marché carbone). Ces réductions d'émissions, doivent être mesurées, suivies et validées, d'après des méthodologies approuvées auprès d'un organe internationalement reconnu. Ces réductions se mesurent, par rapport à un niveau de référence préalablement établi selon une démarche méthodologique acceptée.

Contrairement au FLEGT, le mécanisme REDD, n'est pas une convention bilatérale de deux personnes morales de droit public librement consentie. Il s'agit d'un mécanisme international, obéissant à un agenda global que les parties sont tenues de suivre si elles en prennent l'engagement. Le Cameroun, à l'instar des autres pays de la sous-région en est à la phase initiale et continue de participer aux négociations sur le plan international. Le mécanisme REDD+ a été confié au Ministère de l'Environnement, la protection de la nature et du développement durable (MINEPDED) du Cameroun. Le document de préparation de la stratégie nationale REDD+ du Cameroun, le RPP, a été déposé en août 2012.

La problématique autour de ce thème au Cameroun se résume au questionnement : « *Comment concilier les intérêts écologiques de la REDD+ avec les urgentes préoccupations existentielles des populations tributaires des forêts, sans pour autant hypothéquer la paix et la cohésion sociale ?* »

La COP 21

Le terme COP 21 est l'acronyme de l'expression anglaise ''**Conference of the parties**''. Elle désigne la 21e conférence des Parties[6] qui a été organisée à Paris (France) du 30 novembre au 11 décembre dans la lancée de la première conférence du genre qui s'est tenue en 1995 à Berlin, capitale actuelle de l'Allemagne. Il est important de souligner que le protocole de Kyoto qui vise la réduction des gaz à effet de serre a vu le jour au cours de la COP3 au Japon.

L'une des particularités de cette rencontre de Paris est le fait que les parties se sont fixées un délai, et ont convenu que les États devraient être appelés à signer un nouvel accord international sur le climat. Contrairement aux autres textes, celui-ci devra être applicable à tous, avec un objectif commun qui est celui de maintenir le réchauffement mondial sous la barre de deux degrés Celsius (2 °C) entre la fin du XIXe siècle et l'an 2100. Ce plafond a été évoqué pour la première fois à Bali (Indonésie) lors de la COP 13, et discuté une fois de plus en 2009 lors de la COP 15 qui s'est tenue à Copenhague au Danemark. Il a été validée l'année suivante à Cancun au Mexique lors de la COP 16 (*source : MINFOF Newsletter, Edition spéciale.* N° 022 de décembre 2015).

Bien que ''réchauffement'' soit liée à ''température'', la nouveauté apportée par la COP 21 est que, l'appréciation du réchauffement climatique mondial n'est plus faite en terme de taux de réduction des émissions gazeuses à observer (qui autre fois était de l'ordre de 20 %), mais de maintien de la température dans la proportion de +2 °C. Pour n'avoir pas pris part aux travaux de la COP 21, et afin qu'un ratio soit fait plus tard, notre souhait est que les pays africains, voire du tiers-monde, puissent être dotés de tous les outils efficaces pour contrôler,

---

6 Il s'agit du nom qui désigne les États qui ont signé la convention-cadre des Nations Unies sur les changements climatiques rédigée en 1992 (195 pays).

quantifier et évaluer eux-mêmes, le réchauffement par eux provoqué, dans la marge arrêtée.

L'Initiative FLEGT, les APV, le certificat de légalité et la Traçabilité.

L'APV (Accord de partenariat volontaire) est un accord bilatéral entre l'Union européenne et un pays exportateur de bois vers le marché européen. Le but de ce traité est de lutter contre le commerce du bois illégal. Cet accord repose sur un ensemble de mesures, qui constituent la charpente de tout le système FLEGT (Forest Law Enforcement Governance and Trade).

Fort de sa posture de premier importateur des bois tropicaux du bassin du Congo et de partenaire incontournable au développement de la sous-région, l'Union européenne a conçu un plan d'action pour le renforcement de la gouvernance dans le commerce du bois destiné aux consommateurs européens. Il s'agit de l'initiative FLEGT. Cette nouvelle façon de faire repose sur deux principaux piliers :

- La signature d'un accord de partenariat volontaire (APV), avec les pays producteurs de bois, et la publication d'un règlement européen sur le bois illégal.
- Le règlement bois de l'Union Européenne (EU 995/2010) abrégé RBUE. Il fixe les obligations des opérateurs privés qui mettent du bois et des produits dérivés sur le marché européen. L'objectif de ce règlement est de bannir du marché commun européen les bois récoltés ou commercialisés illégalement et les produits dérivés issus de ces bois.

Au travers des outils implémentés par l'initiative de l'Union européenne APV FLEGT, le Cameroun est en train de développer un système de vérification de légalité (SVL) qui permet de faire la distinction entre les produits forestiers légaux et ceux qui sont illégaux ou d'origine inconnue. Ce SVL s'applique à toutes les sources de bois et produits dérivés ainsi que les produits acquis et/ou en circulation au Cameroun. Au travers d'une bonne traçabilité, le SVL doit être à même de prendre en compte à la fois la légalité de la source d'approvisionnement et celle des titres d'exploitation. Ceci inclut le bois importé et en transit au Cameroun. Ce système est fondé sur :

- La vérification de la conformité légale de l'entité forestière exploitante transformatrice en suivant des indicateurs et critères définis,
- La surveillance nationale de la forêt,
- La réglementation et un contrôle des activités forestières,
- La vérification de la conformité le long de la chaîne d'approvisionnement de la forêt au port,
- La délivrance d'autorisations FLEGT
- L'audit indépendant du SVL.

NB : Il est important de faire remarquer que les pièces à fournir pour la délivrance des certificats de légalité (déjà disponibles au MINFOF) sont de deux ordres. Les éléments de la demande du certificat de légalité proprement dits et les pièces à vérifier par l'administration forestière. Ceux-ci sont contenus dans un CD produit par le requérant. Ces documents varient selon que l'on est détenteur d'une forêt communale, d'une forêt communautaire, d'une vente de coupe, d'une autorisation de récupération de bois, d'un permis spécial, etc., ou selon que l'on opère dans les unités de transformation du bois. Les étapes du processus d'obtention d'un certificat authentique de légalité, ainsi que les différentes pièces à fournir à cet effet par titre forestier obtenu, et type de forêt mise en exploitation sont présentés dans le ''*Guide d'information des opérateurs du secteur forestier pour l'obtention du certificat de légalité*'' produit en partenariat par la Coopération allemande via le GIZ et le MINFOF en novembre 2014.

Selon la norme ISO 8402, la traçabilité qui implique deux aspects majeurs à savoir l'identification du produit par un marquage et, l'existence d'enregistrement des données liées à ce produit sur un support ayant lui-même une traçabilité, est définie comme "L'aptitude à retrouver l'historique, l'utilisation ou la localisation d'un article ou d'une activité, au moyen d'une identification enregistrée". Depuis avril 2010, le projet de mise en place d'un système de traçabilité des bois au Cameroun (STBC) a été mis en route afin d'instaurer le processus FLEGT pour permettre l'émission des premiers certificats de légalité qui sont déjà disponibles[7]. Ce système de traçabilité permet d'avoir une visibilité sur les spécifications de la tige abattue, la ou les

[7] Cf. Communiqué radio n° 0045/CRP/MINFOF/SG/DF/SDAFF/SN du 21 octobre 2015.

bille(s) tronçonnée(s) y résultante(nt), le conditionnement de celle(s)-ci, son transport et sa commercialisation.

La Certification forestière

Selon la littérature consultée, la certification forestière est née d'un dialogue entre le producteur et le consommateur de bois. Elle soutient qu'une personne (physique ou morale) qui exploite une forêt, doit le faire tout en pensant aux générations futures (gestion durable). Cette gestion se veut économiquement viable, socialement équitable et écologiquement acceptable.

Elle a pour objectif de développer un marché pour les produits forestiers dont l'origine et le mode de production sont garantis comme étant durables par des évaluateurs indépendants, qui utilisent des critères précis et reconnus de « bonne gestion forestière ». Selon le ''Bureau Veritas Certification/Eurocertifor'', c'est un outil économique incitatif de gestion durable des ressources forestières qui vise à rassurer le consommateur des produits ''bois et dérivés'' que ceux-ci proviennent des forêts gérées durablement et sont produits dans des conditions de durabilité avérées.

La certification forestière a été initiée au début des années quatre-vingt-dix comme alternative au boycott dont faisait l'objet les bois tropicaux à la fin des années quatre-vingts de la part des ONG environnementalistes européennes. Selon ses initiateurs, ce processus qui visait la réduction des pressions détruisant les forêts tropicales en contribuant à leur pérennité devait favoriser la gestion durable des forêts et la vente des produits bois issus des mécanismes de production durables.

En règle générale, les agences de certification qui généralement sont indépendantes et appartiennent aux tiers, examinent les pratiques d'une compagnie ou société forestière. Elles constatent ce qu'il y a lieu de constater et " certifient " le cas échéant que ladite société exploite la forêt d'une façon conforme aux principes et critères de cet organisme de certification retenu ou / et que les produits qui en sont tirés le sont aussi.

Quelques certifications forestières

Depuis la conférence de Rio de Janeiro en 1992, différents systèmes de certification forestière ont été mis en place et sont appliqués à diverses échelles (internationales, régionales et nationales). A côté du principal label de certification forestière connu au Cameroun qui est le Forest Stewardship Council (FSC) créé en 1993, on peut également citer les labels tels que :

- OLB (Origine et légalité des bois) développé par Eurocertifor-Bureau Veritas Certification en 2004 ;
- Pan European Forest Certification (PEFC) Née en 1998 ;
- Sustainable Forest Initiative (SFI) développé aux États-Unis ;
- American Team Farm System (ATFS);
- Canadian Standard Association (CSA) : système de certification canadien basée sur la norme ISO-14000 ;
- National Timber Certification Council (NTCC) : système de certification développée par la Malaisie en 1998 ;
- Lembaga Ekolabel Indonesia (LEI) : système de certification développé par l'Indonésie en 1998 ;
- UK Woodland Award Scheme (UKWAS) : système lancé par la Grande bretagne en 1999 ;
- Living Forest Scheme (LFS) : système norvégien ;
- Family Forest Certification Scheme (FFCS) qui est un système suédois.

Il faut reconnaître au-delà de tout que le prix de la certification est fonction de la taille, de la complexité et de l'organisation des différents organismes qui peuvent être intéressés par celle-ci. La GTZ à travers le Programme Gestion Durable des Ressources Naturelles (PGDRN) appuie les initiatives de certification forestière FSC au Cameroun. Il y a de cela plusieurs années, elle s'est engagée dans deux projets de Partenariat Public-Privé (PPP) avec le groupe SEFAC (Société d'Exploitation Forestière et Agricole du Cameroun)/SEBAC (Société d'Exploitation des Bois d'Afrique Centrale)/FB (Filière Bois) d'une part, et le FSC d'autre part.

La CITES

La Convention sur le commerce international des espèces de faune et de flore sauvages menacées d'extinction, connue par son sigle

CITES ou encore comme la Convention de Washington, est un accord international entre États. Elle a pour but de veiller à ce que le commerce international des spécimens d'animaux et de plantes sauvages ne menace pas la survie des espèces auxquelles ils appartiennent. Le fait que le commerce des plantes et des animaux sauvages dépasse le cadre national a nécessité que la réglementation CITES envisage la coopération internationale pour préserver certaines espèces de la surexploitation. Ce commerce est varié, allant des plantes et d'animaux vivants à une large gamme de produits dérivés tels que produits alimentaires, articles en cuir exotique, instruments de musique en bois, souvenirs pour touristes, remèdes, et bien d'autres encore.

Aujourd'hui, elle confère une protection à des degrés divers à plus de 35 000 espèces sauvages sous forme de plantes ou d'animaux vivants, de manteaux de fourrure ou d'herbes séchées.[8] Les informations publiées dans le Web nous apprennent que la CITES a été rédigée pour donner suite à une résolution adoptée en 1963 à une session de l'Assemblée générale de l'UICN (l'actuelle Union mondiale pour la nature). Elle a finalement été adoptée lors d'une réunion de représentants de 80 pays tenue à Washington, États-Unis d'Amérique, le 3 mars 1973. Le 1er juillet 1975, la Convention entrait en vigueur.

Les États qui acceptent d'être liés par la Convention, appelés "Parties", sont tenus de l'appliquer. C'est un cadre que chaque Partie doit respecter, et pour cela, adopter une législation garantissant le respect de la Convention au niveau national. Dans ce cas, le permis d'exportation n'est délivré que si le spécimen a été obtenu légalement et si l'exportation ne nuit pas à la survie de l'espèce.

Selon la CITES, une espèce est considérée comme menacée d'extinction si elle remplit, ou est susceptible de remplir, au moins l'un des critères suivants :

La population sauvage est petite ;
- La population sauvage a une aire de répartition restreinte ;
- Un déclin a marqué la taille de la population dans la nature.

8 (cf. site Web de la CITES).

Principes fondamentaux de la CITES

Selon la loi forestière et faunique camerounaise, les espèces, pour leur protection, sont réparties en classe A, B ou C. Pour atteindre les mêmes résultats, la CITES quant à elle, procède par annexes.

L'Annexe I comprend toutes les espèces menacées d'extinction qui sont ou pourraient être affectées par le commerce. Le commerce des spécimens de ces espèces doit être soumis à une réglementation particulièrement stricte afin de ne pas mettre davantage leur survie en danger, et ne doit être autorisé que dans des conditions exceptionnelles.

L'Annexe II comprend :

-Toutes les espèces qui, bien que n'étant pas nécessairement menacées actuellement d'extinction, pourraient le devenir si le commerce des spécimens de ces espèces n'était pas soumis à une réglementation stricte ayant pour but d'éviter une exploitation incompatible avec leur survie ;

-Certaines espèces qui doivent faire l'objet d'une réglementation, afin de rendre efficace le contrôle du commerce des spécimens d'espèces inscrites à l'Annexe II en application de l'alinéa (a) CITES).

Pour une inscription à l'Annexe II, l'ampleur du déclin sur une longue période du passé et le taux de déclin récent devraient être examinés ensemble. Plus le déclin sur une longue période du passé est important et plus la productivité de l'espèce est faible, plus le taux de déclin récent a de l'importance.

L'Annexe III comprend toutes les espèces qu'une Partie (pays signataire de la convention) déclare soumises, dans les limites de sa compétence, à une réglementation ayant pour but d'empêcher ou de restreindre leur exploitation, et nécessitant la coopération des autres Parties pour le contrôle du commerce.

L'annexe IV traite des questions de mesures de précaution de la convention.

L'annexe V parle des définitions, explications et lignes directrices de la convention.

L'annexe IV traite des modes de présentation des propositions d'amendement des autres annexes.

Le Cameroun a entrepris des négociations pour inscrire de nouvelles espèces ligneuses dans la liste CITES des espèces dont le commerce est réglementé. En attendant ladite inscription, **le commerce et l'exploitation du Wenge (Millettia sp) et du Bubinga (Guibourtia sp) sont suspendus** à titre conservatoire sur l'ensemble du territoire national.

Les DF10 et DF11

Classé dans le groupe des documents sécurisés, les DF10 sont des fiches techniques de suivi de l'exploitation élaborées par l'administration en charge des forêts. Ils prévoient l'enregistrement de chaque pied d'arbre abattu en vue d'un meilleur suivi et d'une gestion durable de la ressource. Tout titulaire d'un titre d'exploitation forestière doit tenir un carnet de chantier (DF10) dont le modèle est établi par l'Administration chargée des forêts. Ce carnet est côté et paraphé par le responsable départemental de l'Administration chargée des forêts.

Les arbres abattus y sont inscrits journellement avec indication du diamètre pris à hauteur de poitrine c'est-à-dire à 1,30 mètre du sol ou au-dessus des contreforts, ainsi que le numéro d'abattage figurant sur la souche de l'arbre, la longueur des grumes, leurs diamètres aux gros et fins bouts, et leur volume. La date d'abattage ne doit pas être omise. Pour l'exploitation des produits forestiers spéciaux tels que les perches, le bois de chauffage, etc., on inscrit l'espèce récoltée, les quantités, dimensions, poids et volume des produits ainsi que le lieu de récolte.

À la fin de chaque semaine, les feuillets du carnet de chantier sont transmis au responsable local de l'Administration chargée des forêts qui, après vérification et complication, transmet mensuellement les résultats et les spécifications à son responsable hiérarchique. Pour le cubage, le volume de chaque arbre est calculé d'après les tarifs de cubage existants, ou selon le barème suivant : $\mathbf{V = (\pi/4) \times D^2 \times L}$. Dans cette formule, V = volume de l'arbre ; L = longueur du fût de l'arbre ; D = diamètre moyen de l'arbre sous écorce ; $\pi/4 = 0{,}785$.

Le volume est exprimé en mètre cube, suivis de trois décimales.

La longueur est exprimée en mètres et décimètres couverts ; les centimètres étant négligés. Le diamètre est exprimé en mètre, décimètres et centimètres couverts. Il est la moyenne arithmétique des diamètres des deux bouts. (cf. Art. 125 Décret)

Les fiches " DF10 " sont imprimées par le ministère chargé des Forêts pour chaque exercice et remises aux détenteurs de permis en règle. Les numéros des fiches remises à chaque exploitant pour un titre spécifique sont inscrits au système informatique SIGIF. Chaque exploitant est responsable des fiches reçues et celles-ci ne peuvent être utilisées que pour le titre et l'exercice pour lesquels elles ont été émises. Les numéros des fiches perdues ou détruites doivent être déclarés par l'exploitant et seront annulés dans le système informatique. Le contrôle des formulaires " DF10 " en circulation est effectué en permanence par le ministère chargé des Forêts qui sanctionne toute utilisation non conforme. (cf. Art 43 Arrêté 0222).

Une fiche " DF10 " ne doit contenir que les grumes provenant du même titre d'exploitation (assiette de coupe). Chaque semaine, l'exploitant doit regrouper les fiches qui appartiennent au même ensemble " mois d'abattage — titre d'exploitation " et les transmettre à la délégation régionale. (cf. Art. 44 Arrêté 0222). Chaque regroupement de fiches constitue un lot hebdomadaire et une fiche de contrôle de lot hebdomadaire **DF11** (modèle dans le dossier des fiches techniques publié par le ministère chargé des Forêts) doit être agrafée à chacun. L'exploitant doit remettre les lots de DF10 au plus tard 10 jours après la fin du mois d'abattage à la délégation régionale contre une attestation de dépôt de DF10.

« Le titulaire d'un titre d'exploitation forestière peut abattre tous les arbres dont l'évacuation est rendue nécessaire pour le tracé des routes d'évacuation ou pour la confection d'ouvrage d'art. S'il s'agit d'arbres marchands, ils sont portés au carnet de chantier après numérotage, mais ne donnent pas lieu au paiement de la taxe d'abattage et de toutes taxes afférentes lorsqu'ils sont utilisés pour la construction des ponts ou d'ouvrages relatifs aux routes forestières. De même, le titulaire d'un titre d'exploitation forestière qui effectue des activités d'aménagement forestier doit interdire le transport à bord de ses véhicules de tout engin de chasse et de pêche, ainsi que de tout animal ou partie d'animal provenant des produits de la chasse ou de la pêche » (NIMF).

« Les titulaires des titres d'exploitation forestière sont tenus de récupérer toutes les grumes provenant des arbres abattus, sauf celles jugées inutilisables par les agents de l'Administration chargée des forêts. Lorsqu'un arbre abattu est abandonné en forêt, le motif de l'abandon est mentionné dans le carnet de chantier. Après constat, les billes abandonnées et reconnues utilisables peuvent être vendues par l'Administration chargée des forêts, » (Art. 126 *Décret*).

Utilisation de quelques documents de chantier et administratifs dans l'exploitation forestière au Cameroun

Appellation courante utilisée	Utilité
DF11	Se rempli par le concessionnaire d'un titre forestier pour accompagner les feuillets DF10 déjà utilisés à la délégation régionale.
DF 08	Se rempli par le concessionnaire d'un titre forestier après réalisation des inventaires d'exploitation pour préciser les quantités de bois et leurs spécificités en vue de la saisie/délivrance du PAO, du Certificat annuel d'assiette de coupe (CAAC) ou du Certificat de Vente de Coupe.
Lettre de voiture (LV)	C'est un document administratif dit sécurisé, qui permet de circuler avec le bois légal issu de l'exploitation forestière dans le territoire national ou ailleurs. Il est exigé à tout moment lors des contrôles de routine du bois transporté. La lettre de voiture peut concerner les grumes (**LVG**), les débités (**LVD**) ou le bois devant alimenter les parcs de rupture (**LVPR**). En situation de transit des grumes, l'on utilise la lettre de voiture internationale (**LVI**) ou la lettre de voiture émise par le système de traçabilité des bois pour les pays qui en ont en commun. La lettre de voiture quel que soit son type renseigne sur : - La raison sociale de l'entité forestière (société) ; - La date de son émission ; - La provenance du chargement ; - L'origine du bois ; - La destination du chargement ; - L'immatriculation du véhicule qui transporte le bois ;

	- Le nom du transporteur ; - Les essences des bois transportés ; - Les marques, les mensurations et le nombre des grumes ou colis ; - La signature au départ et le paraphe d'une autorité forestière compétente du pays d'origine du bois.
PAO	**Permis annuel d'opération :** il se délivre en convention définitive et précise la nature des traitements sylvicoles, les essences à récolter ainsi que la date de validité de l'activité
CAE	**Certificat annuel d'exploitation** : il se délivre pour l'exploitation d'une parcelle annuelle dans une forêt communautaire
CAAE	**Certificat d'assiette annuelle d'exploitation** : il se délivre pour l'exploitation des assiettes annuelles de coupe en convention provisoire.

NB : plusieurs de ces documents ci-dessus cités sont dits sécurisés (DF10, LVG, LVD, LVPR, etc.). Pour en bénéficier, il faut préalablement être détenteur d'un titre ou d'une source d'approvisionnement valide (UFA, VC, ARB, AEB, forêt communale, forêt communautaire, approbation de contrat) ; ou d'un certificat d'enregistrement en qualité de transformateur de bois selon le cas. Les pièces à fournir pour leur obtention sont les suivantes :

- Demande timbrée au tarif en vigueur, adressée au MINFOF ;
- Document justifiant la source d'approvisionnement du bois ;
- Certificat d'enregistrement en qualité de transformateur de bois ;
- Carte de contribuable ;
- Attestation de localisation (commande) ;
- Justificatifs de paiement des taxes ;
- Justificatifs de retour des souches des documents précédemment retirés (retrait).

L'aménagement forestier au Cameroun

« ***Aménager une forêt****, c'est décider de ce que l'****on veut*** *en faire, compte tenu de ce que l'****on peut*** *y faire, et en déduire ce que l'****on doit*** *y faire* » (Bourgenot, 1970). C'est également la « ***Valorisation planifiée*** *des produits et services forestiers garantissant à long terme* *l'intégrité du milieu forestier, de sa biodiversité ainsi que le bien-être des populations* » (OIBT, 2001).

Au Cameroun, l'aménagement forestier s'applique essentiellement aux forêts du domaine permanent. Au sens de la loi 94/01 du 20 janvier 1994, *''l'aménagement d'une forêt permanente se définit comme étant la mise en œuvre, sur la base d'objectifs et d'un plan arrêté au préalable, d'un certain nombre d'activités et d'investissements, en vue de production soutenue de produits forestiers et de services, sans porter atteinte à la valeur intrinsèque, ni compromettre la productivité future de ladite forêt, et, sans susciter d'effets indésirables sur l'environnement physique et social''*. (Art. 23 Loi). Il comprend notamment les opérations ci-après :

- Les inventaires ;
- Les reboisements ;
- La régénération naturelle ou artificielle ;
- L'exploitation forestière soutenue ;
- La réalisation des infrastructures ;
- L'élaboration du plan d'aménagement ;
- L'établissement du plan de gestion quinquennal. (cf. Art. 63 Loi, art. 67 Décret 95/531).

L'aménagement forestier relève du ministère chargé des forêts qui peut le réaliser par l'intermédiaire d'un organisme public. Il peut également sous-traiter certaines activités d'aménagement à des structures privées ou communautaires. Le financement des activités d'aménagement est assuré par un Fonds Spécial de Développement Forestier géré par un comité. (cf. Art. 64 Loi). Par contre, l'article 67 du décret 095/531/PM du 23 août 1995 fixant les modalités d'application du régime des forêts dispose clairement que les travaux d'aménagement sont exécutés sous la responsabilité technique et financière du concessionnaire. Ces travaux sont soumis à un contrôle de l'administration suivant les normes techniques et la réglementation en vigueur. De plus, il est précisé dans toutes les conventions provisoires signées entre l'administration et les opérateurs économiques que toutes les contre-expertises à réaliser par l'administration chargée des forêts s'effectuent aux frais du concessionnaire qui encourt des sanctions en cas de fausses déclarations.

Selon l'Arrêté n° 0222/A/MINEF/du 25 mai 2001 fixant les procédures d'élaboration, d'approbation, de suivi et de contrôle de la mise en œuvre des plans d'aménagement des forêts de production du domaine forestier permanent qui est l'outil principal des aménagements forestiers au Cameroun, l'aménagement est un processus susceptible de révisions suivant une certaine périodicité qui est de cinq (5) ans. Il est transversal et dynamique car intégrant plusieurs sciences forestières. En matière de gestion durable des massifs forestiers, il impose l'aménagiste à :

- Circonscrire le massif forestier à gérer durablement ;
- Planifier les activités à mener dans la logique de la gestion durable ;
- Définir et circonscrire dans le massif les zones à exploiter, à restaurer et à protéger ;
- Planifier le réseau routier à l'intérieur de ces zones selon le cas ;
- Fixer les diamètres d'exploitation des arbres en tenant compte de leur potentiel et de leurs accroissements ;
- Réglementer et planifier l'exploitation de certaines essences en raison de leur faible densité ;
- Définir la productivité du massif en vue de mieux planifier les quotas annuels de prélèvement ;
- Arrêter les activités sylvicoles à réaliser pour reconstituer la forêt après exploitation, etc.

Toutes ces décisions qui constituent le socle de l'aménagement forestier, sont fixées en fonction de la richesse de la forêt et quand elles sont prises à temps, permettent de garantir la pérennité de la forêt. Si le classement intervient tardivement et modifie les limites des UFA en plus ou en moins, on devra réviser les plans d'aménagement élaborés pour les adapter aux nouvelles superficies. Au Cameroun, l'aménagement forestier comporte deux formes qui se suppléent selon la phase de l'activité.

- L'Aménagement par contenance et attribution des assiettes au 30ème

Selon l'article 67 du décret n° 2001/143/PM du 25 avril 2001, le concessionnaire peut prétendre à l'attribution d'une assiette de coupe dont la superficie minimale est égale à 2 500 hectares ou à un trentième (1/30e) au plus de la superficie de sa concession par an. Cette zone à exploiter doit être délimitée à l'intérieur de la concession par l'administration chargée des forêts en période de convention provisoire. Ce type d'aménagement consiste à diviser la superficie totale du massif attribué par la durée de la rotation qui, au Cameroun, est fixée à 30 ans. Il a l'avantage d'être simple, facile à appliquer et à suivre sur le terrain. De plus, il ne nécessite pas au préalable les inventaires d'aménagement qui permettent une bonne connaissance du potentiel existant. Les arbres sont alors exploités sur les diamètres administratifs. Il entraîne de ce fait un appauvrissement très poussé des forêts après exploitation et la disparition de certaines essences de valeur. Cette forme d'aménagement qui correspond au principe du « **trentième** » est appliquée dans les forêts de production pendant la convention d'exploitation provisoire qui a une durée de trois ans, non renouvelable.

- L'aménagement par volume ou par contenu

Ce type d'aménagement qui ne peut s'appliquer qu'après les inventaires d'aménagement consiste à diviser la forêt en trente (30) assiettes de coupe de superficies différentes qui ont sensiblement le même volume de bois à exploiter chaque année. Il tient compte de la richesse de la forêt et de sa stratification et permet de fixer les diamètres d'exploitation aménagés qui sont supérieurs ou égaux aux diamètres administratifs. Par ricochet, il permet d'interdire l'exploitation de certaines essences sur la base des résultats d'inventaires.

L'aménagement par contenu ou par volume est utilisé lors de l'élaboration des plans d'aménagement pour diviser la forêt en blocs quinquennaux à exploiter encore appelés Unité Forestière d'Exploitation (UFE) pour laquelle un plan de gestion est aussi élaboré et approuvé par l'administration forestière. Toutes ces décisions visent à assurer la pérennisation de la ressource.

Le plan d'aménagement

C'est un document dont l'objectif principal est la fixation de l'activité d'exploitation forestière sur des massifs permanents par une programmation dans l'espace et dans le temps, des coupes et des travaux sylvicoles. Ceci ayant pour objectif une récolte équilibrée et soutenue de la ressource forestière ligneuse ou non. Ce document indique les obligations du concessionnaire vis-à-vis de l'administration forestière et répond à toutes les prescriptions indiquées en fonction de ce que l'**on veut**, ce que l'**on peut** et ce que

l'on doit faire. C'est en résumé un document dans lequel est consigné un ensemble d'actions et de mesures permettant de valoriser les ressources d'une forêt sans compromettre sa pérennité.

Éléments obligatoires d'un plan d'aménagement

- *Généralités* (caractéristiques biophysiques de la forêt et environnement socio-économique) ;
- *Affectations* (objectifs, droits d'usage, restrictions, interdictions, réglementations, résumé des superficies par affectation, carte des affectations à l'échelle 1/50 000e) ;
- *Calcul de possibilité* (table de contenance par strate et affectation, résumé des hypothèses, exploitation pendant la convention provisoire, table des essences, table de contenu initial, tableau de présentation de la simulation retenue – possibilité, table de contenance des blocs par strate d'affectation, résumé de la simulation retenue – découpage des blocs, tables de contenu des blocs quinquennaux, découpage des blocs quinquennaux sur la carte au 1/50 000e)
- *Régimes sylvicoles spéciaux* (régimes sylvicoles spéciaux, détail des strates SYL'', table des essences ''groupe spécial'')
- *Autres aménagements* (mesures de protection de l'environnement, autres aménagements et activités de recherche, protection de la forêt classée) ;
- *Plan de gestion* (plan de gestion quinquennal, plan d'opération de la première année avec rapport d'inventaire d'exploitation et carte à l'échelle 1/5 000e) ;
- *Carte forestière* à l'échelle 1/50 000e et disquette des données.

Dossier d'approbation d'un plan d'aménagement

En vue de son approbation, le propriétaire du plan d'aménagement qui est également le concessionnaire doit le soumettre auprès des services techniques du ministère des forêts. Les pièces du dossier sont les suivantes :

- Demande timbrée au tarif en vigueur adressée au MINFOF ;
- Attestation de conformité de plan de sondage ;
- Attestation de conformité des travaux d'inventaires ;
- Attestation de matérialisation des limites de la concession ;
- Cinq copies du plan d'aménagement ;
- CD des données d'inventaires d'aménagement.

Le plan de gestion quinquennal

Il se définit comme étant grosso modo la programmation technique et financière du plan d'aménagement en vue de son opérationnalisation. C'est en d'autres termes le document de planification des travaux dans un bloc quinquennal tels que prévus dans le plan d'aménagement. Il est élaboré conformément au canevas présenté dans le dossier des fiches techniques publié par le ministère chargé des Forêts. Il intègre les éléments relatifs au découpage des assiettes annuelles de coupe et la planification des travaux sylvicoles, des infrastructures et de protection de l'environnement. Sa validation nécessite le dépôt d'un dossier auprès du MINFOF constitué des pièces suivantes :

- Demande timbrée au tarif en vigueur adressée au MINFOF ;
- Carte de l'UFA au 1/50 000e ;
- Cinq copies du plan de gestion.

L'évaluation quinquennale

En dehors des procédures d'approbation du plan quinquennal de la période suivante qui se dépose 6 mois avant l'expiration de la période en cours, l'évaluation du plan de gestion quinquennale porte sur trois points essentiels qui sont :

- La correspondance des volumes abattus avec la possibilité forestière (Conformité de la table des contenus avec les compilations du SIGIF) ;
- La progression des coupes en fonction du parcellaire du bloc d'aménagement (afin de s'assurer que les différentes assiettes exploitées ont bien été saisies dans la base de données numérique du MINFOF, et que toutes les demandes de permis annuel subséquentes tiennent compte de la fermeture des assiettes antérieures ;
- L'avancement des autres travaux d'aménagement et des obligations du cahier des charges. Il s'agit notamment des œuvres sociales, de la protection de l'environnement, des investissements industriels, les études diverses, etc.

Essences du Top 50

Ce terme désigne les 50 essences les plus exploitées. Cette donne variable joue un rôle très important dans la fixation des paramètres d'aménagement.

Strate provisoire

Point de vue aménagement des massifs forestiers (forêts permanentes), la strate provisoire indique toutes les assiettes exploitées pendant la convention provisoire formant de ce fait une strate forestière appelée "strate provisoire" pour laquelle la table de peuplement est ajustée en fonction des essences exploitées.

La rotation

Elle représente le temps de passage entre deux coupes de même nature sur une même parcelle. C'est en d'autres termes l'espace de temps qui s'écoule entre deux passages successifs de l'exploitation dans le même endroit. Cette rotation est fixée à trente (30) ans. Au Cameroun, elle peut en cas de nécessité dûment éprouvée, être portée à plus de 30 ans tout en restant un multiple de 5 conformément au faciès de la forêt tel que révélé par les résultats d'inventaire d'aménagement.

Le DME

Le diamètre minimum d'exploitation est le diamètre en dessos duquel une essence ne doit être abattue. Pour les essences aménagées, on parlera de (DME/AME) dont le diamètre exploitable ne peut en aucun cas être inférieur au diamètre minimum d'exploitation fixé par l'administration en charge des forêts. La fixation du DME est fonction du diamètre atteint par l'espèce au moment de sa première fructification.

Essences principales

Elles sont déterminées par l'administration et correspondent aux 50 essences les plus exploitées en volume au cours des deux dernières années précédentes. Cette liste est directement intégrée dans le logiciel TIAMA.

Essences secondaires

Contrairement aux essences principales, les essences dites « secondaires » sont celles qui sont généralement peu ou pas exploitées ou recherchées, peu connues, peu abondantes pour se prêter à une commercialisation d'envergure ou qui souffrent de leurs propriétés technologiques peu avantageuses en fonction des exigences du marché.

Essences aménagées

Il s'agit d'un minimum de 20 essences dont le volume exploitable représente au moins 75 % du volume exploitable initial des essences principales.

Le RAIF

Le Rapport annuel d'intervention forestière permet à la délégation régionale, sur la base des résultats d'inventaire d'exploitation qui ont été transmis par le concessionnaire avant le début des travaux dans cette assiette de coupe et des volumes exploités déclarés sur DF10, de calculer le volume résiduel et d'établir le certificat de récolement (présenté dans le dossier des fiches techniques publié par le ministère chargé des Forêts). Si le concessionnaire sollicite le renouvellement de l'assiette, la délégation régionale transmet le certificat de récolement à la Direction des Forêts en même temps que la nouvelle demande de permis annuel d'opération. Dans le cas contraire, la fermeture de l'assiette à l'exploitation est enregistrée aux archives de la concession en y déposant une copie du certificat de récolement.

Classification des essences par groupe point de vue aménagement forestier

L'aménagement d'un massif forestier à des fins d'exploitation peut permettre de déterminer cinq (5) groupes d'essences. A partir de ces groupes d'essence, des tables de distribution des tiges par classe de diamètre sont présentées pour les dix principales strates forestières de la forêt à aménager.

Essences du groupe I : les essences de ce groupe sont constituées des essences sélectionnées selon les besoins du concessionnaire parmi les 50 essences principales.

Groupe II : il renferme toutes les autres essences principales ne figurant pas dans le groupe I.

Groupe III et IV : le choix des essences de ces groupes est laissé à la discrétion du concessionnaire pour ses besoins spécifiques concernant les essences qui n'appartiennent pas aux ''essences principales''.

Groupe V : Il désigne toutes les autres essences qui ont été recensées lors de l'inventaire.

Catégorisation des essences

La catégorisation des essences est régie par l'arrêté 0872/MINEF du 23 octobre 2001 modifiant la classification des essences forestières. Il définit en même temps les essences dont l'exportation est supposée interdite sous forme de grumes et dont la liste est présentée dans ledit document, les essences de promotion des catégories I et II, et précise également les essences dont l'exportation est soumise à l'obtention de quotas adjugés par le ministre des Forêts telles que l'Ayous et l'Azobé.

À côté de ce texte, il est intéressant de savoir que plusieurs classifications des essences ont cours depuis l'adoption de la loi forestière en vigueur. Ces classifications ou catégorisation des essences forestières tiennent généralement compte de la valeur marchande de l'essence, de sa rareté, de la promotion de celle-ci, de la cadence de son exploitation ou des mesures spéciales prises pour renforcer le tissu économique autour de cette espèce.

Selon le ''***Document des procédures d'élaboration, d'approbation, de suivi et de contrôle des plans d'aménagement des forêts du domaine forestier permanent de la République du Cameroun***''(MINEF 2 000 ; Direction des Forêts, février 2000), les essences sont regroupées en quatre catégories en fonction des Diamètres Minima d'Exploitabilité (DME).

- Le premier groupe dénommé catégorie exceptionnelle comporte 5 essences dont le DME est fixé à 100 cm.

- Le second groupe appelé première catégorie est constitué de 23 essences dont le DME est de 80 cm.
- Le troisième groupe ou deuxième catégorie comporte 37 essences dont le DME est fixé à 60 cm.
- Le quatrième groupe ou troisième catégorie est constitué d'une cinquantaine d'essences dont le DME est de 50 cm.

Selon la classification proposée dans les normes d'inventaires et d'étude d'arbres (ONADEF, 1991). Les essences sont regroupées en cinq groupes ainsi qu'il suit :

- Le premier groupe (constitué de 26 essences fortement recherchées sur le marché) ;
- Le second groupe (composé de 14 essences moyennement recherchées sur le marché) ;
- Le troisième groupe (formé de 49 essences peu recherchées sur le marché) ;
- Le quatrième groupe représenté par les 72 essences très peu commercialisées) ;
- Et le cinquième groupe (comporte les cinq essences introduites au Cameroun).

Selon la classification des essences proposées au « Top 50 » par le logiciel TIAMA, le premier groupe est constitué des 63 essences les plus exploitées au Cameroun au cours des exercices 1996-1997 à 1998-1999 desquelles on a déterminé le TOP 50 et qui ont été choisies pour l'aménagement forestier ; alors que le second groupe comporte les essences ne faisant pas partie de cet ensemble.

En fonction de leurs valeurs marchandes, les essences sont classées en trois catégories. La première est constituée des essences ayant une haute valeur marchande. La seconde est composée de celles ayant une valeur marchande moyenne, tandis que la troisième comporte les essences vendues à un prix très faible sur le marché ou les essences à promouvoir.

D'après le document intitulé ***''Monographie des UFA''*** (MINEF, février 1995) qui porte sur l'organisation des forêts de production du Cameroun, les essences forestières sont regroupées en trois catégories en fonction de leurs principales utilisations notamment :

- Le groupe 1 (essences de tranchage au nombre de 22) ;
- Le groupe 2 est constitué des essences de sciage (23) ;
- Le groupe 3 est composé des essences de déroulage (17).

Selon la classification à l'exportation utilisée de 1985 à 1994.
En vue de bannir l'exportation sous forme de grumes des essences fortement recherchées dans l'industrie du tranchage au Cameroun, la classification ci-dessous a été retenue :

- Le groupe 1 est constitué des essences interdites à l'exportation sous forme de grume à savoir (Aniegré/Aningré, Fromager, Ilomba, Longhi, Abam blanc, Abam fusil avec poils, Abam vrai, Abam evele, Abam à fruits jaunes, Abam à poils rouges, Abam à grandes feuilles, etc.) ;
- Le groupe 2 est constitué de toutes les autres essences qui étaient admises à l'exportation sous forme de grumes à hauteur de 40 %.

Selon le décret 99/781/PM du 13 octobre 1999 les essences forestières ont été réparties en trois groupes à savoir :

- Le groupe 1 est constitué des essences interdites à l'exportation sous forme de grumes : Acajou de Basam/Ngollon, Afromorsia/Assamela, Aniegré/Aningré, Bete/Mansonia, Bibolo/Dibét o, Bosse, Bubinga, Douka/Makoré; Doussié blanc/Pachyloba/Apa, Doussié rouge, Fromager/Ceiba, Ilomba, Iroko, Longhi/Abam, Moabi, Movingui, Ovengkol ; Padouk; Pao rosa ; Sapelli, Sipo; Wengé, Zingana/Alen ele et le Teck.
- Le groupe 2 est composé de celles dénommées essences de promotion de première catégorie qui sont admises à l'exportation sous forme de grumes moyennant le payement d'une surtaxe à l'exportation.
- Le groupe 3 comprend les essences admises à l'exportation sous forme de grumes

La remarque à faire est que certaines essences ont changé de groupes en 2001. Il s'agit du Teck qui est passé de la deuxième classe à la première et l'Eyong qui est passé de la troisième classe à la deuxième, mais l'exportation de l'Ayous et de l'Azobé a toujours été soumise à l'obtention de quotas adjugés par le ministre chargé des Forêts quoi que le flou persiste autour de cette mesure.

Le classement

Conformément aux dispositions de l'article 17 du décret n° 95/531 qui stipule que le classement d'une forêt domaniale ou d'une forêt communale est sanctionné par un décret du Premier Ministre, le classement des forêts est une opération qui consiste en l'affectation définitive d'une zone de forêt à une vocation précise. Autrement dit, c'est la procédure reconnue au gestionnaire des massifs forestiers (ministère en charge des Forêts et de la Faune dans notre cas) de changer le statut juridique de droit commun d'une superficie à vocation forestière pour la soumettre à un régime réglementaire plus précis et parfois plus restrictif. En dehors des zones réservées par le plan de zonage indicatif du Cameroun méridional, ce sont en général des terrains ''vacants et sans maître'' ou des terrains de statut coutumier que l'on désire intégrer au domaine privé de l'État ou des collectivités lorsque les développements prévus par la politique forestière le demandent, pour les transformer en forêts domaniales ou communales. À travers le classement, les limites définitives d'une forêt données sont établies. Cela veut clairement dire que le classement ne s'applique qu'aux forêts permanentes

La procédure de classement des forêts de production est régie par le décret n° 95/531/PM du 23 août 1995 fixant les modalités d'application du régime des forêts et complété par la décision n° 1354/D/MINEF/CAB du 26 novembre 1999 fixant les modalités de classement des forêts du domaine forestier permanent de la République du Cameroun. Ces textes prescrivent les différentes étapes à suivre, leur timing ainsi que la liste des participants au processus. Les premiers essais de classement ont été réalisés en 1998 avec l'appui de la coopération canadienne. Par contre, les premiers décrets de classement des massifs forestiers ont été signés en 2000. Par la suite, le processus a été suivi par les cadres camerounais dont certains pensent à tort ou à raison que les moyens financiers requis ne sont pas toujours mis à disposition en temps opportun.

Quelques normes et outils techniques utilisés et validés par le ministère en charge des Forêts

Désignation	**Date de publication**
Normes d'intervention en milieu forestier.	Janvier 1998
Normes d'inventaire d'aménagement et de pré-investissement.	Juin 1991
Norme d'inventaire d'exploitation.	Mai 1995
Normes de cartographie forestière aux échelles 1/50 000 et 1/200 000.	Juillet 1992
Normes de vérification des travaux d'inventaires de reconnaissance, d'aménagement et de pré-investissement.	Janvier 1991
Normes de vérification de l'inventaire d'exploitation.	Mars 1998
Logiciel de calcul de la possibilité forestière – TIAMA-	Juillet 1999
Stratification forestière du territoire pour une cartographie au 1/50 000e.	Juin 1991
Norme de stratification forestière du territoire pour une cartographie au 1/200 000e.	Juin 1992
Normes de cartographie forestière numérique aux échelles 1/50 000e et 1/200 000e.	1999
Normes de comptabilité forestière.	1998
Procédure de classement des forêts du domaine forestier permanent.	Juillet 1999
Rôle et fonctionnement du Comité Paysan – Forêt.	1998
Guide d'élaboration des plans d'aménagement des forêts de production du domaine forestier permanent.	Janvier 1998
Procédure d'approbation et de suivi des plans d'aménagement.	Mars 1999
Procédures de contrôle des opérations forestières.	Mars 1999
Procédures annuelles pour l'exploitation forestière.	Août 1997
Stratégie nationale de contrôle forestier et faunique au Cameroun.	Mars 2005
Le texte fixant les catégories d'opérations dont la réalisation est soumise à une étude d'impact environnemental.	Mars 2005
Manuel des procédures d'attribution et normes de gestion des forêts communautaires	2009
Guide de l'agent probe du MINFOF.	2012
Introduction au nouveau code de Procédure pénale, à	Juillet 2012

l'élaboration et à la défense des procès-verbaux de constat des infractions forestières en justice.	
Guide du contrôleur forestier.	Décembre 2012
Guide de l'Usager du MINFOF.	2013
Guide d'information des opérateurs du secteur forestier pour l'obtention du certificat de légalité.	Novembre 2014

NB : La liste ci-dessus présentée n'est pas complète. Plusieurs autres outils sont disponibles.

L'abandon du bois le long des routes, dans le parc à bois ou échoués en mer.

Les billes sans marque apparente locale échouées sur la côte atlantique ou abandonnées le long des routes peuvent être récupérées par toute personne physique ou morale selon des modalités définies par décret, moyennant paiement d'un prix de vente dont le montant est fixé par la loi de finances. (cf. Art. 110 Loi). Les billes abandonnées dans les parcs à bois en forêt et le long des routes font l'objet d'un constat dressé sur procès-verbal par le responsable local de l'Administration chargée des forêts. Une sommation est notifiée aux propriétaires desdits bois, en vue de leur enlèvement immédiat. Trente (30) jours après la notification de la sommation, les bois sont réputés appartenir de plein droit à l'État et vendus conformément aux dispositions du présent décret (cf. Art. 112 Loi). Toute personne désireuse de récupérer du bois échoué dans les conditions prévues à l'article 73 de la Loi, doit en faire une demande timbrée auprès du responsable local de l'Administration chargée des forêts. La récupération est faite après paiement par l'intéressé du prix de vente dont le montant est fixé par la Loi des Finances. (cf. Art. 113 Loi).

La grume (bille) et ses marques réglementaires

Selon l'article 127 des ***''Normes d'intervention en milieu forestier''***, « *Avant sa sortie de forêt, toute grume exploitée doit être revêtue des marques réglementaires …* ». Les modalités de marquage et martelage de toutes les billes avant leur sortie de forêt sont précisées dans les documents régissant l'activité. Ainsi donc, tout transport de bois d'œuvre, notamment des grumes et des colis non revêtus des marques réglementaires prescrites dans le cahier des charges, est interdit. Ajouté à cela, les transporteurs des produits forestiers doivent être munis par voyage, d'une lettre de voiture extraite d'un carnet à souche de modèle réglementaire, paraphé par le responsable départemental de l'administration forestière, et visé par le chef de poste local au moment d'apposer le marteau forestier sur les billes sur le site de chargement desdits produits forestiers. Cette lettre de voiture indique notamment les quantités et la spécification des produits transportés, ainsi que leur provenance. Les agents de l'administration chargée des Forêts peuvent, à tout moment, effectuer des contrôles pour s'assurer que les produits forestiers transportés sont conformes aux indications portées sur les documents présentés.

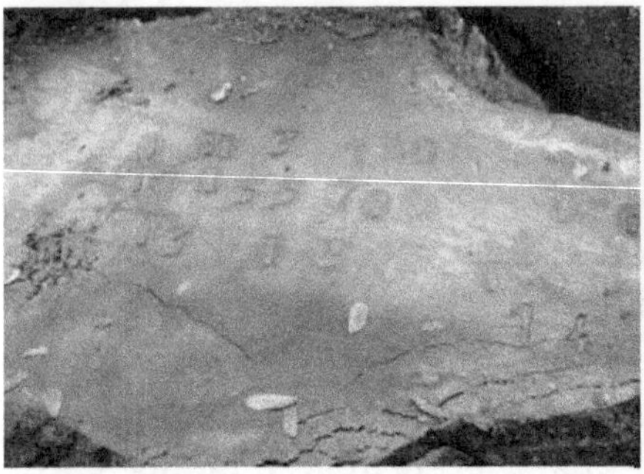

Photo : Marquage d'une souche au marquoir tel que prévu par les normes d'exploitation

Photo : Inscription à la peinture des marques réglementaires accompagnant une grume

De façon évidente, chaque face d'une grume (bille de bois) à transporter doit comporter :

- Le marteau de la société forestière (initiale) ;
- Le numéro du titre (concession, UFA, vente de coupe, forêt communale ou communautaire, etc.) ;
- Le numéro du DF10 affecté ainsi que la ligne (numéro du feuillet et de la ligne correspondante à l'enregistrement de la tige)
- La position des billes (…/1, 2 ou 3) ;
- La date d'abattage de la tige concernée ;
- La zone d'exploitation concernée.

Pour ce qui est des grumes, l'inscription de ces marques se fait premièrement au marquoir, puis à la peinture. Par contre, la souche et la culée doivent présenter en évidence :

- Le numéro du titre forestier ;
- Le numéro de DF10 affecté à la tige ainsi que la ligne correspondante sur le feuillet ;
- La date d'abattage de la tige.

Photo : Différentes marques à apposer sur la face d'une grume

Pour le cas des bois déjà transformés issus des scieries, les colis à transporter doivent avoir des inscriptions sur les faces permettant de se renseigner sur :

- Le marteau de la société (initiales) ;
- Le titre forestier de provenance des produits forestiers concernés ;
- La destination de ces produits ;
- Le nombre de pièces par colis ;
- La zone d'exploitation.

Photo : Colisage des bois transformés pour la commercialisation (exportation)

Les zones fiscales d'exploitation forestière

La connaissance de la provenance du bois exploité en vue de faciliter la traçabilité de celui-ci dans l'ensemble du territoire forestier camerounais a conduit les administrations en charge des Forêts et de la Finance publique, à la subdivision du territoire forestier en trois grandes zones fiscales d'exploitation. Le découpage du territoire forestier en zones fiscales d'exploitation permet également à la structure de taxation de considérer les contraintes de transport du bois des zones reculées vers le port de Douala. A côté des autres marques réglementaires à apposer sur les produits forestiers ligneux transportés, l'exploitant forestier qui transporte des grumes ou billes de bois doit au préalable inscrire la zone d'exploitation sur les deux bouts de la grume. Ainsi donc, les zones d'exploitation sont réparties ainsi qu'il suit :

La zone I (Z1)

Elle couvre les localités forestières situées le plus près possible du Port d'embarquement de Douala. Il s'agit généralement des sites d'exploitation forestière situés dans la région du Littoral et ses environs.

La zone II (Z2)

Cette zone englobe les exploitations localisées dans la région du Centre et environs

La zone III (Z3)

Elle concerne les sites d'exploitation forestière les plus éloignés du Port de Douala. En général, ce sont les exploitations forestières situées dans la région de l'Est Cameroun.

Valeurs FOB des grumes à l'exportation

Le tableau ci-dessous présente les valeurs FOB des prix du bois de l'année 2015 des principales essences exploitables au Cameroun. Il est présenté au lecteur afin de lui donner une idée exacte sur la taxation qui régit les grumes.

NB : Le calcul de la taxe d'abattage tient compte du zonage fiscal. Les valeurs FOB des grumes sont utilisées pour les calculs des diverses taxes à savoir, le droit de sortie, la taxe d'abattage, le prix de vente des billes de bois échouées, etc., et font l'objet d'un arrêté du ministre des finances pour leur publication.

Présentation des valeurs FOB affectées aux essences forestières exploitées au Cameroun

Essences exploitées	**Valeurs imposables**	**Valeurs FOB applicables pour le calcul des taxes forestières.**		
		Zone 1	**Zone 2**	**Zone 3**
ABALE/ABING/ESSIA	58 010	60 910	58 010	55 110
ABURA/BAHIA	72 515	76 140	72 515	68 890
ACAJOU DE BASSAM/NGOLLON	90 640	95 175	90 640	86 110
AFROMOSIA/ASSAMELA	164 315	172 535	164 315	156 100
AGBA/TOLA	81 580	85 660	81 580	77 505
AIELE/ABEL	58 920	61 870	58 920	55 975
AKO/ALOA	53 480	56 155	53 480	50 810
AMVOUT/EKONG	45 320	47 600	45 320	43 100
ANDOUNG	67 980	71 380	67 980	64 590
ANGUEUK	45 320	47 600	45 320	43 100
ANIEGRE/ANINGRE	177 655	186 540	177 655	168 800
ASSILA/KIORO/OMANG	45 320	47 600	45 320	43 100
AUTRES ESSENCES	45 320	47 600	45 320	43 100
AVODIRE	45 320	47 600	45 320	43 100
AYOUS/OBECHE/SAMBA	89 160	93 620	89 160	84 700
AZOBE/BONGOSSI	76 725	80 565	76 725	72 890
BETE/MANSONIA	80 670	84 705	80 670	76 650
BIBOLO/DIBETOU	81 670	85 755	81 670	77 590
BILINGA	79 100	83 055	79 100	75 145
BODIOA	45 320	47 600	45 320	43 100
BOSSE	101 790	106 880	101 790	96 705
BUBINGA	230 720	242 260	230 720	212 465
CORDIA/EBE	72 515	76 140	72 515	68 890
DABEMA/ATUI	56 500	59 325	56 500	53 675
DAMBALA	45 320	47 600	45 320	43 100
DIANA/CELTIS/ODOU	45 320	47 600	45 320	43 100
DOUKA/MAKORE	77 045	80 900	77 045	73 200
DOUSSIE BLANC/PACHYLOBA/APA	127 895	134 290	127 895	121 500
DOUSSIE/BIPENDENSIS	190 345	199 865	190 345	180 830
EBIARA/ABEM	75 330	79 100	75 330	71 570
EKABA	61 635	64 720	61 635	58 600
EKOP/EKOP BELI/EKOP NAGA	77 680	74 155	77 680	73 800
EKOUNE	45 320	47 600	45 320	43 100
EMIEN/EKOUK	61 635	64 720	61 635	58 600
ESSAK	45 320	47 600	45 320	43 100
ESSENG/LO	45 320	47 600	45 320	43 100
ESSESSANG	49 855	52 350	49 855	47 365
ESSON	46 230	48 545	46 280	43 920
ETIMOE	45 320	47 600	45 320	43 100
EVENE/EKOP EVENE	67 980	71 380	67 980	64 600

EVEUSS	45 320	47 600	45 320	43 100
EVOULA/VITEX	45 320	47 600	45 320	43 100
EYECK	45 320	47 600	45 320	43 100
EYONG	33 540	35 220	33 540	31 865
FARO	54 385	57 105	54 385	51 665
FRAMIRE	80 670	84 705	80 670	76 650
FROMAGER/CEIBA	60 730	63 770	60 730	57 695
GOMBE/EKOP GOMBE	67 980	71 380	67980	64 600
IATANDZA/EVOUVOUS	74 325	52 350	49 855	47 365
ILOMBA	49 855	52 350	49 855	47 365
IROKO	144 575	151 805	144 575	137 350
KANDA	49 855	52 350	49 855	47 365
KAPOKIER/BOMBAX/ESSODOUM	47 135	49 495	47 135	44 780
KONDROTI/OVANGA	61 640	64 725	61 640	58 560
KOSSIPO	94 160	98 870	94 160	89 500
KOTIBE	79 765	93 755	79 765	75 800
KOTO	85 205	89 465	85 205	80 945
KUMBI/EKOA	46 230	48 640	46 230	44 005
LANDA	45 320	47 590	45 320	43 100
LATI/EDJIL	81 580	85 660	81 580	77 505
LIMBA/FRAKE	30 730	32 270	30 730	29 195
LIMBALI	63 450	66 625	63 450	60 280
LONGHI/ABAM	208 475	218 900	208 475	198 055
LOTOFA/NKANANG	63 450	66 625	63 450	60 280
MAMBODE/AMOUK	73 420	77 095	73 420	69 750
MOABI	109 405	114 875	109 405	103 935
MOAMBE	45 320	47 600	45 320	43 100
MOVINGUI	98 700	103 635	98 700	93 765
MUKULUNGU	77 045	80 900	77 045	73 200
MUTONDO	45 320	47 590	45 320	43 100
NAGA/EKOP NAGA	67 980	71 380	67 980	64 600
NIOVE	72 505	76 130	72 505	68 900
OBOTO/ABOTZOK	46 230	48 640	46 230	44 005
OKAN/ADOUM	67 085	70 440	67 085	63 730
OKOUME	49 855	52 350	49 855	47 365
OLON/BONGO	55 200	57 960	55 200	52 440
ONZABILI/ANGONGUI	56 200	59 010	56 200	53 390
OZIGO	46 230	48 640	46 230	44 005
OSANGA/SIKON	45 320	47 600	45 320	43 100
OUOCHI/ALBIZIA/ANGOYEME	45 320	47 600	45 320	43 100
OVENGKOL	74 325	78 045	74 325	70 610
OVOGA/ANGALE	45 320	47 600	45 320	43 100
PADOUK	96 230	101 040	96 230	91 420
PAO ROSA	107 865	113 260	107 865	113 260
SAPELLI	134 430	141 155	134 430	127 710
SIPO	141 765	148 855	141 765	134 680
TALI	65 520	68 800	65 520	62 240
TCHITOLA	45 320	47 600	45 320	43 100
TECK	120 555	126 585	120 555	114 530
TIAMA	86 110	90 415	86 110	81 805
TSANYA/AKELA	45 320	47 600	45 320	43 100

WAMBA	45 320	7 600	45 320	43 100
WENGUE	107 865	113 360	107 865	113 260
ZINGANA/AMUK	85 205	89 465	85 205	80 945

Source *: Arrêté n°15/00000351/CF/A/MINFI/DGD du 04 août 2015 portant constatation des valeurs FOB des grumes à l'exportation pour le second semestre 2015.*

Le marché intérieur du bois (mib)

L'accentuation de l'écrémage des parcelles de forêts mises en exploitation, les difficultés d'écoulement des produits bois connus et la faible promotion/exploitation des essences qui ne sont pas jusqu'ici connues, le manque d'informations sur l'offre et la demande en produits bois, la non-structuration des circuits de commercialisation du bois légal au niveau national, le non suivi du système de fixation des prix des produits transformés sur le marché local, les pertes enregistrées lors de l'exploitation et de la transformation du bois, etc., sont autant de raisons qui ont motivé la signature de l'arrêté conjoint MINFOF - MINCOMMERCE N° 0878 / MINFOF/MINCOMMERCE du 26 avril 2010 portant organisation et fonctionnement du Marché Intérieur du Bois « MIB » au Cameroun. Cet acte administratif fort envisage une forêt camerounaise mieux valorisée tant pour le nombre d'essences prélevées que pour la production et la productivité des massifs.

Étant, d'une part, un système de collecte et de diffusion d'informations sur l'offre et la demande des produits bois, et d'autre part, un ensemble de sites physiques dans lesquels s'opèrent des transactions commerciales des produits bois et leurs dérivés entre acteurs de la filière, le Marché Intérieur du Bois (MIB) se définit comme étant une plate-forme qui a été mise sur pied pour régir toutes les transactions commerciales du bois entre les producteurs, les consommateurs et les autres intervenants sur l'ensemble du territoire national dans le respect des textes en vigueur au Cameroun. Tout en mettant à la disposition des consommateurs des produits bois une matière ligneuse d'origine légale qui devra approvisionner le marché local, sous régional et même international, cette plate-forme dont l'opérationnalisation tarde à prendre corps vise à :

- Encadrer, suivre et promouvoir la commercialisation du bois. En même temps,
- Valoriser les essences, en particulier les essences dites de promotion ;

- Favoriser la saine concurrence sur le marché local ;
- Informer les opérateurs du secteur bois sur l'offre et la demande du bois.

Le Marché Intérieur du Bois (MIB) regroupe les détenteurs de la ressource, les acheteurs et ses organes propres. Il comporte deux parties : la partie virtuelle et la partie physique. Le marché virtuel est un système (plate-forme logicielle) de collecte et de diffusion d'informations relatives à l'offre et à la demande du bois pouvant éventuellement déboucher sur une transaction commerciale se déroulant conformément à la réglementation en vigueur. Le marché physique quant à lui est défini comme un espace géographique du territoire national sur lequel s'opèrent des transactions commerciales des produits bois entre acteurs de la filière, dans le respect des textes en vigueur. Il est aussi appelé site physique et s'étend à tous les lieux de stockage des produits commercialisés, aux espaces aménagés par les collectivités territoriales décentralisées ou selon le cas dans tout autre espace autorisé par l'administration en charge des forêts. Les produits vendus dans le MIB peuvent provenir des : concessions forestières ou UFA (Unité Forestière d'Aménagement), ventes de coupes, forêts communales et communautaires, Unités de transformation enregistrées, entrepôts de bois en zone urbaine, parcs de rupture…). Ils peuvent également provenir des sites de production du charbon de bois, des copeaux et des sciures.

Dans le contexte du MIB, on entend par ''bois'', les bois ronds, notamment les arbres sur pied, les grumes, les coursons, les perches, les poteaux ou toute partie susceptible d'intéresser le MIB. Ce sont les produits de sciage et placage (déroulage et tranchage), le bois énergie ainsi que les produits dérivés comme le charbon, les sciures et copeaux de bois, etc. Les bois commercialisés provenant exclusivement d'un processus légal de production, de transformation et d'acquisition. Les détenteurs de la ressource sont les vendeurs. Ils exposent (physiquement et/ou virtuellement) leurs produits sur le MIB en donnant les informations sur l'offre. Ces informations sont mises à jour au moment des ventes ou quand les produits, pour une raison quelconque ne sont plus disponibles. L'achat des produits du MIB est ouvert à toutes les catégories de personnes aussi bien les grandes firmes, les particuliers, les intermédiaires et les transformateurs. Les organes du MIB sont :

- Le Comité de Suivi (CS) : Il définit les modalités de collecte et de diffusion de l'information.
- Le Secrétariat Technique (ST) : Il est chargé d'informer les parties prenantes sur le comportement des essences et des bois sur le marché et s'assure de la légalité des produits déclarés au MIB. C'est également l'organe qui collecte, traite et diffuse les données sur l'offre et la demande nationale des produits bois.
- Les antennes locales qui animent les activités de gestion des informations et de transactions relatives au MIB.

VI

LA PRAXIS
(COMMENT ÇA MARCHE ?

VI-La praxis

(comment ça marche ?)

Comme son titre l'annonce, et partant du fait que la pratique et la théorie ne se superposent pas toujours dans le domaine technique, ce chapitre est une sorte de récapitulation de ce qui s'est dit plus haut. Loin de parler de façon magistrale de l'exploitation forestière au lecteur comme c'est le cas depuis le début de cette brochure, l'auteur se propose de présenter un tableau de bord de l'activité forestière comme elle se pratique réellement sur le terrain, c'est-à-dire, ''comment ça marche'' dans ce secteur d'activités.

Ce chapitre parlera, entre autres aspects, des étapes d'attribution des ''titres'' dits forestiers, leur exploitation étape par étape, la commercialisation des produits et la fiscalité y relative, l'organisation de la vente aux enchères publiques des produits forestiers, les pièces à fournir pour récupérer ou enlever les bois légaux, abandonnés, ou saisis, etc.

Attribution des titres et des permis, exploitation, commercialisation des produits forestiers.

Après proposition par les Services déconcentrés des zones à exploiter transmises à la Direction des Forêts, l'attribution des titres forestiers légaux (concession forestière, vente de coupe, permis d'exploitation de bois d'œuvre, etc.) se fait par ''Avis d'appel d'offres'' public pour inviter les opérateurs économiques du secteur forestier agréés à soumissionner. Ce document qui fixe toutes les conditions ainsi que la composition du dossier est précédé par un ''Avis au public'' pour informer de l'intention du ministère en charge des Forêts d'ouvrir en exploitation des zones forestières. Ce document précise entre autres informations, les conditions générales à remplir, la localisation, la limite ainsi que la superficie du massif.

Large diffusion de cet avis au public est faite par affichage, radio, presse. Un délai de quarante et cinq (45) jours est observé pendant lequel les populations riveraines peuvent se prononcer dans le cadre de la jouissance de leurs droits (droit de préemption). Ce temps permet également aux opérateurs économiques de procéder aux sondages des zones proposées afin de se prononcer en connaissance de cause lors des soumissions.

En ce qui concerne les forêts communales, communautaires et de particuliers, leur attribution se fait au terme du processus de demande de ces types de forêts tel que décrit plus haut. Ce processus est généralement initié par la mairie. Il est bien de savoir que la demande peu également être faite par les populations des zones concernées ou par un individu à titre personnel. Les permis spéciaux (bois de chauffe, perches, etc.) quant à eux sont attribués de gré à gré par une commission après une demande formulée par le requérant.

Selon l'article 116 du décret 95/531/PM, ''*Toute personne désireuse d'exporter du bois en grumes conformément à la législation en vigueur doit être au préalable enregistrée auprès du Ministère en charge des forêts en qualité d'exportateur. Les personnes physiques ou morales de nationalité étrangère ne peuvent se livrer à l'exploitation des bois en grumes, que si elles justifient :*

1. d'un titre d'exploitation forestière en cours de validité ;
2. d'une industrie de transformation locale.''

La Concession Forestière et son ou ses Unité(s) Forestière(s) d'Aménagement (UFA) : Attribution, obtention et exploitation

Les principales étapes d'attribution se présentent de la manière ci-après :

Étape I :
Emission par le ministère en charge des Forêts (Direction des Forêts) de l'« Avis au public » pour informer de l'intention du MINFOF d'ouvrir en exploitation des zones forestières (concession) par appel d'offres public qui précise la localisation, la limite, la superficie. Large diffusion par affichage, radio, presse, affichage pendant quarante et cinq (45) jours.

Étape II :

Publication par le ministère des forêts de l' ''Avis d'appel d'offres'' pour inviter les opérateurs économiques du secteur forestier, agréés, à soumissionner. Ce document fixe toutes les conditions ainsi que la composition du dossier.

Étape III :

Sondage de la forêt par les opérateurs intéressés via les bureaux d'étude agréés volet inventaires forestiers, afin de se rendre compte par eux-mêmes du potentiel réel de la forêt, puis acquisition par ces derniers du dossier d'appel d'offres (DAO), constitution du dossier de soumission de l'offre défini dans le DAO par les opérateurs agréés intéressés.

Étape IV :

Dépôt du dossier de soumission par le soumissionnaire au service du courrier du ministère en charge des Forêts dans les délais impartis en 10 exemplaires dont 1 original et 09 copies certifiées conformes, accompagné de la constitution d'un cautionnement.

Étape V :

Tenue de la réunion de la commission interministérielle d'attribution des titres ;

- Sélection de l'adjudicataire le mieux disant sur la base des critères minima définis à l'avance et classement des candidats par ordre décroissant.
- Publication des résultats de l'appel d'offres, et notification des résultats à l'enchérisseur le mieux disant.
- Acquittement des taxes inhérentes à l'exploitation du titre nouvellement concédé (redevance forestière notamment).

Étape VI :

Signature de la convention provisoire (3 ans) et du cahier des charges (clauses particulières et techniques) avec le ministère en charge des Forêts.

Étape VII :

Établissement de nouvelles attestations de mesure de superficie à l'Institut National de la Cartographie (INC), et découpage du massif encore appelé Unité forestière d'aménagement (UFA) en 30 assiettes annuelles de coupe par l'adjudicataire. Réunion d'information des populations riveraines et de concertation avec celles-ci en vue de définir les œuvres sociales à réaliser au profit de ces populations. Cette réunion sanctionnée par l'établissement d'un procès-verbal est présidée par l'autorité administrative locale, Délimitation et inventaire de la première assiette annuelle de coupe, demande du certificat annuel d'assiette de coupe (convention provisoire) et des documents sécurisés (DF10, lettres de voiture, etc.).

Étape VIII :

Notification de démarrage des activités d'exploitation forestière par le représentant régional du ministère des forêts, paraphe des documents sécurisés par le responsable départemental des forêts compétent et exploitation forestière proprement dite selon les normes et textes qui régissent l'activité au Cameroun.

L'exploitation d'une concession forestière se fait sur 15 ans renouvelables après avoir satisfait aux conditions de la convention provisoire signée par le ministre qui s'exerce sur 3 ans non renouvelables et dont le dossier à fournir est le suivant :

- Demande timbrée au tarif en vigueur adressée au MINFOF ;
- Certificat de domicile, s'il s'agit d'une personne physique, ou une expédition authentique des statuts de la société et les pouvoirs du signataire de la demande, s'il s'agit d'une personne morale ;
- Cinq exemplaires de la carte forestière au 1/200 000e, indiquant les limites, la situation et la superficie de la portion de forêt sollicitée ; Cette carte doit être certifiée, soit par les services du cadastre de l'État, soit par un géomètre expert agréé ;
- Copie certifiée conforme de l'acte d'agrément ;
- Certificat d'imposition ;
- Extrait de dépôt au greffe de la Cour d'Appel territorialement compétente de l'empreinte du marteau forestier du postulant, extrait devant porter le fac-similé de l'empreinte ;
- Extrait de casier judiciaire du postulant, s'il s'agit d'une personne physique, ou du Directeur des affaires financières, s'il s'agit d'une personne morale, datant de moins de trois (3) mois, ainsi que le curriculum vitae dudit directeur ;
- Plan d'investissement décrivant le programme d'exploitation, le matériel disponible ou à mettre en œuvre, la consistance des établissements industriels installés ou envisagés, les productions prévues par année budgétaire, et par catégorie de produits, la

composition de la main-d'œuvre et le programme de formation de celle-ci ;

- Garanties de financement ;
- Propositions en matière de protection de l'Environnement ;
- Déclaration sur l'honneur rédigée sur papier timbré et spécifiant que le postulant :
- Coopérera avec l'administration chargée des Forêts lors du contrôle de ses chantiers d'exploitation et de ses usines, et notamment qu'il accepte de signer tous les carnets de contrôle et qu'il laisse libre accès aux agents commis à cet effet ;
- A pris connaissance de la législation et/ou réglementation forestière en vigueur et qu'il s'engage à les respecter ;
- Se conformera strictement au plan d'investissement, et programme de recrutement et de formation de la main-d'œuvre, ainsi qu'aux clauses de ce cahier de charge ;
- Éventuellement, un contrat de partenariat industriel signé avec un opérateur économique de son choix pour les personnes de nationalité camerounaise ;
- Contrat de partenariat industriel et/ou financier avec un exploitant de nationalité camerounaise, titulaire d'une concession forestière, pris individuellement ou regroupé en société où les personnes de nationalité camerounaise détiennent la totalité du capital social ou des droits de vote ;
- Cas échéant, le(s) certificat(s) de recollement et l'attestation de paiement des taxes forestières pour tout titre d'exploitation forestière précédemment acquis ;
- Pièce justifiant l'ouverture d'un compte d'affaires dans un établissement bancaire local agréé ;
- Quittance de paiement des frais de dossier.

Après acquisition d'une concession, signature de convention provisoire, paiement des taxes y relatives et notification de démarrage des activités :

<u>Année 1</u> :

- Découpage de l'UFA en 30 assiettes annuelles de coupe (AAC). Si les AAC subdivisées ont plus de 2 500 ha, les trois premières assiettes seront exploitées telles quel pendant les trois années de la convention provisoire. Pour les UFA de superficie supérieure ou égale à 75 000 ha, les premières assiettes (contiguës) seront exploitées l'une après l'autre pendant les trois années de convention provisoire. Par contre, pour les UFA de moins de 75 000 ha, le bénéficiaire de la concession devra circonscrire 3 assiettes de 2 500 ha qui seront exploitées en convention provisoire.

- Délimitation et matérialisation de la première assiette de coupe, inventaire de celle-ci, délivrance des attestations y relatives.
- Demande du Certificat annuel d'assiette de coupe au vu des résultats d'inventaire d'exploitation, et commande des documents sécurisés au SIGIF (DF10, LV, etc.).
- Exploitation de la première assiette annuelle de coupe en veillant au remplissage conforme des documents de chantier et à la présentation des rapports exigés pour l'activité d'exploitation forestière après obtention du certificat annuel d'exploitation.
- Vente des produits forestiers au niveau national ou international.

Année 2 et 3

-Exploitation des assiettes annuelles n° 2 et n° 3 en suivant la procédure suivie pour la première assiette annuelle de coupe en veillant au remplissage conforme des documents de chantier et présentation des rapports exigés pour l'activité d'exploitation forestière ;

- Réalisation d'un inventaire d'aménagement par un bureau d'étude ou cabinet agréé en inventaire forestier ;
- Délimitation et matérialisation des limites de l'UFA/concession ;
- Élaboration du plan d'aménagement et du plan quinquennal suivant les résultats d'inventaire d'aménagement obtenus, puis soumission de ces documents à la validation effectuée par un comité constitué par les soins de la Direction des Forêts ;
- Initiation de la procédure de classement de la concession forestière.

Année 4 à 30 (convention définitive)

Pour exercer en convention définitive, les pièces du dossier à fournir sont les suivantes :

- Demande timbrée au tarif en vigueur, adressée au MINFOF ;
- Attestation de conformité aux clauses de la convention provisoire d'exploitation ;
- Plan d'aménagement approuvé ;
- Plan d'opération de la première année de plan de gestion ;
- Installation de l'unité de transformation ;

- Certificat de conformité environnementale ;
- Prise en compte des décisions d'aménagement retenues dans le plan d'aménagement après signature de la convention définitive ;
- Inventaire d'exploitation de l'assiette annuelle à exploiter ;
- Suivi des procédures annuelles, demande de permis annuel de coupe (PAO) et des autres documents sécurisés ;
- Exploitation de l'assiette annuelle de coupe en veillant au remplissage conforme des documents de chantier et présentation des rapports exigés pour l'activité d'exploitation forestière.
- Vente des produits forestiers au niveau national ou international.

Le **Certificat annuel d'exploitation** qui confère le droit d'exploiter une assiette annuelle de coupe d'une concession forestière ou UFA en convention provisoire s'obtient en déposant un dossier dont les pièces à fournir sont les suivantes :

- Demande timbrée au tarif en vigueur, adressée au MINFOF ;
- Demande DF 08 ;
- Cartes d'inventaires (1/5 000e) et de routes ;
- Rapports d'inventaire d'exploitation ;
- Certificat de matérialisation des limites ;
- Justification de paiement des taxes et redevances ;
- Attestation de mesure de superficie de l'AAC à exploiter ;
- Certificat de conformité des résultats d'inventaire d'exploitation ou Attestation de conformité des travaux d'inventaire ;
- Copie convention provisoire d'exploitation et du cahier de charges ;
- Carte routière ;
- Plan annuel d'opération ;
- Rapport annuel d'activités de l'exercice précédent ;
- Copie du Certificat Annuel d'Exploitation de l'exercice précédent.

Par contre, le **Permis annuel d'opération** (PAO) qui confère le droit d'exploiter les assiettes de coupe dans une UFA en convention définitive s'obtient en déposant un dossier constitué des pièces suivantes :

- Demande timbrée au tarif en vigueur, adressée au MINFOF ;
- Demande DF 08 ;
- Cartes d'inventaires (1/5000e) et de routes ;
- Rapports d'inventaire d'exploitation ;

- Certificat de matérialisation des limites ;
- Justification de paiement des taxes et redevances ;
- Attestation de mesure de superficie de l'AAC à exploiter ;
- Certificat de conformité des résultats d'inventaire d'exploitation ou Attestation de conformité des travaux d'inventaire ;
- Copie convention provisoire d'exploitation et un cahier de charges ;
- Carte routière ;
- Plan annuel d'opération ;
- Rapport annuel d'activités de l'exercice précédent ;
- Copie du Permis Annuel d'Opération de l'exercice précédent.

Pour ce qui est du renouvellement du PAO, le requérant doit constituer un dossier ayant toutes les pièces ci-dessus énumérées, mais également un certificat de recollement délivré par le Délégué Régional des Forêts compétent ainsi que la copie du Permis Annuel d'Opération de l'exercice écoulé.

La vente de coupe. Attribution, obtention et exploitation

Avant de décrire le processus d'attribution et d'exploitation d'une vente de coupe, il est important de rappeler que le dossier à fournir en dix (10) exemplaires, dont un original et neuf (9) copies certifiées conformes, par les soumissionnaires est clairement défini dans le dossier d'appel d'offres. Il se compose généralement des pièces suivantes :

- Offre technique et administrative et une offre financière ;
- Demande timbrée au tarif en vigueur, adressée au MINFOF ;
- Cinq (5) exemplaires de la carte forestière au 1/200 000e de la zone sollicitée, indiquant la situation, les limites et la superficie de la portion de forêt demandée. Cette carte doit être certifiée, soit par les services du cadastre de l'État, soit par un géomètre expert agréé ;
- Copie certifiée conforme de l'acte d'agrément ;
- Certificat d'imposition ;
- Extrait de casier judiciaire du postulant, s'il s'agit d'une personne physique ou du directeur, s'il s'agit d'une personne morale, et datant de moins de trois (3) mois ;
- Une déclaration sur l'honneur tel que prévu à l'article 65 (1) du décret n° 95/531/PM du 23 août 1995 fixant les modalités d'application du régime des forêts ;

- Garanties de financement ;
- Éventuellement, la liste des équipements et matériels disponibles pour l'exportation et/ou la transformation ;
- Propositions en matière de protection de l'environnement ;
- Le cas échéant, le(s) certificat(s) de recollement et l'attestation de paiement de taxes forestières pour tout titre d'exploitation forestière précédemment acquis ;
- Quittance de paiement des frais de dossier dont le montant est fixé conformément à la législation sur le régime financier de l'État.

Attribution, obtention et exploitation

Les principales étapes d'attribution, d'obtention et d'exploitation d'une vente de coupe sont les suivantes :

Étape I :

Proposition des zones forestières du domaine national à mettre en exploitation forestière par la Direction des Forêts (DF), puis émission par le ministère en charge des Forêts (DF) d'un ''Avis au public'' pour informer de l'intention du Ministère en charge des forêts d'ouvrir en exploitation des zones forestières (vente de coupe) par appel d'offres public qui précise la localisation, la limite, la superficie. Large diffusion par affichage, radio, presse, affichage pendant quarante et cinq (45) jours. Ce délai est également observé pour permettre aux populations riveraines de se prononcer dans le cadre de la jouissance de leur droit de préemption.

Étape II :

Publication par le ministère en charge des forêts (Direction des Forêts) d'un ''Avis d'appel d'offres'' pour inviter les opérateurs économiques du secteur forestier agréés à soumissionner. Ce document fixe toutes les conditions ainsi que la composition du dossier.

Étape III :

- Sondage de la forêt par les opérateurs intéressés via les bureaux d'étude agréés volet inventaires forestiers, afin de se rendre compte par eux-mêmes du potentiel réel de la forêt pendant le délai du droit de préemption ;
- Acquisition du dossier d'appel d'offres (DAO), puis constitution du dossier de soumission de l'offre défini dans le DAO ;

- Constitution du cautionnement et dépôt (avant expiration des délais impartis) du dossier de soumission de l'offre au courrier du ministère en charge des Forêts en dix (10) exemplaires dont un (1) original et neuf (09) copies certifiées conformes, accompagné de la constitution d'un cautionnement.

Étape IV :

- Tenue de la réunion de la commission interministérielle d'attribution des ventes de coupe ;
- Sélection de l'adjudicataire le mieux disant sur la base des critères minima définis à l'avance et classement des candidats par ordre décroissant.
- Publication des résultats de l'appel d'offres, et notification des résultats à l'enchérisseur le mieux disant financièrement et techniquement.
- Acquittement des taxes inhérentes à l'exploitation du titre nouvellement acquis (redevance forestière, etc.) par l'adjudicataire ;
- Signature du cahier des charges (clauses particulières et techniques) avec le Ministère en charge des Forêts.

Étape V :

- Établissement des attestations de mesure de superficie à l'Institut National de la Cartographie (INC), en général par l'adjudicataire ;
- Réunion d'information des populations riveraines et de concertation avec celles-ci en vue de définir les œuvres sociales à réaliser au profit de ces populations. Cette réunion sanctionnée par l'établissement d'un procès-verbal est présidée par l'autorité administrative locale. Il va s'agir du Sous-préfet si le titre se trouve entièrement dans le même arrondissement. Si celui-ci s'étale sur plusieurs arrondissements, cette réunion sera présidée par le Préfet, et par le Gouverneur si le titre chevauche plusieurs départements et ainsi de suite.
- Délimitation et inventaire à 100 % (selon les normes en vigueur) de la zone circonscrite pour la vente de coupe en utilisant au maximum la main-d'œuvre locale ;
- Demande (par l'opérateur économique) du Certificat de vente de coupe, des documents sécurisés (DF10, Lettres de voiture etc.), de la notification de démarrage des activités et de l'ouverture de la route d'accès au titre.

<u>Étape VI</u> :

- Notification de démarrage des activités d'exploitation forestière par le représentant régional du ministère des forêts ;
- Paraphe des documents sécurisés par le responsable départemental des forêts compétent ;
- Exploitation forestière proprement dite selon les normes et textes qui régissent l'activité au Cameroun en veillant au remplissage conforme des documents de chantier et présentation des rapports exigés pour l'activité d'exploitation forestière, puis vente desdits produits dans le marché national ou international.

Le Permis d'exploitation de bois d'œuvre. Attribution, obtention et exploitation

En rappel, le dossier produit en (10) exemplaires dont un original et neuf (9) copies certifiées conformes est constitué des pièces suivantes :

- Demande timbrée au tarif en vigueur, adressée au MINFOF ;
- Certificat de domicile ;
- Certificat d'imposition ;
- Copie certifiée conforme de l'acte d'agrément ;
- Extrait de casier judiciaire du postulant, s'il s'agit d'une personne physique ou du responsable légal, s'il s'agit d'une personne morale, datant de moins de trois (3) mois ;
- Preuve des moyens financiers engagés ou disponibles ;
- Fiche technique établie par le responsable local de l'administration des forêts ;
- Demande d'enregistrement en qualité de transformateur artisanal ;
- Cas échéant, le(s) certificat(s) de récolement et l'attestation de paiement des taxes forestières sur tout titre antérieurement détenu ;
- Quittance justifiant le paiement des frais de dossiers ;
- Attestation de paiement des cotisations dues à la Caisse Nationale de Prévoyance Sociale ;
- Justificatif du paiement des taxes et droits correspondants.

Attribution, obtention et exploitation d'un permis d'exploitation de bois d'œuvre (PEBO)

Le processus d'attribution, d'obtention du PEBO et de son exploitation est le suivant :

- Proposition par la délégation régionale des forêts de la localité d'exploitation des zones à exploiter qui sont transmises à la Direction des Forêts pour affichage ;
- Émission par le ministère en charge des forêts d'un ''Avis au public'' pour informer de l'intention du MINFOF d'ouvrir en exploitation des zones forestières (permis d'exploitation du bois d'œuvre en abrégé **PEBO**) par appel d'offres public qui précise la localisation, la limite, la superficie, le volume. Large diffusion par affichage, radio, presse, affichage pendant 45 jours ;
- Publication par le ministère des forêts d'un ''Avis d'appel d'offres'' pour inviter les opérateurs économiques camerounais du secteur forestier agréés à soumissionner. Ce document fixe toutes les conditions ainsi que la composition du dossier ;
- Sondage de la poche de forêt par les opérateurs intéressés via les bureaux d'étude agréés volet inventaires forestiers, afin de se rendre compte par eux-mêmes du potentiel réel de la forêt ;
- Acquisition du dossier d'appel d'offres (DAO), puis constitution du dossier de soumission de l'offre défini dans le DAO ;
- Dépôt du dossier de soumission au courrier du ministère en charge des Forêts dans les délais impartis en 10 exemplaires dont 1 original et 09 copies certifiées conformes accompagné de la constitution d'un cautionnement ;
- Tenue de la réunion de la commission interministérielle d'attribution des **PEBO** ;
- Sélection de l'adjudicataire le mieux disant sur la base des critères minima définis à l'avance et classement des candidats par ordre décroissant.
- Publication des résultats de l'appel d'offres, et notification des résultats à l'enchérisseur le mieux disant.
- Acquittement des taxes (redevance forestière, etc.) ;
- Signature du cahier des charges (clauses particulières et techniques) avec le ministère en charge des Forêts ;
- Réunion d'information des populations riveraines et de concertation avec celles-ci en vue de définir les œuvres sociales à

réaliser au profit de ces populations. Cette réunion sanctionnée par l'établissement d'un procès-verbal est présidée par l'autorité administrative locale ;

- Établissement des attestations de mesure de superficie à l'Institut National de la Cartographie (INC) ;
- Délimitation et inventaire à 100 % de la zone circonscrite pour le PEBO ;
- Demande du Permis annuel d'opération (PAO) et documents sécurisés (DF10, Lettres de voiture etc.) ;
- Notification de démarrage des activités d'exploitation forestière par le représentant régional du ministère des forêts ;
- Paraphe des documents sécurisés par le responsable départemental des forêts compétent ;
- Exploitation forestière proprement dite selon les normes et textes qui régissent l'activité au Cameroun en veillant au remplissage conforme des documents de chantier et présentation des rapports exigés pour l'activité d'exploitation forestière ;
- Vente des produits sur le marché local.

Permis spécial obtenu de gré à gré

Il s'agit ici du permis à obtenir pour les produits spéciaux autres que ceux listés par l'administration et présentés plus haut. Le dossier comprend :

- Demande timbrée ;
- Copie agrément à la profession forestière certifiée par la Direction des Forêts ;
- Justificatifs de paiement de la taxe de régénération (10 F CFA/kg de produit) ;
- Justificatifs de paiement des frais de dossier (150 000 F CFA) ;
- Fiche technique comportant les spécifications, leur quantité et les lieux de récolte ;
- Titre de patente ;
- Carte de contribuable ;
- Certificat d'imposition ;
- Attestation de non-redevance ;
- Attestation de cotisation CNPS.

Attribution, obtention et exploitation

Il est question ici du Permis spécial à obtenir pour l'exploitation des produits spéciaux autres que ceux listés ci-dessus (bois de chauffe, perches, miel, écorces diverses, graines, amendes, biter cola, etc.). Pour son obtention, il faut :

- Être détenteur d'un agrément volet exploitation forestière ;
- Désirer exploiter les produits spéciaux ;
- Constituer le dossier y relatif en dix (10) exemplaires dont un (01) original et neuf (09) copies certifiées conformes (voir ci-dessous) à déposer auprès du représentant régional du MINFOF de la localité de collecte des produits contre récépissé. Le dossier est accompagné d'une demande d'attribution de permis au MINFOF en précisant la nature desdits produits ainsi que leurs quantités ;
- Payer les droits et taxes correspondants (frais de dossier, taxe de régénération, etc.) ;
- Convocation par le ministère en charge des forêts de la commission interministérielle d'attribution des permis spéciaux ;
- Notification des résolutions de la commission au demandeur. Si accord, signature du cahier des charges avec le Ministère en charge des Forêts, demande et délivrance des documents sécurisés pour le transport desdits produits forestiers ;
- Délivrance du certificat d'origine par le responsable local du MINFOF, paraphe des documents sécurisés par le responsable départemental des forêts, puis signature des lettres de voiture au départ chantier ;
- Vente libre desdits produits.

PIÈCES À FOURNIR POUR LE DOSSIER DE DÉLIVRANCE DE PERMIS SPÉCIAL DE GRÉ À GRÉ

Exploitation du charbon de bois vert

Il est important de remarquer que le charbon du bois vert est un produit secondaire listé parmi les produits spéciaux (cf. décision n° 2032/D/MINFOF du 22 août 2012). A cet effet, le dossier à fournir pour son exploitation est identique à celui des autres produits figurant sur la même liste. Le dossier est produit en 10 exemplaires dont un original et neuf copies conformes comprenant :

- Une demande timbrée indiquant nom, prénom, domicile du demandeur, s'il s'agit d'une personne physique ;
- La raison sociale, les statuts, le siège social, le capital social et sa répartition ainsi que le nom du directeur, s'il s'agit d'une personne morale ;
- Une copie certifiée conforme de l'**acte d'agrément en exploitation forestière** ;
- La preuve des moyens financiers engagés ou disponibles ;
- Les investissements prévus ; ceux-ci portent notamment sur les moyens de transport et de conditionnement disponibles pour la bonne conservation des produits, les magasins de stockage existants ou prévus, les dispositions prises ou existantes en vue de transformer localement tout ou partie de la production ;
- Un certificat d'imposition ;
- Une fiche technique établie par le responsable local de l'administration chargée des forêts précisant les espèces à exploiter, les quantités de produits susceptibles d'être récoltés, ainsi que les lieux et modalités de récolte ;
- Le cas échéant, le(s) certificat(s) de recollement et l'attestation de paiement des taxes forestières sur tout titre d'exploitation précédemment acquis ;
- Une quittance justifiant le paiement des frais de dossier dont le montant est fixé conformément à la législation sur le régime financier de l'État ;
- Une attestation de paiement des cotisations dues à la CNPS.

Exploitation du charbon de scierie

Pour prétendre à l'exploitation de ce produit spécial, il faut :

- Avoir signé avec une scierie ou la société une convention, un protocole d'accord ou encore un mémorandum d'entente ;
- Avoir un ''Bon de sortie'' délivré par la scierie ou la société pour l'évacuation dudit produit ;
- Détenir un certificat d'origine délivré par le représentant local du ministre en charge des forêts pour certifier la provenance des produits. Ce certificat doit faire ressortir le type de produit, les mensurations, le lieu de provenance de celui-ci, la date de signature du document et le paraphe d'une autorité compétente du pays d'origine du produit à évacuer.

Exploitation légale des produits forestiers

Pour obtenir un titre d'exploitation légal au Cameroun, il est nécessaire voire indispensable de passer par les étapes suivantes :

- Acquisition d'un agrément volet exploitation forestière
- Soumission des offres pour attribution d'un titre d'exploitation forestière (concession forestière, vente de coupe, permis bois d'œuvre). À défaut, faire une demande de permis spécial) ou autres titres alloués aux nationaux (autorisation personnelle de coupe, coupe de sauvetage, etc.) ;
- Obtention d'un titre d'exploitation valide notification à l'appui ;
- Paiement des taxes correspondantes ;
- Information des populations riveraines et des autorités locales en vue des œuvres sociales à réaliser ;
- Réalisation des travaux d'inventaire d'exploitation et d'aménagement selon le cas ;
- Signature des cahiers de charge, autorisation d'ouverture de la voie d'accès, notification de démarrage des travaux, demande et acquisition des documents sécurisés ;
- Exploitation proprement dite des produits ligneux (abattage, marquage, débardage, tronçonnage, traitement au parc, chargement sur véhicule, etc.) et évacuation de ceux-ci vers les marchés de bois nationaux (pour les bois issus des PEBO et les débités ordinaires) ou internationaux via le port de Douala pour les grumes et les débités spécifiés pour l'export. Le tableau ci-dessous résume les modes d'attribution pour exploitation des types de forêts disponibles au Cameroun.

Types de forêts et modes d'attribution pour exploitation

Source de provenance du bois		Modes d'attribution	Observations
Forêts permanentes	Forêts domaniales de production (Concession forestière)	Lancement d'un ''Avis d'appel d'offres public'' par le MINFOF et tenue d'une commission interministérielle d'attribution desdits titres.	En dehors de la convention d'exploitation, il y a possibilité d'exploitation de ce massif par vente de coupe ou Permis pour les nationaux.
	Forêts communales	Constitution d'un dossier de demande de forêt communale par la ou les communes concernée(s).	Dans ce cas de figure, Il y a possibilité d'exploitation par vente de coupe, Permis, autorisation personnelle de coupe etc. La commune est libre de fixer ses conditions et le mode d'exploitation qui lui convient.
Forêts non permanentes	Forêts du domaine national (Vente de coupe, PBO, AEB, ARB VEP, etc.).	Lancement d'un ''Avis d'appel d'offres public'' par le MINFOF et tenue d'une commission d'attribution desdits titres ou produits vendus.	Pour le cas des autorisations personnelles de coupe, et des permis spéciaux, le requérant constitue un dossier et l'attribution se fait de gré à gré.
	Forêts communautaires	Constitution d'un dossier de création de forêt communautaire.	La forêt est attribuée à la communauté après signature de la convention de gestion de ladite forêt avec l'État.
	Forêts de particuliers	Constitution d'un dossier de création de forêt de particulier.	La forêt est attribuée à un particulier après signature de la convention de gestion de ladite forêt avec l'État.

Approbation des résultats des inventaires forestiers

Inventaire d'exploitation

Se référant à la lettre circulaire n° 6396 / LC /MINEF/DF/SDIAF/SI du 24 avril 2002, les inventaires d'exploitation doivent être réalisés selon les normes en vigueur et par les bureaux d'études agréés à cet effet. Les résultats attendus sont déposés à la Direction des Forêts/sous-direction des inventaires et aménagements forestiers (SDIAF) qui dispose d'un délai de 02 mois pour procéder aux vérifications techniques sur le terrain afin de délivrer un certificat de conformité de ceux-ci en vue de la constitution du dossier de demande de Certificat d'assiette annuelle de coupe, de vente de coupe ou de Permis annuel d'opération (PAO) par le requérant selon le cas. Le dossier de demande de validation des inventaires d'exploitation doit comporter :

- La carte indiquant le parcellaire du titre ou de la concession et l'assiette de coupe concernée ;
- La carte de prospection à l'échelle 1/5000e avec localisation des essences telles qu'elles sont relevées sur le terrain ;
- Les données de compilation concernant le nombre de tiges par essence (table des peuplements) et le volume par essence (table des stocks). La cartographie devant être faite selon les normes en la matière en vigueur.

Il faut souligner que la matérialisation des limites du titre à exploiter c'est-à-dire la délimitation, se fait au même moment que l'on réalise les travaux d'inventaire d'exploitation encore appelés ''systématique''. Cette délimitation qui se fait en ouvrant un layon de 5 mètres pour les concessions forestières et de 2 mètres à 1,5 mètre selon le cas, pour les assiettes annuelles de coupe, les ventes de coupe et les parcelles annuelles de coupe est réalisée suivant une réglementation bien précise (Arrêté 0222, *''Normes d'inventaires d'aménagement''* et/ou d'exploitation).

Ce qui se passe réellement est qu'au terme des travaux d'inventaire d'exploitation, les Services de la délégation départementale descendent sur le terrain contrôler et/ou réceptionner lesdits travaux. Ceux-ci délivrent une attestation de conformité des travaux s'ils sont réalisés conformément aux normes en vigueur. À la base de cette ''Attestation de conformité des travaux'', le délégué régional des Forêts délivrera un ''Certificat de conformité des travaux'' (délimitation et inventaires), pièces qui seront adjointes au ''Rapport d'inventaire'' et à la carte d'exploitation. L'ensemble sera acheminé à la Direction des Forêts pour délivrance du ''Certificat'' d'assiette, de vente de coupe, ou du permis annuel d'opération (PAO) selon le cas afin de permettre le début de l'exploitation proprement dite.

Inventaire d'aménagement forestier

De prime abord, il faut se souvenir que ce type d'inventaire ne s'effectue que dans les forêts du domaine forestier permanent (forêts domaniales ou communales). L'approbation des résultats d'inventaire d'aménagement qui est une prérogative exclusive de la sous-direction des inventaires et des aménagements forestiers (SDIAF) débute dès la présentation du plan de sondage qui doit se conformer aux normes clairement établies. Après validation du plan de sondage, l'approbation de cet inventaire se fait en deux étapes :

- La réception des travaux de terrain ;
- L'approbation du rapport clôturant ces travaux d'inventaire qui conduira plus tard à la rédaction du plan d'aménagement.

Réception des travaux de terrain

Le contrôle des travaux d'aménagement en vue de leur réception a pour but d'évaluer la qualité des travaux que le concessionnaire personnellement ou par l'intermédiaire d'un bureau d'étude agréé par le MINFOF s'est engagé à réaliser. Il se fait en deux étapes, c'est-à-dire en fin d'ouverture du deuxième layon de comptage et à la fin des travaux de terrain. Au niveau des layons de comptage, l'on contrôle le layonnage (orientation du layon), le comptage (identification des essences) et éventuellement la bonne matérialisation des limites du massif forestier. La vérification à faire à la fin de l'ouverture du deuxième layon de comptage permet simultanément à l'Administration en charge des forêts et au concessionnaire de se mettre en phase par rapport à la qualité du travail et des résultats attendus au terme de l'inventaire. Par contre, le contrôle effectué à la fin des travaux par l'administration forestière permet d'accepter ou de réfuter les résultats présentés de l'inventaire réalisé selon que celui-ci a été bien mené ou pas. La procédure de vérification ou de réception de ces travaux est bien définie dans les « *Normes de vérification des travaux d'inventaire de reconnaissance, d'aménagement et de pré-investissement* ».

Approbation du Rapport d'inventaire

Elle consiste à se rassurer que :

- Le plan de sondage a été approuvé avec l'intensité d'échantillonnage respecté ;
- Le rapport d'inventaire a été produit à partir du logiciel agréé ;

- Le rapport d'inventaire contient dans sa pochette une disquette des données ainsi que la carte forestière validée du massif, faite à l'échelle 1/50 000e ;
- Les données sont valides par rapport aux vérifications de terrain faites ;
- La planimétrie est conforme à la carte forestière ;
- Le tarif de cubage utilisé est conforme à la zone concernée ;
- Les compilations du rapport sont conformes au logiciel officiel agréé.

La fiscalité forestière

Cadre juridique de la fiscalité forestière au Cameroun

L'exploitation forestière est subordonnée à l'obtention d'un agrément à la profession d'exploitant forestier et aux procédures de l'inventaire d'exploitation préalable. Le cadre fiscal de la filière bois est défini par les textes suivants :

- La loi n° 94/01 du 20 janvier 1994 portant régime des forêts, de la faune et de la pêche ;
- Le décret n° 95/531/PM du 23 août 1995 fixant les modalités d'application de la loi susvisée ;
- Le Code général des Impôts, et ses diverses ramifications ;
- Le décret n° 2001/1033/Pm du 27 novembre 2001 réorganisant le Programme de Sécurisation des Recettes Forestières (PSRF) ;
- Le décret 2001/1034/PM du 27 novembre 2001 fixant les règles d'assiette et les modalités de recouvrement et de contrôle des droits, redevances et taxes relatifs à l'activité forestière.

Nature des impôts spécifiques au secteur bois

L'activité forestière est soumise à la fiscalité de droit commun et à des prélèvements particuliers, notamment :

- La redevance forestière annuelle **(RFA)** qui s'applique sur la superficie exploitée ;
- La taxe d'abattage **(TA)** qui s'applique au volume et à l'essence abattue ;
- La taxe d'entrée usine ***(TEU)*** supprimée il n'y a pas longtemps. Elle s'appliquait aux unités de transformation. Elle était autrefois payée ou retenue à la source par le transformateur du bois et reversée

dans les caisses du PSRF ou de la Division des Grandes Entreprises DGE ;

- La surtaxe à l'exportation **(SE)** qui s'applique à l'exportation des produits forestiers ;
- Les droits de sortie **(DS)** qui s'appliquent à la sortie des produits forestiers ;
- La taxe de transfert **(TT)** ; qui s'applique au transfert des titres forestiers notamment les concessions forestières ;
- Le précompte sur achat.

Tarifs des prélèvements de la fiscalité forestière

La Redevance Forestière Annuelle (RFA).

Prix plancher appliqués :

- Vente de coupe : 2 500 F/ha ;
- Concession ou UFA : 1 000 F/ha

Taux de la Taxe d'abattage

2.5 % du prix FOB du volume des grumes abattus.

Surtaxe à l'Exportation

Elle varie selon la nature des essences exportées

- **Essences de première catégorie :**
- Ayous 3 000 F/m3
- Essences de promotion de première catégorie autres que l'Ayous 4 000 F/m3
- **Essences de deuxième catégorie :**
- Tarif unique 500 F/m3. Le montant indiqué représente le taux plancher, et il faut retenir que l'obtention des titres d'exploitation se fait par voie d'appel d'offres.

Autres droits et taxes

Pour les permis de coupe d'arbres, le prix est fixé sur la valeur FOB par essence ainsi qu'il suit :

- Pour les perches, le prix est fixé comme suit :
- Moins de 10 cm^3, 10 F/perche ;
- De 10 à 20 cm^3, 30 F/perche ;
- Plus de 20 cm^3, 50 F/perche.

- Pour les bois de service (poteaux), le prix est fixé comme suit :
- Moins de 30 cm^3, 2 000 F ;
- De 30 à 40 cm^3, 3 000 F ;
- De 40 à 50 cm^3, 4 000 F ;
- Plus de 50 cm^3, 5 000 F
- Pour les bois de chauffage, le prix est fixé comme suit :
- Stère de bois, 65 F ;
- Stère en régie, 650 F ;
- Pour les produits forestiers spéciaux (non ligneux), le prix est fixé à 10 F par kilogramme qui représente la taxe de régénération ;
- Pour les billes échouées, le prix est fixé sur la base de valeur FOB de chaque essence.

Obligations fiscales des contribuables du secteur forestier

Obligations déclaratives

Pour les opérateurs de la filière bois, les déclarations sont souscrites auprès du Programme de Sécurisation des Recettes Forestières (PSRF), ou de la structure chargée de la gestion des « Grandes entreprises » pour les entreprises relevant de son portefeuille. Comme déclarations, on citera :

-La déclaration de la taxe d'abattage : tout détenteur d'un titre d'exploitation est tenu au cours de l'activité de déclarer la production mensuelle des grumes sur la base de carnets de chantier correspondants (DF 10) au plus tard le 15 du mois suivant.

-La déclaration de la taxe d'entrée usine était faite mensuellement par le transformateur au plus tard le 15 du mois suivant. Elle est souscrite sur la base des carnets usine retraçant le volume des grumes transformées ou destinées à la transformation.

-Le précompte sur achat : Le précompte sur achat au taux de 5 % est retenu à la source lors du règlement des factures d'achat de bois en grumes par les entreprises forestières.

Les obligations de paiement

- **La RFA** est acquittée après l'attribution du titre par son détenteur dans les conditions suivantes :

• RFA sur vente de coupe : paiement total dans les 45 jours qui suivent la notification d'attribution ou du renouvellement du titre d'exploitation ;

• RFA sur concession : paiement en trois tranches d'égal montant les 15 mars, 15 juin, 15 septembre.

- **La Taxe d'abattage (TA)** est payée ou retenue à la source par le client pour les grumes achetées auprès des tiers et reversée dans les caisses du PSRF ou de la Division des Grandes Entreprises (DGE).
- **Le Précompte sur achat** est retenu à la source et reversé dans les caisses du Programme de sécurisation des recettes forestières (PSRF) ou de la Division des Grandes Entreprises.
- **La Surtaxe à l'exportation (SE)** est payée lors de l'exportation des grumes au niveau du cordon douanier.

Obligation de cautionnement

La caution est au moins équivalente à la RFA due. Elle doit être constituée dans un délai de quarante et cinq (45) jours à compter de la date de notification de la sélection pour la vente de coupe, ou à compter du premier jour de l'exercice fiscal pour les anciens titres, sous peine de suspension ou d'annulation.

Les sanctions fiscales encourues par les contrevenants

Sous réserve des dispositions de la loi n° 94/01 du 20 janvier 1994 sus citée, les sanctions prévues par la législation fiscale et douanière s'appliquent, mutatis mutandis, en matière d'assiette, de recouvrement et de contrôle des redevances et taxes forestières. Toutefois, les sanctions particulières peuvent être infligées au contrevenant, notamment la réalisation de la caution, les pénalités de 400 % en cas de non-paiement des taxes forestières internes sur les bois débités et de grumes au moment de leur exportation.

Autorisations de récupération et d'enlèvement des bois

Autorisation de récupération des bois

Bien qu'actuellement controversée, une autorisation de récupération de bois **(coupes de sauvetage)** est le moyen par lequel le MINFOF évacu les bois se trouvant sur le site d'un projet de développement. Il s'agit des projets agricoles, des projets routiers ou miniers, des éclaircis, etc. La superficie doit être bien définie, pour éviter que ce bois ne soit détruit sans contrepartie pour l'État lors de la mise en œuvre de celui-ci. Cette action trouve son fondement dans l'article 73 de la loi, et étayée par les articles 110 et 111 du décret 95/531/PM du 23 août 1995 et la lettre circulaire n° 3135/LC/MINEF/CAB du 14 septembre 2000.

Éléments déclencheurs

- La lettre par laquelle le MINADER, le MINTP ou tout autre ministère ayant des activités pouvant occasionner l'abattage d'arbres autorise la réalisation du projet (plantation pour le MINADER, ouverture des axes routiers pour le MINTP ou exploitation minière pour le MINMIDT) ;
- La réalisation d'une étude d'impact environnemental ;
- La présence d'un cahier des charges signé par l'un de ces ministères.

Éléments du dossier à soumettre au MINFOF pour cette autorisation

- Le document du projet ;
- La lettre d'autorisation du ministre en charge du secteur d'activité concerné par le projet ;
- Le cahier des charges visé par le ministère d'origine du projet ;
- La délimitation de la zone ;
- L'inventaire de tous les bois marchands s'y trouvant réalisé par une personne agréée en la matière et approuvé par trois fonctionnaires du MINFOF.
- Les résultats de l'étude d'impact environnemental validés (projet non démarré) ou du rapport d'audit environnemental (projet débuté) par le ministère compétent.

Procédures à suivre pour cette autorisation

- Avis au public pour informer de l'intention du MINFOF de récupérer le bois dans la zone de projet.
- Avis d'appel d'offres pour inviter les opérateurs économiques du secteur forestier agréés à soumissionner
- Réunion de la commission d'attribution
- Classement des candidats par ordre décroissant
- Sélection de l'adjudicataire le mieux disant sur la base des critères minima définis à l'avance.
- Notification des résultats à l'enchérisseur le mieux disant.

Procédures d'évacuation des bois pour cette autorisation

- Paiement du prix adjugé (droit d'accès à la ressource qui est l'équivalent de la taxe de superficie payée pour les titres conventionnels) au trésor public et des 13 % des frais de vente au Fonds Spécial de Développement Forestier.
- Notification du démarrage des travaux ;
- Commande des documents sécurisés (DF10, lettres de voiture) auprès du MINFOF
- Stockage des bois sur la zone d'emprise du projet
- Marquage des bois à la peinture et inscription de ceux-ci sur DF10 en vue de la facturation et du paiement des taxes d'abattage.
- Enlèvement des bois avec des lettres de voiture sécurisées.

Autorisations d'enlèvement des bois

Cette catégorie de document peu coutumier, est délivrée pour les bois abandonnés sur les parcs de chantier, le long des voies d'évacuation ou échoués en mer. Il peut s'agir de :

- Une exploitation illégale ou abattage frauduleux ;
- Une exploitation légale avec abandon du bois au chantier ;
- Une exploitation légale avec stock de bois à évacuer en dehors des délais ;
- Un enlèvement de bois dans le cadre d'un dépassement de volume et/ou de superficie autorisée.

Exploitation illégale ou abattage frauduleux

La récupération de ce bois se fait par vente aux enchères publiques suivant les dispositions de l'article 110 al(2) du décret 95/531/PM.

Procédures à suivre

- Constat de l'exploitation illégale par les services du MINFOF en charge du contrôle
- Saisie des produits indûment récoltés, établissement d'un PV et ouverture du contentieux contre le contrevenant s'il est identifié ;
- Compte rendu ou rapport adressé à la hiérarchie pour suite de la procédure avec passage éventuel au comité de lecture ;
- Inventaire du bois saisi et demande de vente aux enchères publiques ;
- Organisation de la vente aux enchères publiques sur autorisation du ministre à travers ;

- Avis au public pour informer de l'intention du MINFOF à enlever le bois ;
- Avis d'appel d'offres à large diffusion ;
- Mise sur pied d'une commission d'attribution suite aux demandes déposées par les soumissionnaires ;
- Sélection d'un enchérisseur le mieux disant titulaire d'un agrément à la profession forestière et ayant un dossier complet d'enlèvement de bois ;
- Verser dans les 72 heures qui suivent la proclamation des résultats, le prix d'adjudication ainsi que les 13 % prévus par la réglementation en vigueur ;
- Notification de démarrage des travaux à l'adjudicataire ;
- Commande des documents sécurisés pour l'exploitation et l'évacuation des produits acquis ;
- Démarrage des travaux d'enlèvement ;
- Procédures de suivi et évaluation (contrôle, rapports, etc.).

Exploitation légale avec abandon du bois au chantier

Régie par les dispositions de l'article 112 du décret 95/531/PM, cette situation concerne l'exploitant qui est détenteur de tous ses documents d'exploitation, mais qui pour une raison ou pour une autre abandonne du bois dans son chantier.

Procédure à suivre

Lorsque les bois sont réputés appartenir à l'État, c'est-à-dire après sommation des propriétaires pour l'enlèvement de ceux-ci, et passé le délai de 30 jours après notification de sommation aux légitimes propriétaires, la procédure d'enlèvement est identique à celle décrite dans le cas d'une exploitation illégale ou d'un abattage frauduleux du bois.

Évacuation des stocks de bois en dehors des délais

Il s'agit ici d'une situation où l'exploitant légal n'a pas pu effectuer les travaux dans les délais impartis par l'administration forestière.

Procédure à suivre

- Déclaration des stocks de bois abattus par l'exploitant sur la base des documents sécurisés obtenus, avec présentation de la preuve du paiement des taxes (surtout d'abattage).

- Formulation d'une requête d'enlèvement de ce bois au MINFOF ;
- Notification de l'autorisation d'enlèvement des bois pour ledit stock par le MINFOF si les retards ne sont pas imputables à l'exploitant forestier ;
- Demande de documents sécurisés pour l'évacuation desdits bois ;
- Démarrage des travaux d'enlèvement des bois ;
- Procédures de suivi et d'évaluation de l'activité (contrôle, rapports, etc.).

NB : Si la demande d'enlèvement des bois est refusée, la procédure d'enlèvement du bois dans ce cas sera identique à celle décrite pour le cas des bois abandonnés.

Enlèvement des bois dans le cadre d'un dépassement de volume ou de la superficie

Cette situation concerne un exploitant forestier bénéficiaire d'un titre forestier légal qui se livre à des abus en exploitant des volumes de bois supérieurs à ceux qui lui ont été accordés ou alors, exploite au-delà des limites de la zone sur laquelle est assis son titre d'exploitation.

Procédure à suivre

-Constat de la situation par une équipe ayant effectué un contrôle dans ce titre. Ce constat est suivi d'une saisie desdits bois et un ou plusieurs PV (constat d'infraction, notification de saisie, etc.) sont aussitôt dressés à l'encontre de l'exploitant par les agents assermentés ;

- Soumission pour examen de ce(s) PV au comité de lecture selon le cas ;
- Inventaire des bois saisis et demande de vente aux enchères publique au MINFOF ;
- Organisation de la vente aux enchères publiques sur autorisation du ministre des forêts ;
- Vente aux enchères selon les procédures en vigueur décrites plus haut ;
- Démarrage des travaux d'enlèvement par l'adjudicataire retenu ;

- Procédures de suivi et évaluation de l'activité (contrôle, rapports, etc.).

Enlèvement du bois abandonné le long des routes ou échoué en mer

Il est régi par les dispositions de l'article 73 al. 2 du décret 95/531/PM. Il s'agit ici des bois avec ou sans marques abandonnés le long des routes, ou échoués en mer sur les côtes camerounaises.

1) Si le propriétaire du bois est identifiable

- Le responsable local des forêts constate le bois abandonné, dresse un PV et notifie la sommation d'enlèvement immédiat dudit bois à son propriétaire. si celui-ci n'est pas enlevé par son propriétaire dans un délai de 30 jours après notification de sommation, il appartient de plein droit à l'État.
- Le MINFOF met en branle la procédure de vente aux enchères publiques décrite plus haut.
- Vente aux enchères selon les procédures en vigueur ;
- Démarrage des travaux d'enlèvement par l'adjudicataire retenu ;
- Procédures de suivi et d'évaluation de l'activité (contrôle, rapports, etc.).

2) Si le propriétaire des bois n'est pas identifiable

- Le responsable local des Forêts constate les bois abandonnés, dresse PV de saisie, informe sa hiérarchie et demande l'autorisation de vente aux enchères de ceux-ci en fonction de leur quantité et de leur qualité ;
- Organisation de la vente aux enchères publiques sur autorisation du ministre des forêts ;
- Vente aux enchères selon les procédures en vigueur décrites ci-dessous ;
- Démarrage des travaux d'enlèvement par l'adjudicataire retenu ;
- Procédures de suivi et évaluation de l'activité (contrôle, rapports, etc.).

Dans ce cas, la demande d'autorisation de récupération de tels bois est composée des pièces suivantes :

- Demande timbrée au tarif en vigueur, adressée au délégué régional des Forêts ;
- Agrément certifié ;
- Certificat de conformité des travaux d'inventaire ;
- Certificat de matérialisation des limites ;

- Lettre du ministre ordonnateur du projet ;
- Statuts et document du projet ;
- Rapport d'inventaire de bois à récupérer ;
- Procès-verbal de vente aux enchères publiques ;
- Justificatifs (quittances) de paiement ;
- Notification des résultats du dépouillement ;
- Avis d'appel d'offres ;
- Correspondance du ministre des Forêts et de la Faune ordonnant la vente aux enchères.

Ouverture de route ou de piste

Il s'agit d'une autorisation qui a eu cours autrefois pour désenclaver les villages et localités coupées du contrôle de l'administration. Bien que suspendue il y a de cela quelques années, la contrepartie de ce désenclavement ou ouverture de route était la récupération du bois marchant en vue de sa commercialisation au profit du promoteur du projet. Comme pièce à fournir, l'administration en charge des forêts exige :

- Copie du titre d'exploitation (cas de l'ouverture de piste) ;
- Carte de situation (localisation) de la route ;
- Résultats d'inventaire d'exploitation de tous les bois marchands ;
- Rapport d'étude d'impact environnemental ;
- Avis des autorités locales ;
- Coût de réalisation du projet ;
- Avis technique du ministère des travaux publics ;
- Déclaration d'utilité publique.

Le parc de rupture

Afin de rapprocher le bois de sa destination finale et surtout de faciliter son évacuation (grumes) hors des zones d'exploitation pas toujours accessibles en saison des pluies, le Ministère des forêts a prévu la possibilité de création des parcs à bois dits de rupture qui peuvent se situer à n'importe quel endroit libre du territoire national. Les pièces à fournir pour son autorisation sont les suivantes :

- Demande timbrée au tarif en vigueur, adressée au MINFOF ;
- Titre d'exploitation valide indiquant la source d'approvisionnement ;

- Contrat de bail ou titre de propriété du site ;
- Un plan de localisation détaillé ;
- Attestation de visite du site du délégué régional des Forêts et de la Faune du ressort de compétence ;
- Contrat de partenariat notarié au cas où accompagné de la lettre d'approbation du contrat de partenariat d'approvisionnement en bois ;
- Certificat d'enregistrement en qualité d'exportateur de bois éventuellement ;
- Certificat d'enregistrement en qualité de transformateur de bois éventuellement ;
- Plan de localisation du site.

Ouverture des voies d'accès ou d'évacuation des bois lors d'une exploitation d'un titre forestier.

L'ouverture d'une voie d'accès à un titre ou d'évacuation des bois traversant une forêt du domaine national est subordonnée à une autorisation préalable délivrée par le ministre chargé des Forêts. L'exploitant peut être autorisé à récupérer les arbres abattus sur l'emprise de la voie, moyennant le paiement du prix de vente de ces bois dont le montant est fixé par la Loi de Finances. (cf. Art. 111 Décret). Le dossier y relatif qui est déposé à la délégation locale des forêts pour avis est constitué des pièces suivantes :

- Demande timbrée ;
- Copie du titre d'exploitation ;
- Carte du tracé assorti des points GPS localisant la route d'accès par rapport au titre ;
- Inventaire des bois marchands le long du tracé certifié par le responsable local des forêts.

Le Bois export

Il faut de prime abord rappeler que la détention d'un agrément volet exploitation, d'un certificat en qualité d'exportateur de bois, d'un titre légal ou de tout document pouvant justifier la provenance légale de la ressource sont les fondamentaux pour toute exportation des produits forestiers. Pour exporter les bois (essences) autorisés à cet effet sous forme de grumes, il faut :

- Être titulaire d'un certificat en qualité d'exportateur de grumes ;

- Déposer ces grumes au port. Pour le faire, il faut préalablement être déjà enregistré à la SEPBC (Société d'exploitation des parcs à bois du Cameroun) qui est chargée de la manutention, du gardiennage et de l'embarquement du bois dans le bateau (prestation payante). A l'entrée du Port I, le camion grumier est contrôlé au poste forestier ''Port I'' par les agents du poste. Ce poste s'occupe spécifiquement de l'entrée des produits forestiers au parc à bois. À côté, on retrouve le check-point à l'entrée du parc à bois constitué des agents du MINFOF et du Programme de sécurisation des recettes forestières (PSRF). Un deuxième contrôle est effectué pour vérifier la conformité des documents avec ce que le camion transporte effectivement, et surtout si la fiscalité est à jour. À l'intérieur du parc à bois, la douane prend le relais et enregistre les données que le check point vient de valider (nom de l'essence, volume, etc.) ;
- Le bois est déchargé par la SEPBC qui le met en stock et s'occupe de toute la manutention future jusqu'à l'embarquement dans le bateau et départ de celui-ci. Pendant ce temps, l'exploitant forestier exportateur de grumes ou l'opérateur économique responsable du bois à exporter qui détient au préalable un carnet de spécification grumes numéroté et paraphé procède au remplissage des bulletins de spécification. Ceux-ci sont signés par les chefs de poste des Port I (pour l'entrée au parc à bois) et Port 2 (pour la sortie et l'embarquement) avec la mention ''Vu et bon à embarquer''. Ces bulletins de spécification et le carnet de lettres de voiture (pour export) remontent chez le délégué régional qui en dernier recours contresigne ces documents. Le bois est bon pour embarquer. Ces documents (bulletin de spécification et lettre de voiture) sont pris par le transitaire en douane au compte de l'exportateur, pour la consignation et l'obtention du Bill of loading (BL) et du connaissement. Ceci est fait après paiement des différentes taxes et frais afférents.

Au-delà de toute cette démarche, l'exportation des grumes d'Ayous et d'Azobé requiert une autorisation d'exportation spéciale. Les conditions et les pièces à fournir après avis du comité de validation des répartitions des quotas sont les suivantes :

Conditions à remplir :
- Être agréé (e) à la profession forestière ;
- Disposer d'une source d'approvisionnement en grumes ;
- Disposer d'un potentiel de l'essence sollicitée.

Pièces à fournir :

- Demande timbrée au tarif en vigueur adressée au MINFOF ;
- Titre de provenance du bois ;
- Certificat d'enregistrement du propriétaire de la ressource ou du fournisseur en qualité de transformateur du bois, exportateur de bois selon le cas ;
- Justificatifs des sources d'approvisionnement en grumes (approbation de contrat d'approvisionnement par le MINFOF) ;
- Documents administratifs et fiscaux (patente, registre de commerce, carte contribuable, attestation de non-redevance ou quitus) ;
- Rapport d'activité sur les exportations de l'exercice précédent.
- Facture d'achat de bois transformés constituant le lot obtenu auprès du fournisseur qui doit être un industriel régulièrement enregistré auprès du MINFOF et bordereau de livraison selon le cas[9].

La vente aux enchères publique (vep)

Selon *Larousse 2013*, la vente aux enchères publiques est une vente au plus offrant faite par un commissaire-priseur ou un notaire. Dans le domaine de la foresterie, la vente aux enchères publiques est une activité récurrente qui permet à l'Etat, et aux propriétaires des forêts communales, communautaires ou des particuliers, de vendre les produits forestiers qui sont de leur ressort dans le but d'en tirer profit. Cette vente s'organise indifféremment pour les produits forestiers initialement légaux (sur pied ou abattus) ou ceux ayant fait l'objet d'une saisie du fait de leur exploitation illégale par un tiers.

Dans le vécu quotidien, la vente aux enchères publiques intervient couramment après une saisie des produits forestiers frauduleusement acquis (bois débités, grumes…). Elle peut s'étendre sur le matériel ayant aidé à commettre le forfait tel que engins, matériel roulant, tronçonneuses, etc. Cette action s'applique conformément aux dispositions de l'article 110 (2) du décret 95/531/PM du 23 août 1995 fixant les modalités d'application du Régime des Forêts, qui fixe

---

[9] Pour les produits forestiers spéciaux ou secondaires (feuilles de marantacées, charbon de bois, Gnetum, Garcinia cola, Rotin, etc.), la procédure d'exportation est la même. Cf. Procédures ci-dessus présentées.

également les prix maxima de vente desdits bois. Les bois saisis peuvent provenir :

- D'une exploitation illégale de la forêt ;
- D'une exploitation forestière légale avec abandon du bois au chantier ;
- D'un enlèvement de bois dans le cadre d'un dépassement de volume et/ou de superficie autorisée ;
- Du bois abandonné le long des voies d'évacuation ;
- Du bois échoué en mer ;
- Du bois de toute autre origine non approuvée par le ministère en charge des Forêts.

Photo : Relevé des caractéristiques d'une bille de Bubinga (Guibourtia tesmanii) illégalement abattue en vue de sa vente aux enchères publiques

Pré-requis pour l'organisation d'une vente aux enchères publique (VEP)

Sous peine de nullité, l'organisation d'une VEP authentique nécessite un certain nombre de préalables qui doivent être observés. Il s'agit notamment de s'assurer :

- Du constat de l'existence du bois provenant de l'une des sources ci-dessus évoquée par les agents commis au contrôle accompagnés de l'Observateur indépendant le cas échéant ;
- De la saisie au marteau forestier desdits produits et inventaire des bois par l'administration des Forêts suivant la classification : bois

dense (rouge/dur) et bois blancs ainsi que les volumes correspondants et leurs coordonnées géographiques ;

- De l'ouverture d'un contentieux contre le(s) contrevenant(s) en cas de flagrant délit ou déclenchement des investigations pour les besoins de la cause ;
- De l'existence d'un compte rendu avec transmission du procès-verbal à la hiérarchie dans les délais prévus par la réglementation pour suite de la procédure ;
- De l'accord de la hiérarchie en fonction du volume concerné pour procéder à la vente aux enchères publiques.

Organisation de la vente aux enchères publiques

Une bonne VEP s'organise en respectant les étapes suivantes :

- Avis d'appel d'offres à large diffusion ;
- Désignation des membres de la commission d'attribution ;
- Communiqué invitant les soumissionnaires à prendre part à la séance de dépouillement des offres ;
- Sélection de l'enchérisseur le mieux disant titulaire d'un agrément à la profession forestière (cas des grumes) et ayant un dossier complet conformément aux exigences de l' ''Avis d'appel d'offres'' ;
- Notification des résultats du dépouillement à l'adjudicataire ;
- Payement du prix d'adjudication majoré de 13 % au titre des frais de vente prévus par la réglementation en vigueur, au Trésor public et au Fonds spécial de développement forestier dans les délais impartis ;
- Établissement d'une main levée de saisie ;
- Établissement d'un certificat de vente aux enchères publiques ;
- Émission des documents spécifiques au transport des bois issus des ventes aux enchères ;
- Notification d'évacuation du lot de bois vendu, par le responsable territorialement compétent ;
- Suivi et compte rendu final du délégué régional à la fin des travaux.

Selon l'article 167 de la Loi, le législateur a prévu que « …*le produit des amendes, transactions, dommages et intérêts, ventes aux enchères publiques ou de gré à gré des produits et objets divers saisis, est réparti ainsi qu'il suit :*

- 25 % aux agents des administrations chargées des forêts, de la faune et de la pêche et de toute administration ayant participé aux activités de répression et de recouvrement ;

- 40 % aux fonds et caisses de développement telles que visées et décrites aux articles 68, 105 et 166 du Décret.

- 35 % au trésor public... ».

Instances administratives habilitées à effectuer des ventes aux enchères publiques des produits forestiers ligneux.

Service ayant opéré la saisie	Volume de bois grumes ou débités saisi	Président de la commission de vente aux enchères
Services déconcentrés	Moins de 100 m3 grumes (40 m3 débités)	Délégué départemental
Services déconcentrés	Volume compris entre 101 et 1 000 m3 grumes (41 et 400 m3 débités)	Délégué régional
Services déconcentrés	Volume de bois supérieur à 1 000 m3 grumes (401 m3 débités)	Représentant du MINFOF
Brigade Nationale de Contrôle	Quel que soit le volume	Chef Brigade Nationale de Contrôle

NB : pour les volumes inférieurs ou égaux à 1 000 m3, l'adjudicataire est tenu de transformer les bois *in situ*.

Fixation des prix planchers des bois lors des VEP excepté le Bubinga

	Mise à prix Grumes (F CFA)		**Mise à prix débités (F CFA)**	
	Minimum	Maximum	Minimum	Maximum
Bois denses (Rouge/dur)	25 000	Prix FOB	62 500	Prix FOB
Bois blancs	15 000	Prix FOB	37 500	Prix FOB

Source : lettre circulaire n° 0147/LC/MINFOF/CAB du 12 juin 2013 fixant les procédures de VEP des bois saisis.

En ce qui concerne le Bubinga et le Wengué, le ministre en charge des Forêts et de la Faune par arrêté n° 2401/MINFOF/CAB du 9 novembre 2012, a suspendu l'exploitation dans le domaine national de ces deux essences à titre conservatoire, en réponse à la menace qui pèse sur elles.

VII LE CONTRÔLE DES ACTIVITÉS FORESTIÈRES

VII- LE CONTRÔLE DES ACTIVITÉS FORESTIÈRES

Photo : Vérification des diamètres et contrôle d'un dépôt de bois débités

Selon le ***Guide du contrôleur forestier***, « *Le contrôle forestier est une opération qui vise à s'assurer que les gestionnaires des titres d'exploitation forestière attribués de manière régulière par l'État appliquent et respectent la législation et la réglementation forestière dans toute la chaîne de réalisation des activités d'exploitation forestière. Il doit permettre de vérifier la légalité de toutes les opérations d'exploitation forestière et la régularité du paiement des taxes et redevances forestières. Il décèle et réprime tous les actes d'exploitation frauduleuse et illégale des ressources forestières.* ».

Le contrôle des activités forestières est au premier chef la prérogative du ministère en charge des Forêts. Il se fait au travers de ses structures techniques (DF, DFAP, DPT, etc.) ou spécialisées (Brigade nationale, Brigade régionale, UTO, Délégation départementale, poste forestier et de chasse, etc.). Tout ceci est défini dans la « ***Stratégie Nationale de Contrôle Forestier et Faunique au Cameroun*** » (SNCFFC).

Dans le cadre général du contrôle, la compétence peut être reconnue selon le cas aux administrations partenaires (Forces de maintien de l'ordre public, MINATD, MINJUSTICE, etc.). Par contre, la finalité du contrôle forestier initié par le MINFOF peut être orientée à des fins administratives ou judiciaires. Le contrôle à des fins administratives est généralement réalisé par les structures techniques du ministère en charge des Forêts (DF, DFAP, DPT, etc.), la nuance étant que le personnel commis au contrôle n'est pas nécessairement assermenté. Le contrôle à des fins judiciaires quant à lui est effectué par les structures spécialisées (BNC, BRC, etc.), dont le personnel est constitué d'officiers de police judiciaire (OPJ) à compétence spéciale assermentés.

La SNCFFC est un document qui se réfère à la politique forestière dans son ensemble au travers des lois nationales et réglementations en vigueur au Cameroun. Cette stratégie de contrôle s'articule autour de quatre principaux axes à savoir :

- Le renforcement des capacités des structures de contrôle ;
- L'implication de toutes les parties prenantes ;
- L'information, l'éducation et la communication ;
- La promotion de la bonne gouvernance forestière.

Les types de contrôles

En général, le contrôle forestier se réalise en quatre (04) principales étapes à savoir : la préparation de la mission, la réalisation de la mission de contrôle, l'élaboration du rapport et le suivi de l'exploitation du rapport de mission. Pour mieux atteindre ses objectifs en matière de gestion durable du patrimoine forestier, le ministère en charge des Forêts du Cameroun a institué plusieurs types de contrôles qui peuvent se faire avec ou sans la collaboration des administrations ou organismes partenaires. Ainsi donc, nous pouvons citer :

Les contrôles programmés

Ce sont les contrôles effectués sur la base d'un plan d'action annuel élaboré par les structures compétentes (au niveau national ou régional) en début d'exercice et mis en exécution dès leur approbation par le chef de Département ministériel. Le contrôle effectué dans ce cas se réfère actuellement au ''*Guide du contrôleur forestier*'' qui est un manuel adapté à la SNCFFC et aux exigences des grilles de légalité de l'APV-FLEGT. Cet outil de contrôle forestier précise les étapes à suivre pour le contrôle (organisation), indique les documents à consulter avant la mission, ceux à exiger aux exploitants, et donne des orientations sur la qualification des différentes infractions éventuellement commises.

Les contrôles de routine

Il s'agit des contrôles effectués au quotidien par les structures territorialement compétentes (au niveau des postes fixes et mobiles, check points, entrée usine, postes frontaliers, services compétents etc.). Ils consistent en la vérification des documents relatifs à l'exploitation forestière. Dans ce cas de figure, il s'agit généralement de la lettre de voiture pour les produits transportés, et des documents de chantiers dans le cas des chantiers d'exploitation.

Les contrôles spéciaux

Exclusivement instruits par la haute hiérarchie pour la manifestation de la vérité, ces contrôles inopinés sont décidés à la suite d'une dénonciation, d'une information ou toute autre raison très sérieuse. En cas de contrôle, l'agent forestier doit être en tenue réglementaire et muni de sa carte professionnelle, de son ordre de mission, voire de la Note de Service créant la mission.

La surveillance continue du territoire

Il n'est pas question ici d'un contrôle dans le vrai sens du terme. Il s'agit des actions permanentes qui ont pour but de donner des informations aux instances territorialement compétentes sur toute activité forestière frauduleuse ou suspecte. Sont concernés pour cette activité de surveillance, les agents du ministère des Forêts et de la Faune (MINFOF) au premier chef, les ONG, le secteur privé, la société civile, etc.

S'il est reconnu que seuls les personnels ayant prêté serment auprès d'un tribunal compétent ont le droit d'engager une procédure judiciaire, le document de Stratégie de contrôle stipule que « *Tout agent des services forestiers est tenu dans le cadre de ses fonctions et particulièrement lorsqu'il est en mission technique ou de contrôle sur le terrain, de porter attention ou de demander des informations sur les activités forestières qui se déroulent dans un territoire donné pour communiquer aux responsables du contrôle, des situations potentiellement frauduleuses.* »

Quelques cas particuliers de contrôle des produits forestiers

Contrôle d'un véhicule transportant du bois d'origine CEMAC en transit

Les documents d'accompagnement dudit bois sont les suivants :

- La lettre de voiture informatisée du Système de traçabilité des bois du Cameroun (STBC) ou à défaut la lettre de voiture internationale émise par l'exploitant forestier du pays d'origine avec le visa « VU ENTRÉE AU CAMEROUN » au verso ;
- Le certificat d'origine délivré par le pays d'origine ;
- Le certificat phytosanitaire délivré par le pays d'origine ;
- Le bordereau de spécification encore appelé feuille de route ou bordereau d'expédition émis par l'exploitant forestier du pays d'origine ;
- Le document de déclaration en douane ;
- Le Permis CITES le cas échéant ;
- Le certificat de légalité (autorisation FLEGT) émis par le pays d'origine le cas échéant.

Si par contre ces bois sont simplement importés, en plus des documents ci-dessus mentionnés, il faudra une autorisation d'importation. Dans l'un ou l'autre cas, le bois (grumes ou colis) doit être marqué à la peinture et au marteau sec, puis revêtu de toutes les marques réglementaires (le pays d'origine, le marteau ou logo de l'exploitant, etc.) avec en évidence l'inscription « CEMAC ».

Contrôle d'un véhicule transportant du bois issu d'une vente aux enchères

En ce qui concerne le bois issu d'une vente aux enchères, l'agent commis au contrôle exigera la lettre de voiture qui, compte tenu de la nature de l'activité, est spéciale. Elle doit être délivrée par l'administration en charge des forêts. Par la suite, le bénéficiaire devra présenter le certificat de vente aux enchères voir l'autorisation d'enlèvement des bois ayant fait l'objet de ladite vente.

Contrôle de l'empotage du bois

Empoter c'est mettre en pot (Larousse). L'empotage du bois est l'opération qui consiste à le sécuriser dans des containers afin de faciliter leur acheminement à l'étranger. L'empotage se fait dans les parcs entrée usine, les parcs de rupture hors forêt, les parcs ferroviaires ou portuaires.

Contrôle des exportations des produits spéciaux, produits finis et objets d'art à l'aéroport

Le contrôle documentaire porte essentiellement sur les documents suivants :

- Le certificat d'origine pour les produits spéciaux délivrés par le MINFOF ;
- Le certificat d'origine pour les objets d'art précisant le lieu d'exportation desdits produits. Ce document se délivre par la chambre de commerce ;
- Le permis CITES si le produit est fait de bois d'une espèce inscrite aux annexes de la convention.

Infractions courantes rencontrées dans les chantiers d'exploitation forestière

Constat de l'Agent commis pour le contrôle	Infraction ou sanction encourue
- Non-ouverture des limites (délimitation) ; - Non matérialisation des limites à la peinture rouge (AAC, VC) ou avec une essence à croissance rapide (UFA) ; - Absence carte d'exploitation qui montre la position de chaque tige à récolter ; - Absence de carnet de chantier ou carnet non réglementaire (non côté ni paraphé par le responsable départemental de l'administration chargée des Forêts) ; - Non respect des Diamètres Minima d'Exploitabilité ou d'aménagement (DME/DMA) ; - Obstruction des cours d'eau ; - Non respect des prescriptions du Plan d'aménagement en matière d'interventions sylvicoles) ou du Plan simple de gestion ; - Non respect d'une zone de protection dans la zone d'intervention ; - Non marquage des grumes/billes au marteau administratif ; - Non marquage des souches ; - Non marquage des tiges (portes graines, tige	- **Non-respect des normes techniques d'exploitation** (non-respect des clauses du cahier des charges) réprimé par les articles 65 de la loi 94/01 du 20 janvier 1994 et 128 de la loi 81/013 du 27 novembre 1981. - **Usage frauduleux, contrefaçon ou destruction des marques ou du marteau de l'État servant aux marques forestières** réprimées par l'article 156 (9) de la loi 94/01 du 20 janvier 1994 en ces termes : « est puni d'une amende de 200 000 à 1 000 000 francs CFA et d'un emprisonnement d'un (1) mois à six (6) mois ou de l'une seulement de ces peines, l'auteur de l'usage frauduleux, la contrefaçon ou la destruction des marques, marteaux forestiers, bornes ou poteaux utilisés par les administrations chargées des forêts, de la faune et de la pêche, selon le cas ;

à récolter, tiges d'avenir) ; - Non marquage des arbres brisés à l'abattage ou encroués et laissés en forêt ; - Non marquage des arbres marchands abattus pour le tracé des routes d'évacuation ou la confection des ouvrages d'art ; - Non marquage des arbres marchands à bois léger nécessaires à l'équipement en flotteurs de radeaux de bois lourds ; - Non réalisation des œuvres sociales ; - Non-respect du projet route c'est-à-dire ouverture des routes respectant le projet validé par l'administration chargée des forêts ; - Utilisation des phytocides pour des traitements sylvicoles d'éclaircie ou autres.	- L'article 204 (1d) du Code pénal en ces termes : Amende de 40 000 à 4 000 000 FCFA et/ou emprisonnement d'un à cinq ans. - L'article 65 de la loi 94/01 du 20 janvier 1994.
- Dépassement des limites ; - Exploitation au-delà des limites de l'AAC, de la vente de coupe, de la forêt communautaire ou communale ; - Exploitation au-delà des limites du titre.	**- Exploitation forestière non autorisée dans une forêt domaniale ou non-respect des clauses du cahier des charges** réprimée par les *Art. 158 (1) et 65 de la loi 94/01 du 20 janvier 1994 et 128 de la loi 81/013 du 27 novembre 1981.* Ou **- Exploitation non autorisée dans une forêt du domaine national** réprimée *par l'Article 156 (4) de la loi 94/01 du 20 janvier 1994.*
- Non-respect des quotas et espèces autorisées. - Non-respect des quotas et espèces autorisées.	**- Exploitation au-delà du volume** réprimée par l'article 158 (2) de la loi 94/01 du 20 janvier 1994 en ces termes : « est puni d'une amende de 3 000 000 à 10 000 000 francs CFA et d'un emprisonnement d'un (1) an à trois ans ou de l'une de ces peines l'auteur de l'exploitation au-delà des limites de la concession et/ou du volume en violation des articles 47(4) et 45 de la même loi, sans préjudices des dommages et intérêts des bois exploités tels que prévus par l'article 159 de la même loi ». **- Exploitation des espèces non autorisées** (Exploitation non autorisée dans une forêt domaniale) réprimée par les articles 158 et 159 de la loi 94/01 du 20 janvier 1994.
- Non-respect de la période de validité du titre.	**- Exploitation au-delà de la période accordée** réprimée par *l'article 158 (2) de la loi 94/01 du 20 janvier 1994* en ces termes : « est puni d'une amende de 3 000 000 à 10 000 000 francs CFA et d'un emprisonnement d'un (1) an à trois

	ans ou de l'une de ces peines l'auteur de l'exploitation au-delà de la période accordée en violation des articles 47(4) et 45 de la même loi, sans préjudices des dommages et intérêts des bois exploités tels que prévus par l'article 159 de la même loi ».
- Mauvaise tenue des documents de chantier carnet(s) DF10, Lettres de voiture, etc. (ratures, falsifications, incohérence, etc.) ; - Non-conformité DF10/LVG ; - Non-conformité des informations inscrites sur LV ou DF 10.	- **Non-respect des normes techniques d'exploitation** (non-respect des clauses du cahier des charges) réprimé par les *articles 65 de la loi 94/01 du 20 janvier 1994 et 128 de la loi 81/013 du 27 novembre 1981.* - **Falsification ou fraude sur tout document présenté pour le calcul d'une taxe (DF10, Lettre de voiture)** réprimée par l'*article 158 (7) de la loi du 20 janvier 1994.*
Non-respect des normes d'abattage c'est-à-dire : - Abattage d'arbres dans une lisière boisée (30 mètres, mesurée à partir de la ligne naturelle des hautes eaux, en bordure de la mer, d'un fleuve, d'un lac, d'un cours d'eau et d'un marécage. Cf. Article 15, NIMF) ; - Abattage sans autorisation d'arbres protégés ; - Non respect abattage directionnel/contrôlé (article 69 (3) et (4), NIMF) & Distance d'abattage inférieure à 30 m d'un plan d'eau.	- **Non-respect des normes techniques d'exploitation** (non-respect des clauses du cahier des charges) réprimé par les articles 65 de la loi 94/01 du 20 janvier 1994 et 128 de la loi 81/013 du 27 novembre 1981. - **Abattage sans autorisation, d'arbres protégés** réprimé par l'article 155 de la loi 94/01 du 20 janvier 1994 en ces termes : « est puni d'une amende de 50 000 à 200 000 francs CFA et d'un emprisonnement de vingt (20) jours à deux (2) mois ou de l'une seulement de ces peines, l'auteur de l'abattage sans autorisation d'arbres protégés, en violation de l'Article 43 de la même loi, sans préjudice des dommages et intérêts des bois exploités, tel que prévus par l'Article 159 de la même loi.
Non-respect des normes de Débardage c'est-à-dire : - Non planification des pistes de débardage de manière à ce qu'elles soient le moins longues possible en évitant les zones sensibles (article 78 (1) NIMF) ; - Non utilisation de la même piste de débardage lors du prélèvement de plusieurs sujets dans la même zone (article 78 (2) NIMF) ; - Non marquage des pistes de débardage avant l'entrée en forêt de la machinerie (article 79 (1), NIMF) ;	**Non-respect des normes techniques d'exploitation** (non-respect des clauses du cahier des charges) réprimé par les *articles 65 de la loi 94/01 du 20 janvier 1994 et 128 de la loi 81/013 du 27 novembre 1981*

- Non marquage des pistes de débardage devant permettre la protection des essences d'avenir recherchées et des portes graines identifiés par l'Administration (article 79 (1), NIMF) ; - Non utilisation des mêmes pistes de débardage si elles sont visibles lors de l'abattage des arbres dans une zone déjà exploitée (article 80 NIMF) ; - Arbres de plus de 10 centimètres de diamètre renversés lors du débardage (article 81, NIMF) ; - Non débardage, jusqu'à un parc accessible par route, de toutes les grumes provenant des arbres abattus à moins d'autorisation préalable de l'Administration chargée des forêts (article 82 (1), NIMF) ; - Abandon d'une grume le long d'une piste de débardage ou d'une route forestière (article 82 (2), NIMF) ; - Utilisation à des fins de débardage des routes et des pistes utilisées par les populations riveraines (article 83 (1), NIMF) ; - Non remise en état, des parties détériorées lors du débardage, des routes et pistes utilisées par les populations riveraines.	

Le contentieux forestier

Il est important de savoir que le contentieux forestier ou faunique peut être administratif ou pénal. Pour ce qui est du volet pénal, les infractions forestières et fauniques sont essentiellement des délits et contraventions dont le tribunal compétent est celui dit de ''Première Instance''. Il est important de garder en mémoire que le principe de légalité au Cameroun interdit qu'un comportement soit réprimé s'il n'entre pas dans les prévisions d'un texte pénal. Pour cette raison, il est indispensable pour un officier de police judiciaire, surtout à compétence spéciale, de s'appuyer sur les textes de loi avant de dresser PV.

Infractions pouvant suspendre ou stopper une activité forestière entamée

La loi a offert la possibilité au ministre des Forêts d'infliger une sanction administrative qui est le retrait de l'agrément ou la suspension de tout titre d'exploitation forestière. A ce propos, l'article

65 de la loi 94/01 du 20 janvier 1994 stipule que «*Toute infraction aux dispositions de la loi ou des textes réglementaires pris pour son application, et notamment la violation des prescriptions d'un plan d'aménagement d'une forêt permanente ou communautaire, ou la violation des obligations en matière d'installations industrielles, ou des réalisations des clauses des cahiers de charges entraîne soit la suspension, soit en cas de récidive, le retrait du titre d'exploitation ou le cas échéant, de l'agrément dans des conditions fixées par décret* ».

Ainsi donc, la suspension d'un agrément ou d'un titre d'exploitation forestière, est prononcée par le ministre chargé des Forêts, mais la décision de suspension doit être motivée et notifiée au mis en cause. Les agréments ou les titres d'exploitation forestière des sociétés dissoutes ou mises en liquidation sont retirés de plein droit. (cf. Art. 130 Décret). L'acte prononçant la suspension en précise la durée, sans que celle-ci puisse excéder six (6) mois. Par ailleurs, sans préjudice des pénalités, la suspension est prononcée en cas de récidive dans la commission d'une infraction passible d'une amende au moins égale à 3 000 000 F CFA. Il y a récidive lorsque, durant les douze (12) mois précédant la commission d'une infraction à la législation et/ou à la réglementation forestière(s), la même infraction a été constatée à la charge du contrevenant. (cf. Art. 131 Décret).

La suspension induit le retrait de l'agrément ou du titre d'exploitation forestière ainsi que l'arrêt des activités forestières du mis en cause et la saisie des produits forestiers non évacués. Elle ne peut être levée qu'après la cessation de la cause qui l'a entraînée et/ou le paiement de toutes les taxes et charges dues et exigibles. (cf. Art. 132 Décret).

Les textes précisent également que le retrait est prononcé de plein droit, en cas de non levée de la suspension pendant la période maximale de 6 mois, ou dans l'un des cas suivants :

- Poursuite des activités après notification de la suspension ;
- Constat d'une nouvelle infraction à l'encontre du mis en cause, au cours des douze (12) mois suivant la commission d'une seconde infraction ayant entraîné sa suspension ;
- Non-exécution des travaux d'aménagement.

Ce retrait induit la perte de l'agrément et/ou du titre d'exploitation forestière ainsi que l'arrêt définitif des activités liées à l'agrément et/ou au titre d'exploitation forestière et le règlement de tous les droits, taxes et redevances dues. Ces droits, taxes et redevances peuvent, le cas échéant, faire l'objet d'un recouvrement forcé. (Cf. Art 133 Décret).

À côté de tout ceci, l'usager doit également savoir que cette décision du ministre peut être attaquée par un recours devant la chambre administrative de la Cour Suprême. Il s'agit du **recours pour excès de pouvoir** qui doit être fait dans les trois mois à partir de la publication ou de la notification de la décision à attaquer. Il s'ouvre dans quatre cas :

- **Le vice de forme ;**
- **L'incompétence ;**
- **La violation d'une disposition légale ou réglementaire ;**
- **Le détournement de pouvoir.**

Pour que ce recours soit recevable, il faut préalablement qu'il y ait eu rejet d'un recours gracieux adressé à l'autorité signataire de l'acte que l'on souhaite attaquer (le ministre). Ce rejet peut être exprès, ou alors, se traduire par l'absence de réponse ou par le silence gardé de la part du ministre pendant une période de trois mois. Soixante jours à partir de la date de rejet ou du délai de constat de refus de la part du ministre, le justiciable peut, dès lors, engager le recours contentieux par voie de requête. En cas de recevabilité de celle-ci, le ministre peut selon sa convenance désigner un fonctionnaire ou un agent de l'État pour le représenter devant cette chambre administrative.

La transaction

La transaction est une voie réglementaire que le législateur a ouverte aux auteurs des infractions forestières, voire fauniques, pour éteindre le contentieux en la matière. Ceci est étayé par l'article 146 de la loi n° 94/01 du 20 janvier 1994 qui stipule que « *Les infractions à la législation et à la réglementation sur les forêts, la faune et la pêche peuvent donner lieu à transaction, sans préjudice du droit de poursuite du Ministère Public* ». Selon cette même loi et son décret d'application, une transaction est définie comme ''*...Un acte par lequel l'auteur d'une infraction commise à l'encontre de la législation ou de la réglementation manifeste sa volonté de réparer le préjudice par le paiement de certains droits*''. Les textes ci-dessus cités précisent que le bénéfice de la transaction est sollicité par le contrevenant, et que, non seulement elle est enregistrée aux frais de celui-ci, elle précise également les modalités et le délai limite retenu pour son règlement qui ne peut en aucun cas être supérieur à trois (3) mois. Elle doit être signée conjointement par le responsable compétent de l'administration chargée des Forêts et le contrevenant.

Selon la loi mentionnée, le ministre chargé des Forêts, ainsi que ses représentants régionaux sont les seuls habilités à transiger selon des modalités fixées par lesdits textes. A cet effet, le montant de la transaction ne peut, en aucun cas, être inférieur au minimum de l'amende prévue, augmenté éventuellement des sommes dues au titre des dommages-intérêts. Toute transaction, même déjà exécutée, conclue en violation des dispositions légales ou réglementaires, est de plein droit nulle et de nul effet. Le ministre chargé des Forêts notifie, à tout moment, cette nullité de plein droit au contrevenant (cf. Art 136 à 137 Décret). Pour une demande de transaction, les pièces à fournir sont les suivantes :

- Demande timbrée au tarif en vigueur, adressée au MINFOF ;
- Justificatifs de paiement au Trésor public des frais de transaction sur la base des fiches de versement préparées par la Brigade régionale de contrôle (BRC) et signés du DRFOF et du Coordonnateur du Programme de Sécurisation des Recettes Forestières (PSRF) ;
- Copie Procès-verbal de constatation de l'infraction à la législation et/ou à la réglementation forestière dûment rempli et contresigné éventuellement par le contrevenant et l'agent verbalisateur ;
- Copie Procès-verbal de saisie.

Procédure judiciaire simplifiée du contentieux forestier

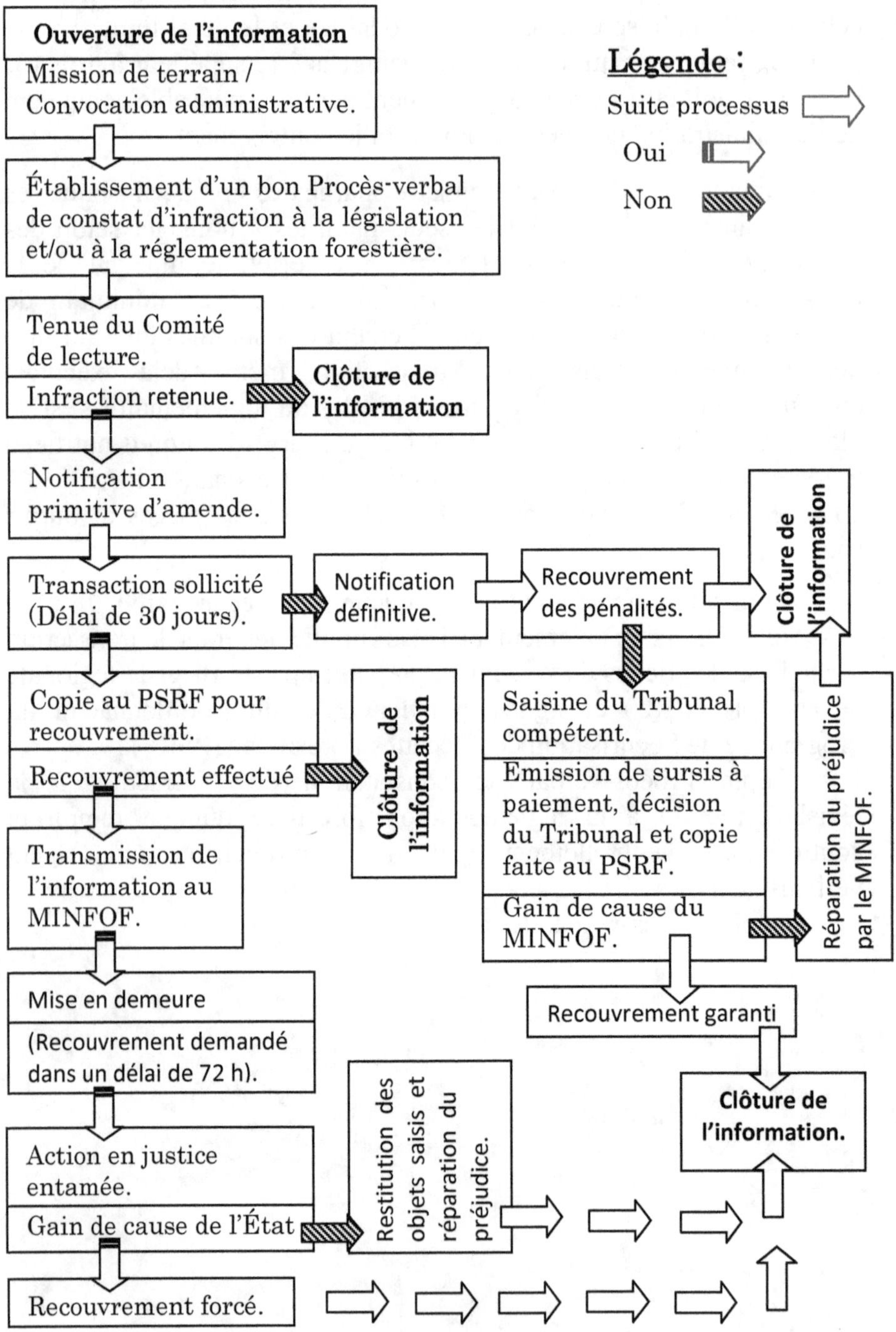

La main levée de saisie (saisie conservatoire ou définitive)

C'est une levée de sanction ou de décision prise à l'encontre d'un tiers (opérateur économique) dans l'exercice de l'activité forestière. Elle intervient en régularisation d'une infraction ou d'un manquement de la part de ce dernier constatée par les agents compétents de l'administration forestière. C'est un acte administratif qui justifie la réparation du préjudice encouru. Il est indispensable dans ce cas de figure d'être adjudicataire de la vente aux enchères publiques du bois saisi.

Pièces à fournir :

- Demande timbrée au tarif en vigueur, adressée au Délégué Régional ;
- Fournir les pièces justificatives de la légalité du bois (pour les saisies conservatoires) ;
- Justificatifs de paiement au trésor public du prix de vente aux enchères sur la base des fiches de versement préparées par le BRC et signés du DR et du Coordonnateur du Programme de Sécurisation des Recettes Forestières (PSRF) selon le cas.

Main levée de caution

Pièces à fournir :

- Demande timbrée au tarif en vigueur, adressée au MINFOF ;
- Constitution du cautionnement ;
- Attestation de respect des obligations fiscales ;
- Attestation de respect des normes d'intervention en milieu forestier.

Conclusion

Il se dit que le secteur forestier est un secteur dans lequel trop d'argent circule car on y manipule de gros sous, et généralement du cash. Il est également connu de tous que la profession d'opérateur économique (exploitant forestier) n'est pas exclusivement l'apanage des personnes de bonne moralité, sans perdre de vue que ce dernier est avant tout un commerçant d'un autre genre avec tout ce que cela sous-entend.

Face à ces considérations, l'on peut comprendre que certaines personnes viennent à penser ***''à tort''***, que l'exploitation forestière au Cameroun est un panier à crabes, un univers mafieux et corrompu dans lequel les dés sont d'avance pipés. Il faut avouer que cette impression est confortée par la panoplie de textes en vigueur régissant l'activité forestière au Cameroun, reconnus vastes et difficilement assimilables, donc non maitrisés par les différents acteurs de la filière.

À côté de cette situation, la longue chaîne de démarcheurs et facilitateurs cupides, qui de surcroît ne ratent aucune occasion pour arnaquer les investisseurs, en est également une préoccupation majeure qui justifie cette perception biaisée de la foresterie.

Au vu de ce qui précède, et au-delà de toute appréhension et idée préconçue sur la filière bois en général, il est indéniable que le secteur forestier camerounais bien que complexe et mal compris par ceux-là qui l'observent de loin, est compté parmi les plus organisés avec ses textes de loi avant-gardistes. Nous retiendrons tout de même que l'exploitation forestière au Cameroun est contrôlée (concessions forestières, ventes de coupe, permis d'exploitation de bois d'œuvre etc.), orientée (récupérations et enlèvement des bois, coupe de sauvetage), privée (forêt communale, communautaire ou de particulier), et parfois totalement incontrôlée (coupes sauvages et/ou illégales). Il existe, pour ce faire, un ensemble de procédures liées aux textes juridiques et réglementaires, dont la maîtrise devrait permettre à tous de s'épanouir dans cette activité hautement génératrice de revenus, et amener les exploitants forestiers à ne plus évoluer à l'aveuglette.

Le lecteur avisé voudra bien nous pardonner de ne reconnaître en cet ouvrage spécialisé aucun style littéraire classique, encore moins de trouver un débat nourri reflétant les grandes théories de l'heure que les forestiers de formation, les acteurs avérés, les chercheurs et théoriciens de tous bords abordent généralement.

Les abondantes illustrations bien que non numérotées sont présentées pour permettre une lecture et une compréhension plus digeste du présent ouvrage. Puisse notre modeste expérience de technicien en la matière, permettre aux acteurs aussi divers qu'ils soient, d'adopter un comportement mieux à même de respecter et de pérenniser l'exploitation de nos forêts. Le plus grand souhait que nous formulons à ce sujet est que les potentiels investisseurs, quel que soit le niveau d'intervention dans la filière, trouvent en ce document un outil de travail pouvant aider à mieux comprendre et appréhender les contours de l'exploitation forestière telle qu'elle est prévue au Cameroun.

BIBLIOGRAPHIE SÉLECTIVE

- Prosper M. SEME & Elisabeth MONGO, 2003 : *Textes nationaux sur la gestion des ressources forestières et environnementales.*

- Loi n° 94/01 du 20 janvier 1994 portant régime des forêts, de la faune et de la pêche ;

- Loi n° 96/12 du 5 août 1996 portant loi-cadre relative à la gestion de l'environnement ;

- Ordonnance n° 99/001/du 31 août 1999 complétant certaines dispositions de la loi N° 94/01 du 20 janvier 1994 portant régime des forêts, de la faune et de la pêche ;

- Décret n° 94/436/PM du 23 août 1994 fixant les modalités d'application du régime des forêts ;

- Décret n° 95-678-PM du 18 décembre 1995 instituant un cadre indicatif d'utilisation des terres en zone forestière méridionale.

- Décret n° 96/642/PM du 17 septembre 1996 Fixant l'assiette et les modalités de recouvrement des droits de redevances et taxes relatifs à l'activité forestière ;

- Décret n° 99/370 du 19 mars 1999 relatif au Programme de sécurisation des recettes forestières ;

- Décret n° 99/781/PM du 13 octobre 1999 fixant les modalités d'application de l'article 71 (1) nouveau de la loi n° 94/01 du 20 janvier 1994 portant régime des forêts, de la faune et de la pêche ;

- Décret n° 2000/092/PM du 27 mars 2000 modifiant le Décret n° 94/436/PM du 23 août 1994 fixant les modalités d'application du régime des forêts ;

- Décret n° 2005/0577PM du 23 février 2005 portant sur les modalités de réalisation des études d'impact environnemental ;

- Arrêté n° 0222/A/MINEF du 25 mai 2002 portant procédures d'élaboration, d'approbation, de suivi et de contrôle de la mise en œuvre des plans d'aménagement des forêts de production du domaine forestier permanent ;

- Arrêté n° 0315/MINEF fixant les critères de présélection et les procédures de choix des soumissionnaires des titres d'exploitation forestière ;
- Arrêté n° 0518/MINEF/CAB fixant les modalités d'attribution en priorité aux communautés villageoises riveraines de toute forêt susceptible d'être érigée en forêts communautaires ;
- MINEF, 2000 : *Dossier des fiches techniques de l'Arrêté fixant les procédures d'élaboration, d'approbation, de suivi et de contrôle des plans d'aménagement des forêts de production du domaine forestier permanent du Cameroun* ;
- MINFOF : *Manuel des procédures d'attribution et normes de gestion des forêts communautaires* ;
- MINFOF, 2003 : *Fiche technique sur les aménagements forestiers.*
- MINFOF, 1998 : *Guide d'élaboration des plans d'aménagement*
- MINFOF, 2012 : *Guide de l'Usager*
- MINFOF, 2012 : *Guide du contrôleur forestier*
- MINFOF, 2014 : *Rapport d'activités de spécification des produits forestiers au port de douala.*
- MINFOF, 2005 : *Stratégie nationale de contrôle forestier et faunique au Cameroun.*
- RIDDAC : *Le cadre juridique des forêts et de l'environnement au Cameroun*
- FAO, 2001 : *Évaluation des ressources forestières mondiales. Rapport principal.* (disponible à la page http://www.fao.org/forestry/fra)
- FAO, 2003 : *Rapport de la 16ème session du Comité des forêts. Rome* (disponible à la page http://www.fao.org/forestry/cofo)
- Adolphe OBAM : *Politique forestière au Cameroun : contribution à l'analyse de l'évolution et perspectives d'avenir.*
- Jérémie MEKOULOU et al., 2012 : *Etude sur la transformation du bois dur et rendements matières obtenus.*
- Traité relatif à la conservation et la gestion durable des écosystèmes forestiers d'Afrique Centrale (http : /www.comifac.org)
- Convention cadre sur les changements climatiques (http://unfccc.int/)

- Convention sur le commerce international des espèces de faune ou de flore sauvage menacées d'extinction (CITES, http://www.cites.org)
- Convention de Bâle sur le contrôle des mouvements transfrontaliers de déchets dangereux et de leur élimination (http://www.basel.int/)
- Convention de lutte contre la désertification (http://www.cilss.org)
- Convention sur la diversité biologique (http://www.biodiv.org/)
- Convention de Vienne pour la protection de la couche d'Ozone (http://ozone.unep.org/)
- Protocole de Kyoto (http://unfccc.int/)
- Protocole de Montréal (http://ozone.unep.org/)
- Protocole de Carthagène sur les risques biotechnologiques (http://www.biodiv.org/biosafety/default.aspx)

ANNEXES

- Glossaire.
- Essences forestières exploitables au Cameroun.
- Liste des essences forestières menacées du bassin du Congo.
- Principaux textes relatifs à la gestion forestière au Cameroun.
- Quelques traités et accords internationaux ratifiés par le Cameroun.
- Arrêté n° 0315 / MINEF fixant les critères de présélection et les procédures de choix des soumissionnaires des titres d'exploitation forestière.
- Liste des essences dont l'exportation est interdite sous forme de grumes.
- Décret n° 2005/0577/PM du 23 février 2005 portant sur les modalités de réalisation des études d'impact environnemental.
- Arrêté N° 0872/ MINEF du 23 octobre 2001 portant classification des essences forestières.
- Arrêté portant suspension de l'exploitation du Bubinga et du Wengué à titre conservatoire dans le domaine national.

GLOSSAIRE

ACTE ADMINISTRATIF	Écrit ou service d'une administration ou d'une institution sous forme de loi, d'ordonnance, de décret, de décision, de convention, de traité, d'accord, d'instruction, de circulaire, de communiqué, d'attestation, de certificat, de note, de rapport, d'autorisation, d'agrément, de procès-verbal.
ADJUDICATAIRE	Il s'agit ici de la personne qui fait l'offre la plus élevée lors d'une vente aux enchères.
AMÉLIORATION FORESTIÈRE	Changements au sein de la forêt qui affectent positivement la structure ou la fonction du peuplement ou du site et qui, par conséquent, augmentent sa capacité à fournir des produits et/ou des services.
APPEL D'OFFRES	C'est une procédure qui permet à un commanditaire de faire le choix de l'entreprise la plus à même de réaliser une prestation de travaux, fournitures ou services. Le but est de mettre plusieurs entreprises en concurrence pour fournir un produit ou un service.
ARBRE	Plante ligneuse pérenne avec une tige principale présentant un houppier plus ou moins distinct. Sont inclus, les bambous, les palmiers et toute autre plante ligneuse obéissant aux critères susmentionnés. (FAO. 2001. Évaluation des ressources forestières mondiales FRA 2 000 – Rapport principal. Rome). On peut également le définir comme un végétal ligneux non ramifié a la base et atteignant au moins 7 mètres de hauteur. Il est la principale source de production de bois qui désigne la substance dure, plus ou moins compacte ou fibreuse qui constitue la partie résistante de la tige, des branches et des racines. L'examen macroscopique de la section transversale d'un tronc d'arbre (fût) permet de constater : l'écorce, le cambium, l'aubier, le duramen (bois parfait), la moelle, les rayons médullaires et les cernes annuelles.
ARBRE HORS	Néologisme apparu en 1995. D'après la FAO, ce sont

FORÊT	des «arbres sur des terres n'appartenant pas à la catégorie des terres boisées qui incluent les forêts (ou terres forestières) et les autres terres boisées». Ce sont donc des arbres localisés sur les «autres terres», c'est-à-dire sur les terres agricoles, sur les terres bâties (établissements humains et infrastructures) et sur les terres nues (dunes, anciennes mines, etc.). Les arbres hors forêt comprennent tout arbre se trouvant en dehors de la forêt et en dehors des autres terres boisées, à savoir : - Les peuplements inférieurs à 0,5 hectare - Le couvert arboré des terrains agricoles tels que les systèmes agroforestiers, les jardins potagers familiaux, les vergers - Les arbres se trouvant en milieux urbains - Les arbres situés le long des routes et isolés dans le paysage (cf. page Internet : http: // fao.org/ forestry/ site/ tof/ en)
ARBUSTE	Type de végétation dans laquelle les éléments ligneux qui prédominent sont les arbustes, à savoir des plantes pérennes ligneuses dont la hauteur à maturité est généralement comprise entre 0,5 cm et 5 m et dont la couronne n'est pas définie. Les limites de hauteur des arbres et arbustes sont à interpréter avec flexibilité, en particulier la hauteur minimale des arbres et la hauteur maximale des arbustes, qui peut varier entre cinq et sept mètres. (FAO. 2001. Évaluation des ressources forestières mondiales FRA 2 000 – Rapport principal. Rome).
AUTORISATION PERSONNELLE DE COUPE	C'est, au sens de la loi une autorisation délivrée à une personne physique, pour prélever des quantités de bois ne pouvant dépasser trente (30) mètres cubes bruts, pour une utilisation personnelle non lucrative. Cette disposition ne s'applique pas aux riverains qui conservent leur droit d'usage. Les autorisations personnelles de coupe sont accordées de gré à gré, pour une période de trois (3) mois non renouvelable.
BIOMASSE SÈCHE	Encore appelée matière sèche, elle correspond à la biomasse anhydre, c'est-à-dire celle séchée au four à près de 70 degrés Celsius.
BOIS D'INDUSTRIE	C'est tout bois destiné à la fabrication de la pâte à papier (ébénisterie).
BOIS D'ŒUVRE	C'est tout bois de diamètre supérieur à 25 cm et ayant

	une longueur de 2 m destiné à la transformation industrielle ou artisanale. Le bois d'œuvre doit avoir une circonférence d'au moins 78 cm et d'une longueur minimale de 2 m, ayant une valeur technologique élevée et n'étant pas affecté (courbures, pourritures, chicots redents, méplats, etc.)
BOIS DE FEU	Il s'agit du bois dur, durable avec un bon pouvoir calorifique, ne pouvant faire l'objet de service ou de sciage.
BOIS DE SERVICE	Il s'agit de tout bois ayant une bonne rectitude et un diamètre compris entre 10 – 25 cm et une longueur de 1 m et plus. Le bois de service peut être des poteaux, des perches, des piquets, des perches, des gaulettes, etc. Un piquet doit avoir une bonne rectitude, une circonférence d'au moins 38,50 cm et d'une longueur de 2,25 m au moins, tandis qu'une perche doit avoir une bonne rectitude, une circonférence minimale de 28,50 cm et d'une longueur de 4 m au moins.
BOIS DES CHAMPS	Néologisme qui fait allusion aux bois exploitables et de grande valeur marchande se trouvant dans les plantations des populations riveraines dans les parages d'une zone d'exploitation forestière. Ces populations, en raison de leur condition sociale peu évidente, se retrouvent à proposer aux exploitants forestiers véreux l'achat de ces arbres contre avis des représentants locaux de l'administration forestière moyennant paiement d'une somme convenue de commun accord entre l'exploitant forestier et le propriétaire coutumier de la parcelle dans laquelle se trouve l'arbre. Il est important de relever que cette pratique est réprimée par les textes régissant l'exploitation forestière au Cameroun.
BOIS ÉNERGIE	Il est constitué du bois de chauffe et le charbon de bois.
BOIS MASSIF	Technique constructive dans laquelle les parois sont en bois plein par empilement de madriers posés horizontalement, ou en bois debout, avec les madriers verticaux.
BOIS MORT	Ce sont les bois qui n'ont aucune vitalité sur pied. Il est différent du sous-bois qui est constitué d'arbustes, des herbacées, des débris des végétaux…
BOIS NON COMBUSTIBLE	Vocable qui désigne des produits ligneux putrescibles ou non combustibles au feu pour des raisons

	coutumières ou technologiques (bois très tendres).
BOISEMENT	Établissement de plantations forestières sur des terres qui, précédemment, n'étaient pas classées comme forêts. Le terme implique le passage de l'état de non-forêt à celui de forêt. (FAO. 2001. Évaluation des ressources forestières mondiales FRA 2 000 - Rapport principal. Rome)
CAUTION CAUTIONNEMENT	Montant à verser à l'avance au Trésor public par le bénéficiaire d'un titre d'exploitation forestière. Ces sommes constituent un fonds de garantie pour ses obligations fiscales.
CELLULE D'AMÉNAGEMENT	Service au sein d'une société d'exploitation forestière chargé des opérations d'aménagement
CLAUSES GÉNÉRALES	Elles concernent les prescriptions techniques relatives à l'exploitation des produits concernés et, dans le cas des forêts domaniales, les prescriptions d'aménagement que doit respecter le bénéficiaire.
CLAUSES PARTICULIÈRES	Elles concernent les charges financières, ainsi que celles en matière d'installations industrielles et de réalisations sociales telles que les routes, les ponts, les centres de santé, les écoles, au profit des populations riveraines.
COMITÉ PAYSAN-FORÊT (CPF)	C'est un organe de représentation des populations dans les négociations auprès de l'administration et l'exploitant pour tout ce qui concerne l'environnement en général et les forêts en particulier. Ce comité est constitué par les représentants des populations riveraines d'une concession forestière en vue de leur implication dans la gestion forestière. Leur mandat général est de donner leur avis consultatif motivé sur les dossiers forestiers soumis par l'administration compétente, l'exploitant forestier et les membres des communautés rurales riveraines.
CONCESSION FORESTIÈRE	Elle désigne le territoire sur lequel s'exerce la convention d'exploitation forestière. Elle peut être constituée d'une ou plusieurs unités d'exploitation. Elle est attribuée après avis d'une commission compétente suivant des modalités fixées par décret. Elle peut être transférée suivant des modalités fixées par décret.
CONNAISSEMENT	Le connaissement est le document matérialisant le contrat de transport maritime conclu entre le chargeur et le transporteur maritime. Il est également un titre

	représentatif des marchandises. C'est un titre de propriété endossable.
CONTRAT DE SOUS-TRAITANCE	Il s'agit d'une convention définissant les activités d'exploitation et d'aménagement forestier qu'un promoteur est appelé à exécuter dans le cadre de l'aménagement ou de l'exploitation d'une forêt. Il ne confère au sous-traitant aucun droit de propriété sur les produits forestiers exploités. L'exploitation en régie d'une unité forestière d'aménagement dans le cadre d'un contrat de sous-traitance ne peut se faire qu'avec le concours exclusif d'un promoteur de nationalité camerounaise.
CONTREPLAQUÉS	Le contreplaqué et ses variantes sont composés de plusieurs couches de placages de bois déroulé collées entre elles. L'épaisseur d'un panneau varie entre 1 mm et 50 mm. Lamellé-collé : Le lamellé-collé ou bois lamellé est un procédé de fabrication consistant à coller des lamelles, généralement de bois, avec les fibres du matériau dans le même sens…
CONVENTION D'EXPLOITATION	Il s'agit d'un document qui confère au bénéficiaire le droit d'obtenir un volume de bois donné provenant d'une concession forestière, pour approvisionner à long terme son ou ses industrie(s) de transformation de bois. La convention d'exploitation est assortie d'un cahier de charges et définit les droits et obligations de l'État et du bénéficiaire. Elle est conclue pour une durée de quinze (15) ans renouvelable et est évaluée tous les trois (3) ans.
CONVENTION DE GESTION	Contrat par lequel l'administration chargée des forêts ou de la faune confie à une communauté un territoire du domaine national, en vue de sa conservation et de l'utilisation durable des ressources forestières ou fauniques, dans l'intérêt de cette communauté. C'est également un accord de gestion requis pour permettre à un tiers de mener les activités forestières dans un titre forestier donné.
COUPE	Volume (sur écorce) de tous les arbres, vivants ou morts, dont le diamètre est supérieur à 10 cm à hauteur d'homme, coupés annuellement dans les forêts et les autres terres boisées.
COURS D'EAU	Écoulement continu de l'eau sous l'action de la gravité, dans un lit limité par des berges.
COUVERT	Le pourcentage de sol couvert par la projection

FORESTIER	verticale du périmètre le plus externe de l'expansion naturelle du feuillage des plantes. (Également appelé fermeture du couvert).
DÉFORESTATION	Conversion de la forêt à une autre utilisation des terres ou la réduction à long terme du couvert arboré au-dessous du seuil minimal de dix pour cent. La déforestation implique la perte, à long terme ou permanente, du couvert forestier et la conversion à une autre utilisation des terres. Cette perte ne peut être causée et maintenue que par une perturbation permanente, d'origine anthropique ou naturelle. La déforestation comprend les superficies forestières converties pour l'agriculture, le pâturage, la création de réservoirs d'eaux ou de centres urbains. La déforestation comprend aussi les zones où, par exemple, l'impact de la perturbation, la surexploitation ou le changement des conditions environnementales affectent tellement la forêt qu'elle ne peut maintenir un couvert arboré supérieur au seuil de 10 %. (FAO. 2001. Évaluation des ressources forestières mondiales FRA 2 000 – Rapport principal. Rome)
DÉFRICHEMENT	Action de supprimer les arbres ou le couvert de la végétation naturelle d'un terrain forestier, en vue de lui donner une affectation non forestière, quels que soient les moyens utilisés à cet effet. Le défrichement de tout ou partie d'une forêt domaniale ou d'une forêt communale est subordonné au déclassement total ou partiel de cette forêt.
DÉGRADATION FORESTIÈRE	Changements au sein de la forêt qui affectent négativement la structure ou la fonction du peuplement ou du site et qui, par conséquent, diminuent sa capacité à fournir des produits et/ou des services. (FAO. 2001. Évaluation des ressources forestières mondiales FRA 2 000 – Rapport principal. Rome)
DENSITÉ EN BOIS	Rapport entre le poids anhydre et le volume sans écorce de bois vert sur pied. Permet de calculer la biomasse ligneuse incluse dans le poids de la matière sèche.
DÉROULAGE	Le bois est décrit comme étant déroulé lorsqu'on le fait tourner sur un axe, et on utilise une lame pour en trancher une mince feuille, "déroulant" ainsi le bois homogène de qualité permettant un débit en feuillets

	par une lame fixe attaquant le billon tangentiellement. En d'autres termes, c'est l'action de débiter une bille de bois à l'aide d'une dérouleuse en une feuille de bois mince et continue. Les grumes destinées au déroulage doivent être préalablement écorcées pour enlever toute matière pouvant être nocive aux outils de déroulage. Les essences habituellement recherchées au déroulage sont tendres à mi-dure, les grumes étant bien conformées et sans défauts afin d'obtenir un bon rendement. Le bois doit de plus avoir un bon comportement au séchage afin de limiter les risques de fonte et de déformation des placages. Les bois durs doivent être préalablement étuvés avant le déroulage qui s'effectue généralement en deux grandes phases : la préparation des billes (lavage, étuvage, écorçage, pré-tournage) et la production des placages (déroulage, massicotage, premier classement, séchage, classement final, bouchonnage ou pastillage, jointage, encollage, pressage, délignage et la mise en palettes sous forme de colis).
DIVERSITÉ BIOLOGIQUE	Variabilité des organismes vivants de toute origine y compris, entre autres, les écosystèmes terrestres, marins et autres écosystèmes aquatiques et les complexes écologiques dont ils font partie; cela comprend la diversité au sein des espèces et entre espèces ainsi que celle des écosystèmes. (Convention sur la Biodiversité, art. 2 : http:// www. biodiv. Org /convention /articles.asp).
DROIT D'USAGE OU COUTUMIER	C'est, au sens de la loi forestière, celui reconnu aux populations riveraines d'exploiter tous les produits forestiers, fauniques et halieutiques à l'exception des espèces protégées en vue d'une utilisation personnelle. Toutefois, à l'exception des réserves de faune, des sanctuaires et des zones tampons où ils peuvent être autorisés ; il ne s'applique ni aux réserves écologiques intégrales, ni aux parcs nationaux, ni aux jardins zoologiques ou aux game-ranches.
DROIT DE PRÉEMPTION	Droit dont jouissent les communautés villageoises en cas d'aliénation des produits naturels compris dans les forêts de leur ressort territorial. L'administration chargée des forêts doit, aux fins de la prise en charge de gestion des ressources forestières par la communauté villageoise qui en manifeste l'intérêt, leur

	accorder l'assistance. Une convention est alors signée entre les deux parties.
ÉCOSYSTÈME	Complexe dynamique formé de communautés de plantes, d'animaux et de micro-organismes et de leur environnement non vivant qui, par leur interaction, forment une unité fonctionnelle.
ESPÈCE INTRODUITE	Encore appelée « espèce exotique », il s'agit de toute essence introduite en dehors de son aire de répartition géographique courante, passée et actuelle.
EXPLOITATION DE GRÉ À GRÉ	C'est une exploitation faite par le responsable de la forêt en personne. Il fixe délibérément ses conditions
EXPLOITATION FORESTIÈRE	C'est l'ensemble des opérations techniques de récolte, de coupe, de façonnage, de transformation et de vente de bois et d'autres produits forestiers. Cette définition englobe l'exploitation des bois qui désigne également toutes les opérations effectuées en forêts dont le but est de mettre en valeur le bois. C'est une chaîne de production composée de différentes étapes qui succèdent dans un ordre bien défini à savoir la coupe des arbres, le débardage, le façonnage et le transport dans certains cas.
FORÊT	C'est un ensemble d'arbres sur un territoire plus ou moins grand et exerçant une influence sur ce dernier. Au sens de la loi 94/01, ce sont des terrains comportant une couverture végétale dans laquelle prédominent les arbres, arbustes et autres espèces susceptibles de fournir des produits autres qu'agricoles. Le régime de propriété des forêts est défini par les dispositions de la loi 94 ainsi que par les législations foncière et domaniale. Selon les hommes de science, c'est un couvert arboré supérieur à 10 % et occupant une superficie de plus de 0,5 hectare. Les arbres doivent être capables d'atteindre une hauteur minimale de 5 m à maturité in situ. Il s'agit soit des formations forestières fermées où les arbres de différents étages et le sous-bois couvrent une grande partie du sol, soit de cette formation, forestière ouverte avec un couvert végétal continu dans lesquelles le couvert arboré excède 10 %.
FORÊT COMMUNALE	Une forêt qui, conformément à l'article 30 (1) de la loi, a fait l'objet d'un acte de classement pour le compte de la commune concernée ou qui a été plantée par elle sur un terrain communal.

FORÊT COMMUNAUTAIRE	Une forêt du domaine forestier non permanent, faisant l'objet d'une convention de gestion entre une communauté villageoise et l'Administration chargée des forêts. La gestion de cette forêt relève de la communauté villageoise concernée, avec le concours ou l'assistance technique de l'Administration chargée des forêts.
FORÊT D'ENSEIGNEMENT ET DE RECHERCHE	Forêt dont l'objet est de permettre la réalisation de travaux pratiques par les étudiants en sciences forestières, et de projets de recherche scientifique par des organismes reconnus à cet effet. Toute activité d'exploitation forestière, de chasse et de pêche, en dehors d'un cadre d'enseignement et de recherche, y est interdite.
FORÊT DE GALERIE	Ce sont des forêts se trouvant le long des cours d'eau dans les milieux soudano-guinéens, soudanais et sahéliens. La frange de forêts est généralement étroite et peut atteindre jusqu'à 500 mètres de largeur sur couvert fermé.
FORÊT DE PRODUCTION	Périmètre destiné à la production soutenue et durable de bois d'œuvre, de service ou de tout autre produit forestier ; les droits d'usage en matière de chasse, de pêche et de cueillette y sont réglementés.
FORÊT DE RÉCRÉATION	Forêt dont l'objet est de créer et/ou de maintenir un cadre de loisirs, en raison de son intérêt esthétique, artistique, sportif ou sanitaire. Toute activité d'exploitation forestière et de chasse y est interdite. Toutefois, afin d'améliorer ce cadre de loisir, l'aménagement des sentiers pédestres, d'aires de repos et le nettoiement de la forêt y sont autorisés.
FORÊT DENSE HUMIDE SEMPERVIRENTE	Ce sont les forêts situées dans la région où la pluviométrie est supérieure à 1 800 mm/an et où les arbres gardent leurs feuilles pendant toute l'année. On peut citer dans ce groupe : Les forêts ombrophiles de basse altitude à *Lophira alata* Les forêts ombrophiles atlantiques de moyenne altitude sur les contreforts montagneux Les forêts hémi-ombrophiles congolaises inondées Les forêts denses humides de montagne et de haute montagne.
FORÊT	C'est une forêt de feuillus sur sol hydromorphe. La

MARÉCAGEUSE	forêt peut être inondée en permanence ou temporairement.
FORÊT NATURELLE	Forêt composée d'arbres indigènes et non classée comme plantation forestière. (FAO. 2001. Évaluation des ressources forestières mondiales FRA 2 000).
FORÊT PRIMAIRE	Formations où l'action de l'homme ne s'est manifestement pas exercée depuis un temps indéchiffrable.
FORÊT SECONDAIRE	Forêt en grande partie régénérée de façon naturelle suite à une importante perturbation d'origine naturelle ou anthropique de la végétation forestière originelle. La perturbation pourrait avoir eu lieu à un moment donné ou pendant une période prolongée. C'est une formation où l'action de l'homme s'est manifestée à une période plus ou moins récente. Elle peut être qualifiée de jeune ou d'adulte.
FORÊT SOUS AMÉNAGEMENT	Une forêt permanente dont la gestion se fait conformément à des objectifs précis, sur la base d'un plan d'aménagement tel que défini à l'article 23 de la loi.
FORÊT/AUTRES TERRES BOISÉES AMÉNAGÉES	Forêt ou autres terres boisées aménagées conformément à un plan officiel ou non officiel, appliqué régulièrement pendant une période suffisamment longue (cinq ans ou davantage).
FOURCHE	Branches de bois ayant des formes particulières qui intéressent les opérateurs économiques.
GESTION PARTICIPATIVE	Toute approche de gestion des ressources fauniques qui, dans toutes les phases de son élaboration et de sa mise en œuvre, intègre de façon optimale les populations locales et tous les autres intervenants.
GRUMES	Bois écorcés ou non représentant la partie bien configurée d'un tronc d'arbre destiné à l'exploitation pour les besoins de ravitaillement des usines de tranchage, déroulage ou de sciage. L'extrémité de la grume au voisinage de la racine est la culée, l'extrémité opposée est la tête.
INTERVENTIONEN MILIEU FORESTIER (NORMES)	Il s'agit de l'ensemble des règles officielles établies par l'administration des forêts relatives à la conduite des opérations d'exploitation forestière. Ces normes visent à limiter, voire minimiser les dégâts causés du fait de l'exploitation des forêts. Il s'agit des éléments obligatoires à prendre en considération lors de la

	confection des plans d'aménagement et des plans simples de gestion qui doivent en intégrer le contenu dans leurs prescriptions pour être approuvés dans le temps et dans l'espace.
JARDIN BOTANIQUE	Site destiné à conserver et à associer des plantes spontanées ou introduites bénéficiant d'une protection absolue, dans un but scientifique, esthétique ou culturel.
LAMBRIS	Le lambris est un ouvrage d'assemblage constitué de panneaux de bois découpés en plaques fines, placés dans des cadres ou un revêtement de bois, de stuc ou en marbre généralement placés sur les murs intérieurs des habitations pour les habiller et les décorer.
LES CHECK POINT	Ce sont des points de passage obligatoires pour le contrôle érigés par les ministères des finances et des Forêts en vue de suivre l'utilisation dans le territoire national des documents sécurisés de gestion forestière que sont principalement les lettres de voiture pour les produits transportés.
LETTRE DE VOITURE	Document sécurisé donnant des indications sur les produits forestiers à transporter.
LIT D'UN COURS D'EAU	Dépression naturelle du sol exemple de végétation ou avec présence d'une prédominance de plantes aquatiques et caractérisée par des signes de l'écoulement de l'eau.
LITIÈRE	Comprend toute la biomasse non vivante de diamètre inférieur à tout autre diamètre minimal choisi par le pays pour le bois mort (par ex. 10 cm), gisant à plusieurs niveaux de décomposition au-dessus du sol minéral ou organique. Le terme comprend les couches de litière, fumier et humus. Les racines fines vivantes (de diamètre inférieur à la limite de diamètre suggérée pour la biomasse au-dessous du sol) font partie de la litière lorsqu'elles ne peuvent pas en être différenciées de façon empirique.
MANGROVE	Constituée de peuplements généralement purs, c'est une forêt sempervirente liée aux alluvions marines et dominée par la présence des palétuviers et Pandarus sp.
MICRO ZONAGE	Ce terme désigne un plan d'utilisation ou d'affectation des terres à l'intérieur d'une concession ou d'une unité forestière d'aménagement.
PARC NATIONAL	Périmètre d'un seul tenant, dont la conservation de la

	faune, de la flore, du sol, du sous-sol, de l'atmosphère, des eaux, et en général, du milieu naturel, présente un intérêt spécial qu'il importe de préserver contre tout effort de dégradation naturelle, et de soustraire à toute intervention susceptible d'en altérer l'aspect, la composition et l'évolution.
PARQUETS	Le parquet est un revêtement de sol composé d'un assemblage de lames de bois. Le parqueteur est l'ouvrier chargé de placer le parquet sur un sol, c'est-à-dire parqueter un sol.
PERCHE OU GAULE	Bois d'un diamètre inférieur à 5 centimètres.
PÉRIMÈTRE DE REBOISEMENT	Terrain reboisé ou destiné à l'être, et dont l'objectif est la production des produits forestiers, et/ou la protection d'un écosystème fragile. Les droits d'usage en matière de chasse, de pêche, de pâturage et de cueillette y sont réglementés en fonction de l'objectif assigné audit périmètre de reboisement.
PERMIS DE RECHERCHE	Autorisation d'accès à la ressource dans les aires protégées appartenant à l'État.
PLACAGES	Dans le domaine de l'ébénisterie, le placage désigne de fines tranches en bois que l'on colle sur du massif, ainsi que la technique employée pour les coller.
PLAN D'AMÉNAGEMENT	Document technique élaboré par l'Administration chargée de la faune et/ou des forêts ou de toute personne physique ou morale commise par elle, qui fixe les actions à mener dans un lieu dans le temps.
PLAN D'EAU	Partie du territoire occupée ou pouvant l'être par de l'eau et comportant : la mer, le fleuve, la rivière, le ruisseau, le lac, le marécage, le marigot.
PLAN DE GESTION	Document technique élaboré par l'Administration chargée de la Faune ou par toute personne physique ou morale commise par ladite Administration, en vue de planifier dans le temps et dans l'espace toutes les stratégies à mettre en œuvre pour une utilisation durable d'une ou de plusieurs ressources fauniques données.
PLANTATION FORESTIÈRE	Peuplements forestiers établis par plantation et/ou semis dans un processus de boisement ou de reboisement. Il s'agit d'espèces introduites (tout peuplement planté) ou de peuplements d'espèces indigènes soumis à un aménagement intensif et obéissant aux critères suivants : une ou deux espèces

	plantées, de classe équienne, avec un espacement régulier. (FAO. 2001. Évaluation des ressources forestières mondiales FRA 2 000 – Rapport principal. Rome)
PROCÉDURE ADMINISTRATIVE	Ensemble de normes, de règles, des instructions et des consignes formellement prévues, à respecter dans l'exécution d'une activité.
PRODUITS FORESTIERS	Ils sont essentiellement constitués, de produits végétaux ligneux et non ligneux, ainsi que les ressources fauniques et halieutiques tirées de la forêt (Art.9 loi). Certains produits forestiers, tels que l'ébène, l'ivoire, les trophées d'animaux sauvages, ainsi que certaines espèces animales ou végétales, médicales, ou présentant un intérêt particulier, sont dits produits spéciaux. La liste desdits produits spéciaux est fixée, selon le cas, par l'administration compétente.
PRODUITS FORESTIERS NON LIGNEUX (PFNL)	C'est tout produit d'origine biologique autre que le bois dérivé des forêts, des autres terres boisées et des arbres hors forêt. (FAO, site Web sur les PFNL : http: // www.fao.org/ forestry/ site/ 6388/fr)
PRODUITS SPÉCIAUX	Produits forestiers, tels que l'ébène, l'ivoire, les trophées d'animaux sauvages, ainsi que certaines espèces animales ou végétales, médicales, ou présentant un intérêt particulier.
REBOISEMENT	Établissement de plantations forestières sur des terres temporairement déboisées considérées comme forêts. (FAO. 2001. Évaluation des ressources forestières mondiales FRA 2 000 – Rapport principal. Rome)
RECOLLEMENT	Différence entre ce qui a été concédé et ce qui reste.
RÉGÉNÉRATION NATURELLE ASSISTÉE	Régénération naturelle de la forêt/autres terres boisées effectuée par intervention humaine délibérée dans le but de favoriser la régénération d'espèces données. Les interventions peuvent comprendre l'élimination de pressions externes, telles que les herbes et les interférences biotiques ; l'application d'actions contrôlées qui stimulent la germination des espèces indigènes, tels que feux écologiques ou en mosaïque ; ou la préparation du site pour la germination à travers des opérations telles que la scarification.
RÉSERVE ÉCOLOGIQUE INTÉGRALE	Périmètre dont les ressources de toute nature bénéficient d'une protection absolue.

RESSOURCES FORESTIÈRES	Aux fins de l'évaluation des ressources forestières mondiales, les ressources forestières comprennent toutes les ressources se trouvant dans la forêt et dans les autres terres boisées, ainsi que les arbres hors forêt.
SANCTUAIRE	Aire de protection dans laquelle seules les espèces animales ou végétales nommément désignées bénéficient d'une protection absolue.
SANCTUAIRE DE FLORE	Périmètre destiné à la protection absolue de certaines espèces endémiques végétales. Toute action pouvant concourir à la destruction des espèces concernées y est interdite. Les activités qui y sont autorisées ou proscrites sont fixées dans l'acte de classement.
SCIAGE	Le terme sciage désigne une découpe au moyen d'une scie. Parfois, il peut servir à désigner l'industrie de première transformation du bois quand il est utilisé au singulier. Par contre, quand il est utilisé au pluriel, il désigne les produits issus de cette activité. Les opérations du sciage s'articulent autour du débitage (mise en en épaisseur), délignage (mise en largeur), vérification et triage, éboutage (mise en longueur), le classement et enfin le colisage.
SCIE	C'est un outil à une lame dentée en acier trempé, destinée à couper des matériaux tels que le bois, la pierre, les métaux… Elle est actionnée par divers moyens tels que la force musculaire, l'électricité ou l'eau. Les Grecs attribuaient son invention à Thalos, le neveu de Dédale.
SCIE DE TÊTE	La scie à ruban est une machine-outil qui met en rotation une bande en acier fermée sur elle-même; elle sert principalement au délignage de plateaux en menuiserie et elle permet également le chantournage grâce à des lames de faible largeur. La scie à ruban est une scie rapide pouvant couper une grande hauteur avec le même angle d'attaque. Elle n'a qu'un seul sens de coupe.
TABLE DE CONTENANCE	Encore appelé planimétrie des strates, c'est un tableau récapitulatif qui présente la combinaison des surfaces et des volumes.
TABLE DES PEUPLEMENTS	Il s'agit d'un tableau dans lequel est présenté par classe de diamètre le nombre de tiges issues des dénombrements lors d'un inventaire que ce soit de type aménagement ou d'exploitation.
TABLE DES	Il s'agit d'un tableau dans lequel sont présentés par

STOCKS	classe de diamètre les volumes issus des tiges inventoriées.
TERRAIN MIS EN DÉFENS	Périmètre dégradé, fermé à toute activité humaine pendant une période de temps déterminée, en vue de favoriser la régénération forestière naturelle ou artificielle sur ce terrain et de restaurer sa capacité productive.
TITRE D'EXPLOITATION FORESTIÈRE	Document qui donne droit à l'exploitation d'une vente de coupe, d'une concession forestière, ou de tout massif forestier selon l'affectation qu'on lui donne.
TRANCHAGE	C'est l'opération qui consiste à débiter en placages une bille thermiquement bien traitée montée sur deux broches. En d'autres termes, c'est le découpage des bois en plaques minces parallèlement à l'axe de la pièce de bois au moyen d'une lame coupante travaillant à la manière d'une lame de rabot. Il existe en général deux types de tranchage à savoir le tranchage à plat qui consiste à couper, à l'aide d'une lame (dont le pas est préalablement réglé pour définir l'épaisseur), les quartelots en placage d'épaisseurs uniformes selon une orientation déterminée. Le tranchage semi-déroulé quant à lui consiste à couper ces quartelots en placage. Il est question de les faire passer contre une lame en suivant une trajectoire circulaire permettant d'obtenir les feuilles selon un angle perpendiculaire aux rayons médullaires de l'essence.
ZONE TAMPON	Aire protégée située à la périphérie de chaque parc national, réserve naturelle ou réserve de faune, destinée à marquer une transition entre ces aires et les zones où les activités cynégétiques, agricoles et autres sont librement pratiquées.

ESSENCES FORESTIÈRES EXPLOITABLES AU CAMEROUN

Nom pilote ATIBT	Nom scientifique	Nom pilote ATIBT	Nom scientifique
Abale/Abing /Essia,	*Petersianthus macrocarpus*	Abam vrai	*Gambeya lacouritiana*
Abam à grandes feuilles	*Letestua durissima*	Abem	*Berlinia auriculata*
Abam à poils rouges	*Gambeya besuei*	Abura/Bahia	*Mitagyna ciliata*
Abam blanc	*Gamgeya lacouritiana*	Acajou de Bassam/Ngollon	*Khaya ivorensis*
Abam à fruits jaunes	*Gambeya botryssisantra*	Afromorsia/Ass amela	*Pericopsis elata*
Abam evele	*Gambeya perpulchra*	Agba/Tola	*Gossweilerodendro n balsamiferum*
Abam fusil avec poils	*Aninseria robusta*	Aielé/Abel	*Canarium schweinfurthii*
Ako/Aloa	*Antiaris africana*	Alep	*Desbordesia glaucescens*
Albizia/Angoyeme	*Albizia zygia*	Amvout/Ekong	*Trichocypha acuminata*
Alumbi	*Jubernardia seretii*	Andoung, brun	*Monopetalanthus microphillus*
Andoung rose	*Monopetalanthus letestui*	Anzem	*Coparifera religiosa*
Aniegré/Aningre	*Aningerica spp*	Asila/kioro/Om ang	*Maranthes spp*
Avodiré	*Tureanthus africanus*	Awoura	*Paraberlinia bifoliolata*
Ayous/Obéché	*Triplochyton scleroxylon*	Beté / Mansonia	*Mansonia altissima*
Azobé/Bongossi	*Lophia alata*	Bilinga	*Nauclea diderrichii*
Bibolo/ Dibétou	*Lovoa trichilioides*	Bodioa	*Anopixis klaineana*
Bossé	*Guarea spp*	Bubinga	*Guiboursia tesmani*
Cordia/Ebé	*Cordia platythyrsa*	Dabéma/Atui	*Piptadenia africana*
Douka/Makoré	*Tieghemela africana*	Dambala	*Discoglypremna caleuneura*
Doussié blanc /Apa	*Afzelia africana*	Doussié rouge	*Afzelia bipidensis*
Diana/Odou	*Celtis adolfi freerici*	Ebiara/Abem,	*Berlinia bracteosa*
Ekaba	*Tetraberlinia bifoliolata*	Ekop D	*Monoprthalanthus longiracemosus*

Ekop Ekusek	*Gilbertiodendron b.*	Ekop F	*Newtonia sp.*
Ekop G	*Plagiosiphon gabonensis*	Ekop G.H	*Talbotiella batesii*
Ekop Gombe mamelle	*Didelotia unifoliolata*	Ekop I	*Plagiosiphon multijugus*
Ekop J.	*Plagiosiphon longibus*	Ekop leke	*Brachystegia zenkeri*
Ekop Mfang	*Librevillia klainei sp*	Ekop Naga nord-Ouest	*Brachystegia kennedyl*
Ekop ribi	*Tetraberlinia polyphyla*	Ekop tani	*Cryptosepalum staudtii*
Ekoune	*Coelocryon klanei*	Ekoussek	*Gilbertiodendron brachystegioides*
Emien/ Ekouk	*Alstonia boonei*	Essak	*Albizia glaberrima*
Esseng/Lo	*Parkia bicolor*	Essessang	*Ricinodendron heudelotii*
Esson	*Stemonocoleus micranthus*	Esson	*Stemonocoleus micranithus*
Etimoé	*Capaifera mildbraedii*	Eveuss	*Klainedoxa gabonensis*
Evoula /Vitex	*Vitex thyrsiflora*	Eyeck	*Pachyelasma tessmanii*
Eyong	*Eribroma oblongum*	Eyoum	*Dialum spp.*
Faro	*Daniella ogea*	Framiré	*Terminalia ivorensis*
Fromager/Ceiba	*Ceiba petendra*	Gombe zing	*Toubouate brevipaniculata*
Gombe/Ekop Gombe	*Didelotia spp*	Iatandza/ Evouvous	*Albizia feruginea*
Ilomba	*Pycnathus angolense*	Iroko	*Chlorophora excelsa*
Kanda	*Beilschmiedia anacardioides*	Kapokier/Bombax/Essodoum	*Bombax buonopozense*
Kondroti /Ovounga	*Rodognalon brevicuspe*	Kossipo	*Entandrophragma candollei*
Kotibé	*Nesogordonia papaverifera*	koto	*Pterygota macrophyla*
Kumbi/Ekoa	*Lannea welwitschii*	Landa	*Erythroxylum mannii*
Lati	*Amphimas ferruginea*	Limba/Fraké	*Terminalia superba*
Limbali	*Gibertiodendrondewe vrei*	Longhi/ Abam	*Gambeya africana*
Lotofa/Nkanang	*Sterculia rhinopetala*	Mambode/ Amouk	*Detarium macrocarpum*
Miama	*Calpocalyx heittzii*	Moabi	*Baillonella toxisperma*
Moambe	*Enantia clorantha*	Mukulungu	*Autranella cogolensis*
Movingui	*Disthemonanthus b.*	Naga parallèle	*Brachystegia milbraedii*
Mutondo	*Funtunia elastica*	Naga/Ekop Naga	*Brachystegia cynometroides*

Nganga	*Cynometra hankeri*	Niové	*Staudtia stipilata*
Oboto/Abotzok	*Mammea africana*	Okan/Adoum	*Cylicodiscus gabonesis*
Okoumé	*Aucoumea klaineana*	Olon/Bongo	*Fagara heitzii*
Onzabili/Andoung	*Antrocaryon micraster*	Osanga/Sikon	*Pteleopsis hylodendron*
Ovengkol	*Guiboursia ehie*	Ovoga/Angale	*Poga oleosa*
Ozigo	*Dacryoles buettneri*	Padouk	*Pterocarpus soyauxii*
Pao rosa	*Swartzia fistuloides*	Sapelli	*Entandrophragma cylindricum*
Sipo	*Entandrophragma utile*	Tali	*Erythrophyleum ivorense*
Tchitola	*Oxystigma oxyphillum*	Teck	*Tectosage grandis*
Tiama	*Entandrophragma a.*	Tsanya/Akele	*Pausinnystalia talbotii*
Wamba	*Tesmania sp.*	Wengé	*Milletia laurentii*
Zingana/Amouk	*Microberlinia bisulcata*		

Source : MINFOF

LISTE DES ESSENCES FORESTIÈRES MENACÉES DU BASSIN DU CONGO (LISTE NON EXHAUSTIVE)

Nom commun	Nom Latin	Principales utilisations	Classement selon liste rouge UICN	Causes des menaces
Acajou d'Afrique	*Khaya ivorensis*	Ébénisterie, placages, lambris, contreplaqués	Vulnérable	Le niveau d'exploitation est très élevé et le potentiel de régénération faible.
Afromosia	*Pericopsis élata*	Parqueterie, Menuiserie, ébénisterie, placages.	En danger CITES annexe II	Le niveau d'exploitation est très élevé et le potentiel de régénération faible.
Ayous	*Triplochiton scleroxylon*	Moulure, emballages, parquets et contreplaqués	Menace LR	Surexploitation aussi bien pour le commerce international que pour les marchés locaux. c'est l'essence la plus exploitée d'Afrique de l'Ouest.
Azobé	*Lophira alata*	Traverses, escaliers, parqueteries, charpentes, poteaux	Vulnérable	Le niveau d'exploitation est très élevé et le potentiel de régénération faible.
Bilinga	*Nauclea*	Menuiserie,	Vulnérable	Cette essence est très

	diderrichii Nauclea gillelii	escaliers, placages, contreplaqués et poteaux		exploitée. Son potentiel de régénération est bon en forêt mais très peu compétitif face aux espèces pionnières.
Bosse	*Guarea cedrata*	Menuiserie, lambris, contreplaqués	Vulnérable	Cette essence souffre de sa ressemblance avec Entandrophragma spp. qui est très exploité.
Dibétou	*Lovoa trichiloides*	Menuiserie, agencement, rampes d'escaliers.	Vulnérable	Niveau d'exploitation élevé, l'une des deux principales essences du Congo.
Doussié	*Afzelia africana*	Menuiserie, ébénisterie, charpentes, escaliers, parqueteries et bardages.	Vulnérable	Exploitation pour le marché international du bois.
Ebène	*Diospyros crassiflora*	Décoration, tournage, instruments de musique.	En danger	La quasi-totalité des grands arbres de cette espèce ont été abattus pour le bois d'ébène.
Framiré	*Terminalia ivorensis*	Menuiseries, moulures, placages et contreplaqués	Vulnérable	L'exploitation est moindre. La faible régénération est liée aux graines.
Kossipo	*Entandrophragma candollei*	Menuiserie, Ébénisterie, lambris et contreplaqués	Vulnérable	Une des principales sources d'acajou d'Afrique.
Moabi	*Baillonella toxisperma*	Portes, fenêtres, bancs, mobiliers urb. parquets, escaliers, placages, tournages.	Vulnérable	Cette essence surexploitée est la deuxième la plus exploitée du Gabon
Okoumé	*Aucoumea klaineana*	Menuiserie int. (cuisine), contreplaqués et moulures.	Vulnérable	L'essence commerciale la plus importante du Gabon. La surexploitation menace le patrimoine génétique de l'espèce.

Source : Liste Rouge de l'UICN, 2007.

ARRÊTÉ N° 0315 / MINEF FIXANT LES CRITÈRES DE PRÉSÉLECTION ET LES PROCÉDURES DE CHOIX DES SOUMISSIONNAIRES DES TITRES D'EXPLOITATION FORESTIÈRE

LE MINISTRE DE L'ENVIRONNEMENT ET DES FORETS

Vu la Constitution ;

Vu la loi n° 94/01 du 20 janvier 1994 portant régime des Forêts, de la Faune et de la Pêche, complétée par l'ordonnance n° 99/001 du 31 août 1999 ;

Vu le décret n° 95/101 du 9 juin 1995 portant réglementation des marchés publics ;

Vu le décret n° 95/531/PM du 23 août 1995 fixant les modalités d'application du régime des forêts ;

Vu le décret n° 97/205 du 7 décembre 1997 portant organisation du Gouvernement, modifié et complété par le décret n° 98/067 du 28 avril 1998 ;

Vu le décret n° 97/207 du 7 décembre 1997 portant formation du Gouvernement ;

Vu le décret n° 98/345 du 21 décembre 1998 portant organisation du Ministère de l'Environnement et des Forêts, modifié et complété par le décret n° 99/196 du 10 septembre 1999,

ARRETE :

CHAPITRE I DISPOSITIONS GÉNÉRALES

Article 1er : Le présent arrêté fixe les critères de présélection et les procédures de choix des soumissionnaires des ventes de coupe et des concessions forestières par la Commission interministérielle d'attribution des titres d'exploitation forestière, ci-après désigné «la Commission», conformément aux dispositions des articles 58, 64 et 82 du décret n° 95/531/PM du 23 août 1995 fixant les modalités d'application du régime des forêts.

Article 2 : (1) L'annexe au présent arrêté en fait partie intégrante. Les modèles standards des documents à utiliser pour soumissionner sont présentés dans le dossier d'appel d'offres, publié par le Ministère chargé des Forêts lors du lancement de l'appel d'offres.

(2) Toute caution bancaire ou ligne de crédit visée dans le présent arrêté doit être émise par une banque agréée par l'autorité monétaire et figurant sur la liste dressée dans le dossier d'appel d'offres publié par le Ministre chargé des forêts.

Article 3 : La présélection et le classement des soumissionnaires des ventes de coupe et des concessions forestières portent sur les critères suivants :

- Les investissements ;
- Les capacités financières et les garanties de bonne exécution ;
- Les capacités techniques et l'expérience professionnelle ;
- Le respect des engagements antérieurement pris dans les mêmes domaines y compris le respect des règlements concernant l'environnement.

CHAPITRE II : DE LA PRÉSÉLECTION DES SOUMISSIONNAIRES

Article 4 : Les soumissionnaires sont présélectionnés en tenant compte des seuils minima des critères rappelés à l'article (3) ci-dessus.

Section I : Du critère relatif aux investissements programmés

Article 5 : (1) Pour les ventes de coupe :

Le soumissionnaire doit être propriétaire ou locataire du matériel suivant :- Un D7 ou équivalent ;

- Un débardeur à pneus ou à chenilles ;
- Un chargeur frontal ;
- Une niveleuse.

Le soumissionnaire doit certifier la propriété de ce matériel par un titre légal de propriété. En cas de location, le soumissionnaire doit produire un contrat de location enregistré d'une durée minimum de 1 an.

(2) Pour les concessions :

Le soumissionnaire doit être propriétaire du matériel visé à l'alinéa (1). Il doit aussi posséder, en propre ou en partenariat notarié, une unité de transformation ayant une capacité annuelle égale au moins à 50 % de la possibilité annuelle de coupe de la concession ou bien satisfaire à la condition de l'article 8 ci-dessous :

Section II : Du critère relatif aux capacités financières et aux garanties de bonne exécution

Article 6 : (1) Le soumissionnaire des ventes de coupe ne disposant pas en toute propriété du matériel d'exploitation visé à l'article 5 doit fournir une caution bancaire ou une ligne de crédit d'un montant minimum de soixante-quatre (64) millions de francs CFA, destiné à l'achat du matériel d'exploitation.

(2) Ces ressources financières doivent permettre l'exploitation d'un stock minimum de 2000 m3 de bois en grumes, leur vente permettant elle-même d'autofinancer la suite des opérations du soumissionnaire.

Article 7 : Pour les soumissionnaires de ventes de coupe disposant de matériel d'exploitation justifié par des titres légaux de propriété, le montant minimum de la caution bancaire ou de la ligne de crédit est fixé à quinze (15) millions de francs CFA.

Article 8 : (1) Pour les concessions forestières, à défaut d'unité de transformation de bois existante, en propriété ou en partenariat industriel, ayant une capacité égale au moins à 50 % de la possibilité annuelle de coupe de la concession, le soumissionnaire doit produire une caution bancaire ou une ligne de crédit garantissant le financement de 100 % de l'acquisition et de la mise en place d'une telle unité de transformation de bois ainsi que le fonds de roulement de 15 millions FCFA prévu pour le matériel d'exploitation.

(2) Pour les soumissionnaires des concessions forestières disposant d'une unité de transformation justifiée par des titres légaux de propriété, ces requérants doivent produire une caution bancaire ou une ligne de crédit de 60 millions de FCFA.

Section III : Du critère relatif aux capacités techniques et professionnelles

Article 9 : Les soumissionnaires aux ventes de coupe et aux concessions forestières doivent être préalablement agréés à la profession forestière et justifier, pour les personnes physiques, d'une formation technique de base appropriée ou d'une expérience professionnelle d'au moins un an dans le domaine de l'exploitation forestière.

Pour les personnes morales, les soumissionnaires doivent justifier de la présence au sein du personnel d'un responsable d'exploitation possédant les compétences techniques de base appropriées.

Section IV : Du critère relatif au respect des engagements antérieurement pris et des lois et règlements concernant la protection de l'environnement

Article 10 : (1) Les seuils minima en matière de respect des engagements antérieurement pris tiennent compte des clauses générales et des clauses particulières du cahier des charges et ou des engagements pris lors de l'agrément à la profession forestière.

(2) Les clauses générales ont trait aux prescriptions techniques liées aux activités d'exploitation. Les infractions suivantes, constatées sur procès-verbal au cours des deux derniers exercices, constituent chacune un motif de disqualification du postulant pour seuil minimum non rempli pour un appel d'offres :

- Exploitation illégale sans titre ;
- Exploitation en dehors des limites du titre ;
- Autres infractions aux réglementations de l'exploitation forestière constatées sur au moins 2 procès-verbaux ;
- Autres infractions répétées aux lois relatives à la protection de l'environnement constatées sur au moins 2 procès-verbaux.

(3) Les clauses particulières comprennent les obligations ci-après, dont le non respect constitue un motif de disqualification du soumissionnaire :
- Pour les ventes de coupe et les concessions forestières, le paiement intégral de toutes les charges ;
- Pour les concessions forestières, la mise en place effective de l'unité de transformation de bois prévue lors de l'octroi d'une concession forestière précédente.

CHAPITRE III : DE L'ÉVALUATION DES OFFRES ET DU CLASSEMENT DES SOUMISSIONNAIRES

Article 11 : (1) Les dossiers des soumissionnaires présélectionnés sur la base des minima définis aux articles 1er à 10 ci-dessus sont examinés en vue de leur classement sur la base des cotations ci-après et dont la répartition est spécifiée aux articles 12 à 15 ci-dessous.

A. Pour les ventes de coupe :
- Investissements sur 25 points
- Capacités financières sur 40 points
- Capacités techniques sur 15 points
- Engagements antérieurement pris sur 20 points

Total sur 100 points

B. Pour les concessions forestières :
- Investissements sur 30 points
- Capacités financières sur 30 points
- Capacités techniques sur 20 points
- Engagements antérieurement pris sur 20 points

Total sur 100 points

(2) Seules seront ouvertes les offres financières des soumissionnaires qui auront obtenu au moins 65 points de cotation, conformément à l'alinéa (1) ci-dessus.

(3) Dans l'affectation des points spécifiés aux articles 12 à 15 ci-dessous, les chiffres sont au titre de chaque critère soit ceux indiqués, soit zéro.

Article 12 : (1) La répartition de la cotation affectée au critère ayant trait aux investissements existants ou programmés pour les ventes de coupe et pour les concessions forestières est fixée ainsi qu'il suit :

A1.- Pour les ventes de coupe : note sur 25 points

- Être propriétaire du matériel défini à l'article 5 ci-dessus 25/25
- Être propriétaire d'une partie du matériel défini à l'article 5 ci-dessus et location de la partie restante 15/25
- Location de tout le matériel défini à l'article 5 ci-dessus 05/25

B1.- Pour les concessions forestières : Note sur 30 points

On distingue 4 catégories d'usines :

- Usine en propre déjà installée ;
- Usine en contrat de partenariat déjà installée ;
- Usine en propre programmée ;
- Usine en contrat de partenariat programmé.

B2.- : Usine déjà implantée

a) Dans la région d'exploitation

(Usine implantée dans un rayon de 200 km par rapport à la localisation de l'UFA considérée)

* Possession en propre

-Si l'usine est un complexe industriel au-delà de la 2ème transformation 30/30

- Si l'usine est un complexe (au-delà de la 1ère transformation et séchoir) ou une unité de tranchage ou déroulage 25/30
- Si c'est une usine de sciage et 2ème transformation sans séchoir 25/30
- Si c'est une usine de sciage seulement 13/30

* Usine en partenariat notarié

- Si l'usine est un complexe industriel au-delà de la 2ème transformation 25/30
- Si l'usine est un complexe (au-delà de la 1ère transformation et séchoir) ou une unité de tranchage ou déroulage 20/30
- Si c'est une usine de sciage et 2ème transformation sans séchoir 15/30
- Si c'est une usine de sciage seulement 06/30

b) lorsque l'usine est implantée en dehors de la région d'exploitation

* Possession usine en propre

- Si l'usine est un complexe industriel au-delà de la 2ème transformation 25/30
- Si l'usine est un complexe (au-delà de la 1ère transformation et séchoir) ou une unité de tranchage ou déroulage 20/30
- Si c'est une usine de sciage et 2ème transformation sans séchoir 15/30

- Si c'est une usine de sciage seulement 10/30

* Usine en partenariat notarié
- Si l'usine est un complexe industriel au-delà de la 2ème transformation 22/30
- Si l'usine est un complexe (au-delà de la 1ère transformation et séchoir) ou une unité de tranchage ou déroulage 17/30
- Si c'est une usine de sciage et 2ème transformation sans séchoir 13/30
- Si c'est une usine de sciage seulement 05/30

B3.- Usine programmée

a) dans la région d'exploitation (usine implantée dans un rayon de 200 km par rapport à la localisation de l'UFA considérée)

* Usine en propre
- Si l'usine est un complexe industriel au-delà de la 2ème transformation 21/30
- Si l'usine est un complexe (au-delà de la 1ère transformation et séchoir) ou une unité de tranchage ou déroulage 17/30
- Si c'est une usine de sciage et 2ème transformation sans séchoir 13/30
- Si c'est une usine de sciage seulement 06/30

* Usine en partenariat notarié
- Si l'usine est un complexe industriel au-delà de la 2ème transformation 15/30
- Si l'usine est un complexe (au-delà de la 1ère transformation et séchoir) ou une unité de tranchage ou déroulage 12/30
- Si c'est une usine de sciage et 2ème transformation sans séchoir 08/30
- Si c'est une usine de sciage seulement 02/30

b) En dehors de la région d'exploitation
* Usine en propre
- Si l'usine est un complexe industriel au-delà de la 2ème transformation 17/30
- Si l'usine est un complexe (au-delà de la 1ère transformation et séchoir) ou une unité de tranchage ou déroulage 15/30
- Si c'est une usine de sciage et 2ème transformation sans séchoir 13/30
- Si c'est une usine de sciage seulement 00/30

* Usine en partenariat notarié
- Si l'usine est un complexe industriel au-delà de la 2ème transformation 14/30
- Si l'usine est un complexe (au-delà de la 1ère transformation et séchoir) ou une unité de tranchage ou déroulage 11/30

- Si c'est une usine de sciage et 2ème transformation sans séchoir 09/30
- Si c'est une usine de sciage seulement 00/30

(2) Les investissements existants ou programmés pour les concessions forestières comprennent des unités de transformation décrites ci-dessus ayant une capacité annuelle égale au moins à 50% de la possibilité annuelle de coupe de la concession.

Article 13 : La répartition de la cotation affectée au critère ayant trait aux capacités financières est fixée ainsi qu'il suit :

A. Pour les ventes de coupe : note sur 40 points

- Propriétaire du matériel pour produire 2 000 m^3 en bois grumes + caution bancaire ou ligne de crédit de 15 millions 35/35
- Location d'une partie du matériel et propriétaire de l'autre partie + caution bancaire ou ligne de crédit de 64 millions 30/35
- Location de tout le matériel pour produire 2 000 m^3 en bois grumes ou caution bancaire ou ligne de crédit de 64 millions 25/35
- Sans garantie financière ou garantie inférieure à soixante-quatre (64) millions CFA 00/35
- Pas de déséquilibre significatif au niveau du bilan comparé de l'entreprise au cours des cinq dernières années 05/30

B. Pour les concessions forestières : note sur 30 points

* Usine déjà implantée

- Possession d'une usine de transformation opérationnelle ayant une capacité annuelle égale au moins à 50 % de la possibilité annuelle de coupe de la concession + ligne de crédit ou caution bancaire justifiant le fonds de roulement de 60 millions 30/30
- Possession usine en propre avec capacité requise 27/27
- Possession en propre usine partielle + contrat de partenariat 20/27
- Possession usine en partenariat notarié 17/27
- Pas de déséquilibre significatif au niveau du bilan comparé de l'entreprise au cours des 5 dernières années 03/30

* Usine programmée

- Disponibilité d'une caution bancaire ou d'une ligne de crédit garantissant le financement intégral de l'usine de transformation et le fonds de roulement de 15 millions 21/27
- Disponibilité en partenariat d'une caution bancaire ou ligne de crédit pour le financement intégral de l'usine de transformation + fonds de roulement de 15 millions 18/27
- Sans garantie financière 00/27
- Pas de déséquilibre significatif au niveau du bilan comparé de l'entreprise au cours des 5 dernières années 03/03

Article 14 : La répartition de la cotation affectée au critère ayant trait aux capacités techniques et professionnelles est fixée ainsi qu'il suit :

A. Pour les ventes de coupe

* Expérience de l'entreprise en travaux forestiers : sur 5 points
- Plus de cinq (5) ans 5/5
- Entre trois (3) et cinq (5) ans 2/5
- Moins de trois (3) ans 0/5

* Qualification du responsable des opérations forestières : note sur 5 points
- Ingénieur forestier diplômé, de nationalité camerounaise 5/5
- Ingénieur forestier diplômé, d'une autre nationalité 4/5
- Technicien supérieur diplômé, de nationalité camerounaise 3/5
- Technicien supérieur diplômé, d'une autre nationalité 2/5

* Responsable d'exploitation non diplômé en foresterie et bénéficiant d'une expérience justifiée :
- De plus de cinq (5) ans 5/5
- Comprise entre quatre (4) et cinq (5) ans 3/5
- Comprise entre un (1) et quatre (4) ans 1/5
- De moins d'un (1) an 0/5

* Statut des promoteurs de la société : sur 5 points
- 100 % du capital social détenu par des Camerounais 5/5
- 70 à 99 % du capital social détenu par des camerounais 4/5
- 51 à 69 % du capital social détenu par des camerounais 2/5
- Moins de 50 % du capital social détenu par des Camerounais 0/5

B. Pour les concessions forestières

* Expérience de l'entreprise en travaux forestiers : sur cinq (5) points
- Plus de sept (7) ans d'expérience 5/5
- Entre cinq (5) et sept (7) ans d'expérience 2/5
- Entre trois (3) et cinq (5) ans d'expérience 1/5
- Moins de trois (3) ans d'expérience 0/5

* Qualification du responsable des opérations forestières : sur dix (10) points
- Ingénieur forestier diplômé, de nationalité camerounaise 10/10
- Ingénieur forestier diplômé, d'une autre nationalité 07/10
- Autres 00/10

* Statut des promoteurs de la société : sur 5 points
- 100 % du capital social détenu par des Camerounais 5/5
- 70 à 99 % du capital social détenu par des Camerounais 4/5
- 51 à 69 % du capital social détenu par des Camerounais 2/5
- Moins de 50 % du capital social détenu par des camerounais 0/5

Article 15 : La répartition de la cotation affectée au critère ayant trait au respect des engagements antérieurement pris est fixée ainsi qu'il suit :

A. Pour les ventes de coupe

A1. Sociétés ayant déjà bénéficié d'un titre : note sur vingt (20) Points

- Pas d'infractions mineures aux règles d'exploitation forestière, ni aux lois et règlements relatifs à la protection de l'environnement 10/20
- Réalisations sociales prévues dans le cahier des charges dûment constatées par les autorités compétentes 10/20

A2. Société n'ayant pas déjà bénéficié d'un titre : note sur vingt (20) points

- Pas d'infractions mineures aux règles d'exploitation forestière, ni aux lois et règlements relatifs à la protection de l'environnement 10/20
- Possession d'une unité de transformation industrielle de bois (au moins la 1ère transformation) opérationnelle 10/20

B. Pour les concessions forestières

B1. Sociétés ayant déjà bénéficié d'un titre : note sur vingt (20) points

- Unité de transformation installée entièrement conforme à la programmation inscrite au cahier des charges 06/20
- Pas d'infractions mineures aux règles d'exploitation forestière ni aux lois environnementales 07/20
- Réalisations sociales prévues dans le cahier des charges dûment constatées par les autorités compétentes 07/20

B2. Sociétés n'ayant pas déjà bénéficié d'un titre : maximum 13/20

- Pas d'infraction mineure aux règles d'exploitation forestière, ni aux lois et règlements relatifs à la protection de l'environnement et des Forêts 07/20
- Possession d'une unité de transformation industrielle de bois (au moins la 1ère transformation) opérationnelle 06/20

CHAPITRE IV : DE LA SÉLECTION FINALE

Article 16 : Aux fins d'évaluation de l'offre financière, la Commission ne retient parmi la liste des soumissionnaires présélectionnés et classés conformément aux dispositions ci-dessus, que les soumissionnaires qui auront obtenu une note au moins égale à 65/100.

Article 17 : En vue de départager les soumissionnaires retenus conformément à l'article 16 ci-dessus, les offres techniques et financières reçoivent respectivement les cotes de 30 % et 70 %.

Article 18 : Pour la sélection finale, le soumissionnaire retenu est celui qui aura obtenu le plus grand nombre de points après application de la formule ci-après :

N = (St x 30 %) + (Sf x 70 %) avec:

- N = nombre de points du soumissionnaire
- St = score technique obtenu par le soumissionnaire exprimée par rapport à 100
- Sf = score financier du soumissionnaire exprimé par rapport à 100 Le score financier se calcule par la formule Sf = F/Fp x 100 avec :
- F = offre financière du soumissionnaire considéré ;

Fp = offre financière la plus élevée parmi les soumissionnaires retenus à l'article 15 ci-dessus, pour la vente de coupe ou pour la concession considérée.

CHAPITRE V : DES DISPOSITIONS DIVERSES

Article 19 : Le présent arrêté abroge toutes les dispositions antérieures contraires, notamment l'arrêté n° 293/MINEF du 21 mars 2000 à l'exception de son annexe.

Article 20 : Le présent arrêté sera enregistré, publié suivant la procédure d'urgence, puis inséré au Journal Officiel en français et en anglais.

Yaoundé, le 9 avril 2001
Le Ministre de l'Environnement et des Forêts,
Sylvestre NAAH ONDOA

ESSENCES DONT L'EXPORTATION EST INTERDITE SOUS FORME DE GRUMES

(ANNEXE I DU DÉCRET N° 99/781/PM DU 13 OCTOBRE 1999)

Acajou de bassam/Ngollon
Afrormosia/Assamela
Aniegre/Aningre
Bete/Mansonia altissima
Bibolo/Dibetou
Bosse
Bubinga
Douka/Makore
Doussie blanc/Pachyloba/apa
Doussie/Bipindensis
Fromager/Ceiba
Ilomba
Iroko
Longhi/Abam
Moabi
Movingui
Evengkol
Padouk
Pao rosa
Sapelli
Sipo
Wenge
Zingana/Amuk

Essences de promotion dont l'exportation est autorisée sous forme de grumes (annexe II du décret n° 99/781/pm du 13 octobre 1999)

Essences de promotion de première catégorie

Ayous/Obeche
Azobe/Bongossi
Bilinga
Framire
Kossipo/Kosipo
Kotibe
Koto
Limba/Frake
Okoume
Tali
Teck
Tiama

Essences de promotion de deuxieme categorie

Abale/Abing/Essia
Abura/Bahia
Agba/Tola
Aiele/Abel
Ako/Aloa
Alumbi
Amvout/Ekong
Andoung
Asila/Kioro/Omang
Avodire
Bodioa
Cordia/Ebe
Dabema/Atui
Dambala
Diana/Celtis/Odou
Ebiara/Abem
Ekaba
Ekoune
Emien/Ekouk
Esak
Eseng/Lo
Essessang
Esson
Etimoe
Evene/Ekop evene
Eveuss
Evoula/Vitex
Eyeck
Eyong
Faro
Gombe/Ekop gombe
Iatandza/Evouvous
Kanda
Kapokier/Bombax/Esodum
Kondroti/Ovonga
Kumbi/Ekoa
Landa
Lati/Edjil

Limbali
Lotofa/Nkanang
Mambode/Amouk
Miama
Moambe
Mukulungu
Mutundo
Naga/Ekop naga
Niove
Oboto/Abodzok
Okan/Adoum
Olon/Bongo
Onzabili/Angongui
Osanga/Sikon
Ouochi/Albizia/Angoyeme
Ovoga/Angale
Ozigo
Tchitola
Tsanya/Akela

DÉCRET N° 2005/0577/PM DU 23 FÉVRIER 2005 SUR LES MODALITÉS DE RÉALISATION DES ÉTUDES D'IMPACT ENVIRONNEMENTAL

LE PREMIER MINISTRE, CHEF DU GOUVERNEMENT DÉCRÈTE :

CHAPITRE I DISPOSITIONS GÉNÉRALES

Article 1er : Le présent décret fixe les modalités de réalisation des études d'impact environnemental.

Article 2 : L'étude d'impact environnemental s'entend comme un examen systématique en vue de déterminer si un projet a ou non un effet défavorable sur l'environnement.

Article 3 : (1) L'étude d'impact environnemental peut être sommaire ou détaillée et s'applique à l'ensemble du projet et non à une fraction de celui-ci.

(2) En tout état de cause, les travaux ne peuvent démarrer avant l'approbation des études d'impact environnemental y relatives.

CHAPITRE II : DU CONTENU DE L'ÉTUDE D'IMPACT ENVIRONNEMENTAL

Article 4 : Le contenu d'une étude d'impact environnemental sommaire comprend :

- La description de l'environnement du site et de la région ;
- La description du projet ;
- Le rapport de la descente sur le terrain ;
- L'inventaire et la description des impacts de projet sur l'environnement et les mesures d'atténuation envisagées ;
- Les termes de référence de l'étude ;
- Les références bibliographiques y relatives.

Article 5 : L'étude détaillée d'impact environnemental comporte

- La description et l'analyse de l'état initial du site et de son environnement physique, biologique, socio-économique et humaine ;
- La description et l'analyse de tous les éléments et ressources naturels, socioculturels susceptibles d'être affectés par le projet, ainsi que les raisons du choix du site ;
- La description du projet et les raisons de son choix parmi les autres solutions possibles ;
- L'identification et l'évaluation des effets possibles de la mise en œuvre du projet sur l'environnement naturel et humain ;

- L'indication des mesures prévues pour éviter, réduire ou éliminer les effets dommageables du projet sur l'environnement ;

- Le programme de sensibilisation et d'information ainsi que les procès-verbaux des réunions tenues avec les populations, les organisations non gouvernementales, les syndicats, les leaders d'opinions et autres groupes organisés, concernés par le projet ;

- Le plan de gestion environnementale comportant les mécanismes de surveillance du projet et de son suivi environnemental et, le cas échéant, le plan de compensation ;

- Les termes de référence de l'étude, ainsi que les références bibliologiques ;

- Le résumé en langage simple des informations spécifiques requises.

Article 6 : (1) La liste des activités soumises à l'une ou l'autre catégorie d'études d'impact environnemental visé aux articles 4 et 5 ci-dessus est fixée par le ministre chargé de l'environnement.

(2) En outre, le ministre arrête le canevas type des termes de référence desdites études en fonction des activités et après avis du comité interministériel de l'environnement.

(3) Les frais relatifs à l'étude d'impact environnemental sont à la charge du promoteur.

CHAPITRE III : DE LA PROCÉDURE D'ÉLABORATION ET D'APPROBATION DES ÉTUDES D'IMPACT ENVIRONNEMENTAL

Section I : De l'initiation de la procédure d'étude d'impact environnemental

Article 7 : (1) Tout promoteur d'un projet est tenu de déposer auprès de l'administration compétente et du ministère chargé de l'environnement, en plus du dossier général du projet :

- Une demande de réalisation de l'étude d'impact environnemental comportant la raison sociale, le capital social, le secteur d'activité et le nombre d'emplois prévus dans le projet ;

- Les termes de référence de l'étude, assortis d'un mémoire descriptif et justificatif du projet mettant l'accent sur la préservation de l'environnement et les raisons du choix du site ;

- Une quittance de versement des frais de dossier tels que fixés par l'article 9 du présent décret.

Le dépôt du dossier donne lieu à la délivrance d'un récépissé sur lequel sont indiqués la date et le numéro du dossier.

(2) Après réception du dossier de demande de réalisation de l'étude d'impact environnemental, l'administration compétente dispose d' un délai de dix (10) jours pour transmettre avec avis motivé ladite demande au ministre chargé de l'Environnement.

(3) A partir de la date de réception, l'administration chargée de l'environnement dispose d'un délai de vingt (20) jours pour donner son avis sur les termes de références de l'étude. Cet avis comporte un cahier de charges donnant des indications sur le contenu de l'étude d'impact en fonction de la catégorie du projet, sur le niveau des analyses requises et sur les responsabilités et obligations du promoteur.

(4) En cas de silence du ministère chargé de l'Environnement et après expiration du délai de trente (30) jours suivant le dépôt du dossier, le promoteur peut considérer les termes de référence recevables.

Article 8 : Le promoteur d'un projet peut, de son choix, faire appel à un consultant, à un bureau d'études, à une organisation non gouvernementale ou à une association, agréés par le ministre chargé de l'Environnement, pour réaliser l'étude d'impact de son projet. Toutefois, la priorité est accordée, à compétence égale, aux nationaux.

Section II : De la recevabilité de l'étude d'impact

Article 9 : (1) Chaque promoteur doit, lors du dépôt de son dossier, s'acquitter auprès du Fonds national de l'environnement et du développement durable, ou de la structure tenant lieu, contre reçu, des frais d'examen de dossier qui s'élèvent à :
- Deux millions (2 000 000) de francs CFA pour les termes de références ;
- Trois millions (3 000 000) de francs CFA pour une étude sommaire ;
- Cinq millions (5 000 000) de francs CFA pour une étude détaillée.

(2) Le promoteur dépose contre récépissé, le rapport de l'étude d'impact environnemental de son projet auprès de l'administration compétente et de l'administration chargée de l'environnement, respectivement en deux (2) et en vingt (20) exemplaires. Dès réception de l'étude d'impact environnemental, les administrations sub-désignées constituent une équipe mixte chargée :
- De descendre sur le terrain aux fins de vérifier qualitativement les informations contenues dans ladite étude et de recueillir les avis des populations concernées ;
- D'établir un rapport d'évaluation qu'elle transmet au Comité interministériel de l'environnement dans un délai maximum de quinze (15) jours pour l'étude détaillée et de vingt (20) jours pour l'étude détaillée.

(3) L'administration compétente transmet copie de son avis au ministère chargé de l'environnement dans un délai de quinze (15) jours après réception de l'étude sommaire et vingt (20) jours pour l'étude détaillée.

Article 10 : (1) L'administration chargée de l'environnement statue sur la recevabilité de l'étude d'impact et notifie au promoteur, vingt (20) jours au plus tard après la réception :

- Soit la recevabilité en l'état ; dans ce cas, elle la fait publier par voie de presse, de radio, de télévision ou par tout autre moyen ;
- Soit elle formule des observations à effectuer pour rendre ladite recevable.

(2) Passé le délai de vingt (20) jours et en cas de silence de l'administration, l'étude est réputée recevable.

Section III : Des Consultants et des Audiences publiques

Article 11 : (1) La réalisation de l'étude d'impact environnemental doit être faite avec la participation des populations concernées à travers des consultants et audience publique, afin de recueillir les avis des populations sur le projet.

(2) La consultation publique consiste en des réunions pendant l'étude, dans les localités concernées par le projet ; l'audience publique est destinée à faire la publicité de l'étude, à en enregistrer les oppositions éventuelles et à permettre aux populations de se prononcer sur les conclusions de l'étude.

Article 12 : (1) Le promoteur doit faire parvenir aux représentants des populations concernées trente (30) jours au moins avant la date de la première réunion, un programme de consultations publiques qui comporte les dates et lieux des réunions, le mémoire descriptifs et explicatif du projet et des objectifs des concertations. Ce programme doit être au préalable approuvé par l'administration chargée de l'environnement.

(2) Une large diffusion en est faite et chaque réunion est sanctionnée par un procès-verbal signe du promoteur du projet et des représentants des populations. Copie du procès-verbal sera joint au rapport de l'étude d'impact environnemental.

Article 13 : (1) Après notification de la recevabilité de l'étude d'impact ou en cas de silence de l'administration chargée de l'environnement, une large consultation publique est faite. Une commission ad hoc est alors constituée, à l'effet de dresser sous trentaine, un rapport d'évaluation des audiences publiques à soumettre au ministre chargé de l'environnement et du comité interministériel de l'environnement.

Article 14 : Les études d'impact environnemental des projets relevant de la sécurité ou de la défense nationale ne sont pas soumises à la procédure de consultation ou d'audience publique.

Article 15 : (1) L'administration chargée de l'environnement transmet au comité interministériel de l'environnement les dossiers jugés recevables, comprenant les pièces suivantes :

- Le rapport de l'étude d'impact déclaré recevable ;
- Les rapports d'évaluation de l'étude d'impact ;
- Les rapports d'évaluation et les registres des consultations et des audiences publiques.

(2) Le comité interministériel de l'environnement dispose de vingt (20) jours pour donner son avis sur l'étude d'impact. Passé ce délai, ledit avis est réputé favorable.

Article 16 : (1) Tout promoteur de projet assujetti à la procédure de l'étude d'impact environnemental doit au préalable obtenir un certificat de conformité environnementale de son projet délivré par le ministre chargé de l'environnement avant le démarrage des travaux.

(2) Lorsqu'un projet dont l'étude d'impact a été approuvée n'est pas mis en œuvre dans un délai de trois (3) ans à compter de la date d'approbation, le certificat de conformité environnementale émis à cet effet devient caduc.

Article 17 : Le ministre chargé de l'environnement dispose de vingt (20) jours après avis du comité interministériel de l'environnement pour se prononcer sur l'étude d'impact environnemental :

- Une décision favorable fait d'un certificat de conformité environnementale de l'étude délivré par le ministère chargé de l'Environnement ;
- Une décision conditionnelle indique au promoteur les mesures qu'il doit prendre en vue de se conformer et d'obtenir le certificat de conformité ;
- Une décision défavorable emporte interdiction de la mise en œuvre du projet.

CHAPITRE IV : DE LA SURVEILLANCE ET DU SUIVI ENVIRONNEMENTAL DU PROJET

Article 18 : (1) Tout projet qui fait l'objet d'une étude d'impact environnemental est soumis à la surveillance administrative et technique porte sur la mise en œuvre effective du plan de gestion environnementale inclus dans l'étude d'impact et fait l'objet d'un rapport conjoint.

Article 19 : Sur la base desdits rapports, des mesures correctives additionnelles peuvent être adoptées par l'administration chargée de l'environnement après avis du comité interministériel de l'environnement, pour tenir compte des effets non initialement identifiés ou insuffisamment appréciés dans l'étude d'impact environnemental.

Article 20 : En matière d'évaluation des études d'impact et de contrôle, de surveillance et de suivi de leurs plans de mise en œuvre des projets, l'administration chargée de l'environnement peut recourir à l'expertise privée, suivant les modalités prévues par la réglementation sur les marchés publics.

CHAPITRE V : DISPOSITIONS DIVERSES ET FINALES

Article 21 : (1) Les unités en cours d'exploitation ou/et de fonctionnement disposent d'un délai de trente-six (36) mois à compter de la date de signature du présent décret pour réaliser l'audit environnemental de leurs installations, assorti de leur plan de gestion environnementale.

(2) Cet audit environnemental doit comporter les éléments suivants :
- Le résumé ;
- L'introduction : contexte, activité de l'installation étudiée ;
- Le site : localisation, contexte environnemental et historique, situation foncière ;
- Le plan de gestion de l'environnement, émissions dans l'air, effluents liquides, gestion des déchets, stockage de produits chimiques, bruit, plan d'urgence, entretien de l'installation, eaux souterraines et sols contaminés, etc. ;
- L'enquête sur la compatibilité avec les lois, règlements et politiques ;
- Les conclusions et les recommandations ;
- Les recommandations pour les études complémentaires

(3) Le plan de gestion environnementale visé à l'alinéa 1 ci-dessus doit être approuvé par l'administration chargée de l'environnement.

Article 22 : Sont abrogées, toutes les dispositions antérieures contraires au présent décret.

Article 23 : Le ministre de l'Environnement et de la Protection de la nature est chargé de l'application du présent décret qui sera enregistré, publié suivant la procédure d'urgence, puis inséré au journal officiel en français et anglais.

Le Premier ministre, Chef du gouvernement,
Ephrain INONI

Arrêté N° 0872/ MINEF du 23 octobre 2001. Portant classification des essences forestières

Le Ministre de l'Environnement et des Forêts,
Arrête :

Article 1er – Le présent arrêté modifie la classification des essences forestières contenues dans les annexes I et II du Décret N° 99/781 du 13 octobre 199 fixant les modalités d'application de l'article 71 (1) (nouveau) de la loi N° 94/01 du 20 janvier 1994 portant régime des forêts, de la faune et de la pêche.

Article 2.- la classification des essences forestières contenues dans les annexes I et II du Décret susvisé est modifiée ainsi qu'il suit :

Essences dont l'exportation est interdite sous forme de grumes

Acajou de bassam /Ngollon;
Afromosia/Assam elaAniégré/Aningre ;
Beté/Mansonia ;
Biblolo/Dibetou ;
Bossé ;
Dambala ;
Diana/Celtis/ Odou ;
Ebiara/Abem ;
Akaba ;
Ekoume ;
Emen/ Ebouk ;
Essak ;
Essenglo ;
Essessang;
Esson;
Etimoe;
Evene/Ekop evene;
Eveuss
Evoula/Vitex;
Eyeck;
Faro;
Gombe/Ekop gombe ;
Lantandza/Evouvo us
Kanda ;
Kapokier/Bombax / Essodum ;
Kondroti/Ovoung a ;
Kumbi/Ekoa ;
Landa ;
Lati ;
Limbali ;
Lotofa/Nkanang;
Mambode/Amouk ;
Miama;
Moambe;
Mutundo;
Naga/Ekop naga ;
Niove;
Oboto/Abotzok;
Ikan/Adum;
Olon/bongo;
Onzabili/Andongui ; osanga/Sikon
Ouochi/Albizia/ angoyeme
Ovog/Angala
Ozigo;
Tchitola ;
Tsanya/akele

<u>Autres.</u>

Article 3.- L'exportation des essences forestières ci-dessous dénommées est soumise à l'obtention de quotas adjugés par le ministre chargé des Forêts :

Ayous;
Azobé;
Bubinga;
Douka/Makore ;
Doussier blanc/Apa ;
Doussié/Bipinde nsis ;
Fromager/Ceiba ;
Ilomba ;
Iroko ;

Longhi/Abam ;	Padouk;	Wengue;
Moabi ;	Pao rosa ;	Zingana/Amuk ;
Movongui ;	Sapelli ;	Teck ;
Ovengkol ;	Sipo ;	

ESSENCES DE PROMOTION DE 1ÈRE CATÉGORIE

Ayous/Obeche ;	Kossipo/Kosipo	Okoumé ;
Azobé/Bongossi	;	Tali ;
;	Kotibé ;	Tiama.
Bilinga ;	Koto ;	
Framiré ;	Limba/Fraké ;	

ESSENCES DE PROMOTION DE 2ÈME CATÉGORIE

Abalé/abin/Essia	Alumbi;	Bodioa ;
;	Amvout/Ekong;	Cordia/Ebe ;
Abura/Bahia;	Andoung;	Dabema/Atui.
Agba/Tola;	Asila/Kioro/Omang	
Aiélé/Abel ;	;	
Ako/Aloa ;	Avodire ;	

Article 4.- Le présent arrêté abroge toutes les dispositions antérieures contraintes, notamment celles de l'arrêté conjoint N°796/AC/MINEF/MINDIC du 18 juin1999 portant classification des essences forestières.

Article 5.- Le présent Arrêté sera enregistré, publié suivant la procédure d'urgence, puis inséré au journal officiel en français et en anglais.

Yaoundé le 23 Octobre 2001

(é) Le Ministre de l'Environnement et Forêts

SYLVESTRE NAAH ONDOA

ARRETE N°2401/MINFOF/CAB DU 09 NOV. 2012 PORTANT SUSPENSION DE L'EXPLOITATION DU BUBINGA ET DU WENGUE À TITRE CONSERVATOIRE DANS LE DOMAINE NATIONAL

LE MINISTRE DES FORÊTS ET DE LA FAUNE ARRÊTE :

Article 1er : Est suspendue à titre conservatoire pour compter de la date de signature du présent arrêté, l'exploitation des essences forestières Bubinga et Wengué sur l'étendue du territoire national.

Article 2 : Le présent arrêté reste valable jusqu'à l'aboutissement de la procédure d'introduction de ces essences dans les annexes de la convention sur le commerce international des espèces de faune et de flore sauvages menacées d'extinction.

Article 3 : Les opérateurs économiques détenteurs des titres d'exploitation forestière dans le domaine national, en possession de stocks de Bubinga et de Wengué doivent impérativement les déclarer auprès de l'administration en charge des forêts dans un délai minimum d'un (01)mois à compter de la date de signature du présent arrêté, sous peine de sanctions prévues par les lois et règlements en vigueur.

Article 4 : Une autorisation spéciale d'évacuation de grumes sera délivrée aux détenteurs de stocks constitués dans les titres d'exploitation en cours de validité, après vérification effective de la provenance légale des bois sur le terrain.

Article 5 : Le présent arrêté sera enregistré selon la procédure d'urgence, puis inséré au journal officiel en français et en anglais./-

Yaoundé, le 09 novembre 2012
Le Ministre des Forêts et de la Faune
NGOLE PHILIP NGWESE

LISTE DES ABRÉVIATIONS

AAC : Assiette Annuelle de coupe.
AEB : Autorisation d'Évacuation/Enlèvement de Bois.
AFD : Agence française de développement
AFLEG: Africa Forest Law Enforcement and Governance
APV : Accord de partenariat volontaire
ASPECT : Association pour l'écologie et techniques.
ATB : Autorisation de Transport de Bois.
BNC : Brigade Nationale de Contrôle
CAE : Certificat Annuel d'Exploitation.
CC : Changement climatique
CEQTB : Certificat d'Enregistrement en Qualité de Transformateur de Bois.
CEQEBT : Certificat d'Enregistrement en Qualité d'Exportateur de Bois Transformé.
CTA : Comité Technique des Agréments.
CIM : Commission Interministérielle.
CITES : Convention sur le Commerce International des Espèces de Faune et de Flore Menacées d'Extinction.
COOP : Coopérative.
COMIFAC : Commission des Forêts d'Afrique centrale
Décret : Décret N° 94/436/PM du 23 août 1995 fixant les modalités d'application du régime des forêts ;
DFID : Department for International Development
FAO : Food and agriculture organisation
FOB : Free on Board
FEM : Fond pour l'environnement mondial
FC : Forêt Communautaire.
GFBC : Groupement de la filière bois du Cameroun
GIC : Groupe d'Intérêt Communautaire.
GIE : Groupe d'intérêt Économique
GPS : Global Positioning System

IEC : Information, éducation et communication
LOI : Loi n° 94/01 du 20 janvier 1994 portant régime des forêts, de la faune et de la pêche
MINEF : Ministère de l'Environnement et des Forêts.
MINFOF : Ministère des Forêts et de la Faune.
MIB : Marché intérieur du bois
MINADER : Ministère de l'agriculture et du développement rural
MINDCAF : Ministère des domaines et du cadastre
MINEPAT : Ministère de l'économie de la planification et de l'aménagement du Territoire
MINEPDED : Ministère de l'environnement, protection de la nature et du développement durable
MINFI : Ministères des Finances
MINFOF : Ministère des forêts et de la faune
OFAC : Observatoire des Forêts d'Afrique Centrale
ONG : Organisation non gouvernementale
PAO : Plan Annuel d'Opération
PFNL : Produits forestiers non ligneux
PNUD : Programme des Nations Unies pour le développement
PNUE : Programme des Nations Unies pour l'environnement
PSFE : Programme sectoriel forêts environnement
RBUE : Règlement bois de l'Union européenne
REDD : Reducing emissions from deforestation and forest degradation
RFA : Redevances Forestières Annuelles.
RIDDAC : Réseau d'information pour le développement durable en Afrique centrale
STBC : Système de traçabilité des bois au Cameroun
SVL : Système de Vérification de la Légalité
UAB : Unité Anti Braconnage
UFA : Unité Forestière d'Aménagement.
UFE : Unité Forestière d'Exploitation
UICN : Union internationale pour la conservation de la nature
VC : Vente de Coupe.

TABLES DES MATIÈRES

Le Cameroun aux éditions L'Harmattan

Dernières parutions

PROFILS ET PRATIQUES D'ENTREPRENEURS CAMEROUNAIS
Expériences et témoignages
Kamdem Emmanuel - Avec la collaboration de Raphaël Nkakleu
Cet ouvrage présente des monographies d'entreprises effectuées au Cameroun, dans le but de mieux connaître l'organisation et le fonctionnement des PME. Il est le résultat d'une étude de terrain menée auprès des différents acteurs impliqués dans la création et la gestion des entreprises. Les différentes expériences entrepreneuriales camerounaises présentées dans cet ouvrage invitent à relativiser ces images et à penser qu'un tel diagnostic peut et doit être revisité. L'ouvrage propose également un cadre de modélisation de l'évolution de la PME camerounaise.
(Coll. Diversité culturelle et dynamique des organisations, 25.50 euros, 246 p.)
ISBN : 978-2-343-03731-8, ISBN EBOOK : 978-2-336-37950-0

L'AUTONOMIE FINANCIÈRE DANS LA MISSION D'ÉVANGÉLISATION DE L'ÉGLISE EN AFRIQUE
Le cas du Cameroun
Ngono Honorine - Préface de Mgr Joseph Atanga
Les Églises d'Afrique connaissent des difficultés dans la réalisation de la mission d'évangélisation, dont la principale est la prise en charge financière des besoins pastoraux. Face à cette situation, l'auteur propose ici quelques orientations pastorales telles que penser et construire l'autonomie financière de l'Église, revitaliser les structures de gestion des diocèses, renforcer la communion des fidèles et planifier la gestion des ressources.
(Coll. Églises d'Afrique, 39.00 euros, 408 p.)
ISBN : 978-2-343-06180-1, ISBN EBOOK : 978-2-336-37687-5

LA PRATIQUE DU CONTRÔLE FISCAL DES PRIX DE TRANSFERT DANS L'ESPACE CEMAC
Le cas du Cameroun
Ayangma Ayangma Joseph - Préface de Pierre Alaka Alaka
L'appartenance à un groupe de sociétés confère des privilèges dont les prix de transfert sont l'illustration majeure. L'administration fiscale camerounaise doit donc être précautionneuse face aux flux intergroupes car il y a souvent manipulation frauduleuse des prix de transfert. Le Cameroun a initié, à l'instar des autres États de la CEMAC, des dispositifs juridiques de contrôle. Ce dispositif en chantier et inabouti est de nature ambivalente au regard de son caractère national et transnational.
(Harmattan Cameroun, 37.00 euros, 364 p.,)
ISBN : 978-2-343-04069-1, ISBN EBOOK : 978-2-336-37410-9

LE NATIONALISME CAMEROUNAIS DANS LES PROGRAMMES ET MANUELS D'HISTOIRE
Segnou Etienne
Préface d'Albert Mandjack - Postface de Ferdinand Chindji-Kouleu
Plus de 50 ans après les faits, un ouvrage tente d'étudier scientifiquement ce qu'on enseigne aux élèves et étudiants camerounais sur l'histoire de la lutte indépendantiste, au Cameroun, ainsi que sur celle de toutes les luttes anticolonialistes dans ce pays. Dans les programmes et manuels

d'histoire, le nationalisme camerounais est occulté, présenté de façon vague. L'histoire du nationalisme camerounais renferme des faits qui, s'ils étaient connus de la jeunesse camerounaise, pourraient ébranler les fondements de l'État camerounais.
(Harmattan Cameroun, 38.50 euros, 392 p.,)
ISBN : 978-2-343-04706-5, ISBN EBOOK : 978-2-336-37361-4

DOUALA ET LA RÉPARTITION SPATIALE DES ENTREPRISES
Polarisation et fragmentation
Essombe Edimo Nya Bonabebe Jean-Roger - Préface de Bernard Pecqueur
Cet ouvrage se veut une introduction à la compréhension de l'économie de la ville de Douala, à travers les mutations spatiales à l'œuvre sur ce territoire et sous l'effet des dynamiques de localisation des entreprises en son sein. L'analyse est proposée en intégrant les questions vives de l'économie territoriale (attractivité territoriale, mondialisation, compétitivité...) et en interrogeant le rôle des acteurs situés (privés et publics) pour le développement futur de la ville.
(Harmattan Cameroun, 29.00 euros, 280 p.)
ISBN : 978-2-343-05701-9, ISBN EBOOK : 978-2-336-37402-4

JOSEPH CUNIBERT NKONDONGO OBAMA
Héraut de l'éducation (1913-1980)
Yumbi Protais – Préface de Jean Paul Messina – Postface de Bienvenu Obama
Cette biographie retrace le parcours atypique d'un homme, héraut de l'éducation et du christianisme social au Cameroun, dont l'existence et l'œuvre sont reléguées aux oubliettes. Pourtant, il a marqué de son empreinte indélébile la vie de plusieurs générations et l'activité socioéducative au Cameroun, dépendant et indépendant. Cet ouvrage constitue un devoir de mémoire et un hommage mérité, car un proverbe dit que «celui qui a planté un arbre avant de mourir, n'a pas vécu inutilement».
(Harmattan Cameroun, 16.50 euros, 160 p., , Illustré en noir et blanc)
ISBN : 978-2-343-05885-6, ISBN EBOOK : 978-2-336-37421-5

MIGRATION CHINOISE ET DÉVELOPPEMENT AU CAMEROUN
De Prince Pokam Hilaire
Cette étude vise à explorer le rôle de la migration chinoise dans le processus de développement depuis l'établissement des relations diplomatiques entre le Cameroun et la République populaire de Chine. Les migrants chinois au Cameroun créent avec le pays d'origine et le pays d'accueil une structure sociale triangulaire dynamisée par leurs multiples activités et contribuent à la réussite de la stratégie «gagnant-gagnant-gagnant». Ils sont à la fois acteurs, effets et enjeux de la mondialisation.
(Coll. Études africaines, série Économie, 12.50 euros, 106 p.)
ISBN : 978-2-343-05606-7, ISBN EBOOK : 978-2-336-37206-8

COMMUNICATION ET ENTRAIDE ENTRE MORTS ET VIVANTS EN AFRIQUE
L'exemple des Maka du Cameroun
Tchouand Mpa John Tomy - Préface d'Eugène Booh Bateng
Cet ouvrage essaie de montrer en quoi la communication cachée, «crypto-communication», peut constituer un vecteur d'entraide entre morts et vivants chez les Maka du Cameroun. À cet effet, une analyse, fondée sur le structuro-fonctionnalisme, l'ethnométhodologie et l'approche dynamiste, a permis de mettre en relief la philosophie existentielle, l'économie communicative et l'entraide entre les morts et les vivants au sein de l'ethnie Maka.
(Coll. Harmattan Cameroun, 15.50 euros, 152 p.)
ISBN : 978-2-343-05500-8, ISBN EBOOK : 978-2-336-37139-9

LE VAMPIRISME DES ENTREPRISES CAMEROUNAISES
Un frein à l'émergence
Verla Fonkika Dinven
Le vampirisme des entreprises camerounaises ne se limite pas aux seules activités économiques ou à leur rapport avec l'État. En réalité, elles vont jusqu'à aspirer la richesse des populations qui

sont expropriées de leurs terres et de leurs ressources. Quand bien même ces populations sont embauchées dans les entreprises, elles perçoivent des salaires dérisoires. Ce livre décrit tout en la décriant la situation dans laquelle des entreprises sans scrupules mettent en péril le projet d'émergence du Cameroun.
(Coll. Harmattan Cameroun, 13.00 euros, 112 p.)
ISBN : 978-2-343-05496-4, ISBN EBOOK : 978-2-336-37189-4

UN BÂTISSEUR DE RÊVES
Récit de vie
Walch-Virgili Dominique
C'est au cours d'une mission au Cameroun que Dominique Walch-Virgili a rencontré Pierre-Blaise Ango. Cet homme hors du commun est un *leader* inédit du développement agricole africain. Destiné par son grand-père à devenir chef de village traditionnel du centre-est du Cameroun, son parcours atypique l'a conduit à occuper des postes à responsabilité. Sa force : n'avoir jamais renié ses origines et ses valeurs. Cet ouvrage retrace son parcours et sa philosophie.
(22.00 euros, 224 p., Broché, Illustré en noir et blanc)
ISBN : 978-2-343-05713-2, ISBN EBOOK : 978-2-336-37283-9

L'ÉDUCATION AU CAMEROUN, ENTRE CRISES ET AJUSTEMENTS ÉCONOMIQUES
Fozing Innocent
Cet ouvrage procède à la mesure des paramètres du développement éducatif, de rendement scolaire et des possibilités d'insertion des jeunes issus du système éducatif dans les secteurs productifs de l'économie nationale en période d'ajustement économique. Puis il en tire des enseignements de politique éducative dans une perspective d'engagement du système éducatif dans une dynamique de contribution réelle au processus de développement économique et social du Cameroun.
(Coll. Éducations et sociétés, 23.00 euros, 220 p.)
ISBN : 978-2-343-05076-8, ISBN EBOOK : 978-2-336-37183-2

SPECTACLES VIVANTS AU CAMEROUN
De la production à l'organisation d'une tournée
Bizo Aimey, Clerget Marie-Anne
Ce guide richement illustré met à disposition des conseils, des techniques et des méthodes utiles à la production et à l'organisation d'un spectacle au Cameroun et à l'entrepreneuriat de sa tournée sur un plan local et international : démarches administratives pour l'obtention des autorisations et des visas, méthodes techniques et de financement de la production, de la diffusion et de l'administration d'un spectacle ou d'une tournée, exemples de fiches, de contrats et de budgets...
(35.00 euros, 376 p.)
ISBN : 978-2-343-04443-9, ISBN EBOOK : 978-2-336-37223-5

DIDATTICA DELL'ITALIANO
Livello 1
Bikitik Mathias Hyppolite
Questo libro è destinato agli alunni di classe di 4ème. È il primo di una serie di cinque, per ogni classe della 4ème alla Terminale. (Ouvrage entièrement en Italien.)
(Coll. Harmattan Cameroun, 20.00 euros, 116 p.)
ISBN : 978-2-343-05366-0, ISBN EBOOK : 978-2-336-37123-8

THÉORIE ET PRATIQUE DU COURS ENTRE PÉDAGOGIE ET DIDACTIQUE
Traité de didactique générale à l'usage du normalien
Mbia Claude Marie
La volonté politique d'amélioration du taux d'alphabétisation au Cameroun a entraîné une véritable inflation de la diffusion pédagogique des savoirs, au point que beaucoup perçoivent et conçoivent la fonction pédagogique non pas comme un métier qui s'apprend mais davantage comme une activité relevant du bricolage ou de l'improvisation. Ce traité voudrait contribuer à faire des

amateurs de l'enseignement d'aujourd'hui de véritables professionnels de la communication des savoirs de demain.
(Coll. Enseignement et éducation en Afrique, 15.50 euros, 152 p.)
ISBN : 978-2-343-05813-9, ISBN EBOOK : 978-2-336-37204-4

L'ADAMAOUA TRÉSORS CULTURELS ET PATRIMONIAUX (Tome 1)
Peuples, traditions et identités culturelles
Hermenegildo Adala - Préface d'El Hadj Hamoa Hamatoukour
Arabes Choa, Dii, Gbaya, Kaka, Kwanja, Mboum, Foulbé, Mbororo, Nyem-Nyem, Pérè, Tikar, Vouté, Wawa, etc., chacun de ces peuples est mis ici en valeur à travers ses originalités et spécificités propres. Aujourd'hui, dans un contexte d'institutionnalisation de la diversité culturelle et de la culture de la tolérance, chaque groupe s'implique dans la valorisation de sa culture. Une vériable dynamique culturelle habite les peuples de l'Adamaoua.
(Coll. Harmattan Cameroun, 23.00 euros, 220 p.)
ISBN : 978-2-343-04701-0, ISBN EBOOK : 978-2-336-36873-3

L'ADAMAOUA TRÉSORS CULTURELS ET PATRIMONIAUX (Tome 2)
Sites naturels et culturels, personnages de légendes
Hermenegildo Adala
Détaillé et documenté, cet ouvrage constitue une invite à un voyage à travers cette partie du Cameroun, pour découvrir le mystérieux lac Tison, dans les environs de Ngaoundéré, le lac sacré Sem-Sem des rois tikar à Bankim, les gigantesques et tumultueuses chutes de Lancrenon, la source thermale de Wouldé, les sources de la Sanaga près de Meiganga, le «fauteuil des singes» à Tignère, etc, une «malle au trésors» naturels et culturels avec ses personnages de légende.
(Coll. Harmattan Cameroun, 25.00 euros, 240 p.)
ISBN : 978-2-336-30974-3, ISBN EBOOK : 978-2-336-36874-0

ÉCOLES RURALES ÉLECTRONIQUES EN LANGUES AFRICAINES
Expérimentation au Cameroun et orientation politique panafricaine
Sous la direction de Maurice Tadadjeu
Voici un point sur l'expérimentation singulière, mais ambitieuse, de l'informatisation de l'enseignement des/en langues locales dans les écoles rurales africaines. La première partie décrit l'expérimentation de la phase pilote d'écoles rurales électroniques (ERELA) dans quelques langues camerounaises, puis en dégage les leçons et les perspectives, tandis que la deuxième partie présente l'orientation politique panafricaine d'ERELA.
(Coll. Harmattan Cameroun, 28.00 euros, 268 p.)
ISBN : 978-2-343-05029-4, ISBN EBOOK : 978-2-336-36967-9

L'APPROCHE PAR COMPÉTENCES
L'enseignement de l'histoire au Cameroun
Nkoumou Melingui Christian Georges
Aujourd'hui, l'enseignement et l'apprentissage de l'histoire au secondaire sont l'objet de profondes transformations. La révision des programmes d'études maintenant axés sur le développement des compétences oblige à concevoir l'apprentissage différemment et impose de nouvelles exigences. Ce livre témoigne de ces transformations, tout en permettant de faire le point sur le débat qui traverse l'introduction de l'approche par compétences dans le secondaire.
(Coll. Enseignement et éducation en Afrique, 24.00 euros, 240 p.)
ISBN : 978-2-343-05368-4, ISBN EBOOK : 978-2-336-36905-1

L'HARMATTAN ITALIA
Via Degli Artisti 15; 10124 Torino
harmattan.italia@gmail.com

L'HARMATTAN HONGRIE
Könyvesbolt ; Kossuth L. u. 14-16
1053 Budapest

L'HARMATTAN KINSHASA
185, avenue Nyangwe
Commune de Lingwala
Kinshasa, R.D. Congo
(00243) 998697603 ou (00243) 999229662

L'HARMATTAN CONGO
67, av. E. P. Lumumba
Bât. – Congo Pharmacie (Bib. Nat.)
BP2874 Brazzaville
harmattan.congo@yahoo.fr

L'HARMATTAN GUINÉE
Almamya Rue KA 028, en face
du restaurant Le Cèdre
OKB agency BP 3470 Conakry
(00224) 657 20 85 08 / 664 28 91 96
harmattanguinee@yahoo.fr

L'HARMATTAN MALI
Rue 73, Porte 536, Niamakoro,
Cité Unicef, Bamako
Tél. 00 (223) 20205724 / +(223) 76378082
poudiougopaul@yahoo.fr
pp.harmattan@gmail.com

L'HARMATTAN CAMEROUN
BP 11486
Face à la SNI, immeuble Don Bosco
Yaoundé
(00237) 99 76 61 66
harmattancam@yahoo.fr

L'HARMATTAN CÔTE D'IVOIRE
Résidence Karl / cité des arts
Abidjan-Cocody 03 BP 1588 Abidjan 03
(00225) 05 77 87 31
etien_nda@yahoo.fr

L'HARMATTAN BURKINA
Penou Achille Some
Ouagadougou
(+226) 70 26 88 27

L'HARMATTAN SÉNÉGAL
10 VDN en face Mermoz, après le pont de Fann
BP 45034 Dakar Fann
33 825 98 58 / 33 860 9858
senharmattan@gmail.com / senlibraire@gmail.com
www.harmattansenegal.com

L'HARMATTAN BÉNIN
ISOR-BENIN
01 BP 359 COTONOU-RP
Quartier Gbèdjromèdé,
Rue Agbélenco, Lot 1247 I
Tél : 00 229 21 32 53 79
christian_dablaka123@yahoo.fr

Achevé d'imprimer par Corlet Numérique - 14110 Condé-sur-Noireau
N° d'Imprimeur : 127983 - Dépôt légal : avril 2016 - *Imprimé en France*

www.ingramcontent.com/pod-product-compliance
Lightning Source LLC
LaVergne TN
LVHW011312061026
849535LV00005B/1529